JN303669

京都学派の誕生とシュタイナー

「純粋経験」から大東亜戦争へ

河西善治
Kasai Yoshiharu

論創社

まえがき

すべては「純粋経験」から始まった。

西田幾多郎が処女作『善の研究』（明治四十四年）の構想へと向かおうとしていた時代は、明治三十六年（一九〇三）に発売された黒岩周六（涙香）の『天人論』が爆発的なベストセラーとなり、一元論が一世を風靡していた時期だった。

この一元論という言葉は、当時の世界的ベストセラー、エルンスト・ヘッケルの『世界の謎』の影響からのものだった。

そして、西田幾多郎が『善の研究』を純粋経験の記述から始めたのも、「直覚と思惟を同一型と見做す一元論的見方を主張したい」という思いからだった。

この『善の研究』は当初、学会からは無視され、売れ行きもさっぱりで、高橋里美の「本書は恐らく明治以後邦人がものした最初の又唯一の哲学書ではあるまいかと思う」という批評が唯一の反応だった。

しかし明治が終焉し、大正政変の嵐が重苦しい空気を一掃すると、この純粋経験という言葉は輝きでて、哲学青年たちを魅了することとなる。

この『善の研究』に触発された大正デモクラシーの落とし子たちは、和辻哲郎『ニイチェ研究』

（大正二年）、阿部次郎『三太郎の日記』（大正三年）、倉田百三『愛と認識との出発』（大正十年）、出隆『哲学以前』（大正十一年）など、時代を象徴するベストセラーを送り出した。

『善の研究』には、最初から最後まで、随所にゲーテの言葉とその影響が見られるが、西田はこのゲーテについての理解をルドルフ・シュタイナーの『ゲーテ的世界観の認識論要綱』などから得ていた。純粋経験の定義は、シュタイナーのものとまったく同じである。『善の研究』には、これ以外にも、シュタイナーの『自由の哲学』やT・H・グリーン、ヘルマン・ジーベックからの借用が見られる。

また今回、九十二年ぶりに日の目を見ることになった、西田が乃木将軍殉死のさいに初めて一般雑誌に書いた「動機善なれば自殺もまた可也」を読むと、その哲学観倫理観がいかに凡庸、低俗であるかが分かる。

そして和辻哲郎の処女作『ニイチェ研究』もまた、シュタイナーの『ニーチェ――同時代との闘争者』から著述のヒントを得ていたのである。和辻は『ゲーテ的世界観の認識論要綱』も読んでいた。

西田と和辻は、ゲーテとシュタイナーを基に独自の東洋思想・日本哲学の構築を試みた。

今日では、「和辻哲郎は西田幾多郎とならんで、明治以後の日本におけるもっとも輝かしき哲学者であることを否定する人は少ないであろう。ここで輝かしきというのは、その独創的な思弁力によって多くの本を書き、生前はもちろん、死後においても名声にとりかこまれ、影響力豊かであったという意味である」(梅原猛)というのが一般的になっているが、名声と影響力はその通りとしても、彼らの哲学が独創であったということには大きな疑問符が付けられるのである。

そして、地下水脈として流れていたこのシュタイナーの哲学は、第一次世界大戦後、社会有機体三層化論となって地上に噴出し、シュタイナーは、その名を一躍世界に知られるようになる。

この精神生活には自由・政治生活には平等・経済生活には友愛を掲げた資本主義と共産主義を越える第三の道としての三層化論は、日本でも大正の末期から昭和の始めにかけて、大川周明、尾崎行雄、伊東ハンニらによって高唱され、日本の運命を決する大東亜戦争の時代に入ると、京都学派と呼ばれた西田幾多郎の弟子たち(三木清や高山岩男、西谷啓治ら)によって、東亜協同体論や総力戦の思想として展開された。

本書では、ヘッケルとの出会いで始まるシュタイナーの人生展開と、日本における西田らのシュタイナー受容の有り様と、東西文明の比較検討を、ドイツと日本を行きつ戻りつしながら描いた。

そのため、シュタイナーだけに関心のある方や西田と京都学派だけに関心がある方にとっては、幾分読みづらい点があるかも知れないが、読者諸氏の忍耐と寛恕を願うのみである。

京都学派の誕生とシュタイナー　目次

——「純粋経験」から大東亜戦争へ——

第十章　大東亜共栄圏の思想

第一章　一元論と観相学

1　ヘッケル

エルンスト・ヘッケル（一八三四〜一九一九）の名前は、エコロジーという言葉とともに、今日の日本においても、再び注目を浴びるようになってきている。

ヘッケルは、《一元論》と呼ばれ一世を風靡することになるその世界観を、『一般形態学』（一八六六）の巻尾に付けた無機物から人間までの系統図表によって初めて明らかにした。

ヘッケルはその一元論をこう説明している。

一元論は、すべての有機的無機的自然の統一に関する思想であり、すべて認識可能な現象における機械的、すなわち、自然的原因の一般的活動に関する思想であり、また、発生進化しつゝある有機体の形態は普遍的な永遠の自然法則の必然的産物に他ならぬという思想である。

この形態学という言葉は、もちろんゲーテからのものであるが、ヘッケルは、全八巻三十章に及ぶこの大著に、次のようなゲーテの言葉を掲げている。

外からのみ支配する神
すべてを指先で廻してみせる神
そんな神がなんであろう。
内なる世界を動かし
自らのうちに自然を、自然のうちに自らを抱き
神のなかに生き、営み、在るものが、
神の力を、神の精神を見失わぬようにすることこそ
神にとってはふさわしい。

この「神による世界創造」（二元論）をあからさまに否定する自然創造説は、キリスト教会の激しい反発を招いた。
キリスト教会とそのドグマの追随者たちのヘッケルへの攻撃は、日増しに激しさを増していき、彼らは、ヘッケルに「唯物論者」「神の否定者」「イエナのペスト菌」「サタンの代理人」とあらんかぎりの悪罵を浴びせかけただけではなく、呪いや脅迫、ついには投石するまでに至った。
こうしたなか、一八九二年十二月四日、ルドルフ・シュタイナー（一八六一～一九二五）は、

このヘッケルへ宛てて次のような手紙を書いている。

謹啓

あなたの二篇の論文『倫理と世界観』および『一元論的学の世界観』をお送りいただき、誠にありがとう存じました。『未来』誌（第五号）に掲載されました拙論に賛同いただいたことは、私にとって、この上なく貴重なものでした。私の世界観に対して激しい攻撃がなされていた、まさにその時に、賛意を表わしていただいたことを、心より感謝いたします。……。

私は文筆活動を始めて以来、あらゆる二元論と闘い、認識能力の実証的分析による一元論の学問的正当化、要するに、自然科学によって得られた結果が実際の〈真理〉であることの立証が、哲学の課題と考えています。したがって、私は、二様の真理を認めるカント思想にも、現代の《イグノラビムス》にも反対せざるを得ません。私には、学問の結論が、唯一正当な世界観の構成内容と思われます。それら構成内容のほかに、宗教を認めることはできません。私は、したがって、「……〈理性的な世界観〉が既に確実に得られている」というあなたの主張の断固たる支持者であり、〈原理的〉に解きえない《世界の謎》は存在しないことを確信し、かつ文化過程は、それが学問的であるかぎり、〈無知〉の状態から次第に〈知〉の状態へ変わることを確信しております。

繰り返し感謝する次第です。

敬具

Dr.ルドルフ・シュタイナー（石井良訳）

この「学問の結論が、唯一正当な世界観の構成内容」「文化過程は、それが学問であるかぎり、〈無知〉の状態から次第に〈知〉の状態へ変わる」というのは、ヘッケルが創設した一元論同盟綱領にある「理論的一元論」の冒頭の内容と同じである。この手紙は、ヘッケルへの連帯の挨拶ということになる。ヘッケルは一元論の帝王と呼ばれていた。

シュタイナーは、ヘッケルの系統樹に「神の七日間の創造」に代わる《創造》を観たのである。神による創造と呼ばれていたものは、唯物的進化論の登場によって消えたのではなく、科学（思考力）の発展となって現われ出ていたのである。

シュタイナーにとって、「神か物質か」ということよりも、この創造が、人間の思考によってなされたという、この事実こそが重要だったのである。

ヘッケルはまた、一躍その名が知られるようになった『自然創造史』（一八六八）の序文では次のように書いている。

ラヂカールな思想とは、いかなる伝統的な習慣の制限もいかなる強制的な独断論の制限もこれを阻止することのできぬ、透徹した思考の謂《いい》である。自分は、論理的思考一般がいかに稀であるか、さらにこの論理的思考を極度の徹底と結びつけることがいかに稀であるかをしづかに顧みるとき、進化論のわが徹底的追求が多くの友を見出すとはいえない。

こうしたなか、六十歳の誕生日を迎えたヘッケルは、その祝いの席にシュタイナーを招き、「人々は私の唯物論に抗議するが、私は魂を少しも否定しないし、又生命も否定しない」と語り、唯物論者というレッテル貼りを拒んだ。

この当時のシュタイナーが、ヘッケルに対して断固たる支持を表明したのは、「認識能力の実証的分析による一元論の学問的正当化」すなわち《自由の哲学》を模索していたからであった。シュタイナーは書いている。「思考に感覚的知覚を超えてゆく認識能力を認めるならば、必然的に単なる感覚的な現実を超えている客体の存在を認めざるを得ない。思考と客体とは、しかし理念である。思考が理念を捉えることによって、思考は世界存在の根底と合一する。外界で活動しているものは、人間の精神の内部へ入ってくる。思考は客体的現実と一体化するのである。現実の中に理念を認知することが、人間の真の聖体拝領なのである」（一八八七）と。

そしてヘッケルは、唯物論者という非難に反論する。

唯物論という言葉は、通例、自然科学的唯物論と倫理的唯物論という、全く異なった二つのものが混合されているが、これらは根本において全く同一視すべきものではない。

自然科学的唯物論は、われ〳〵の一元論と同じものであるが、この説は、世界における一切のものは自然科学的事物と共に動き、あらゆる結果はそれ〴〵に自然的な原因をもち、あらゆる原因はその自然的な結果をもつということを主張するだけである。

されば、この説は、われ〳〵の認識しうる一切の現象の全体の上に、因果法則または自然科学的原因と結果との必然的連関の法則をおく。この説は、あらゆる奇蹟や、超自然的プロセスなどという、次第に老朽化しゆくあらゆる観念には、断固として反対する。

従って、この説によれば、人間的認識の全域に亙ってもはや真の形而上学はなく、いたるところに物理学があるだけである。この意味で、すべての厳正自然科学は、純粋に「唯物論的」である。

道徳的又は倫理的唯物論は、この自然科学的唯物論とは全く異なって、両者には何ら共通するところがない。

この後者の「本来的」唯物論は、その実際生活において、極力官能の歓びをつかむこと以外に何の目的も持たぬ。この説は、純然たる物質的享楽こそは人間に本当の満足を与えるものとし、しかも、どんな形にも官能の歓びを見出すことができないので、あれかこれかと飢え焦りながら様々の享楽物にとびかゝってゆくという、いとも憐《あわ》れな狂気に耽溺する。

この説は、いわゆる「自然の素材」の無限の貴さ、およびそこから生まれるすばらしい現象世界には至極鈍感で、自然の尽きせぬ魅力には不感性で、まるでその法則の認識がないかのように、全自然科学およびそれから生まれる教訓を、不法な唯物論だなどと誹謗し、しかも彼自身は厭うべきやり方で「不法」な唯物論に耽溺している。
人生の本来的価値は、物質上の享楽にはなくて道徳的行為にあり、真の福祉とは外面的な財産にはなくて、有徳の行いにあるという深遠な真理を、あの倫理的唯物論は知らない。(『自然創造史』第二版第二説明)

2　認識の闘い

この「倫理的唯物論」とは「官能の歓び」に浸りきっている感情(表象)を意味している。この感情表象について、シュタイナーは『自由の哲学』で次のように批判している。

倫理的行為の動因になるものは、表象と概念である。だが感情の中にも、倫理的行為の動因を認める倫理学者もいる。このような学者は、例えば倫理的行為の目的は、行動する個人の中に、できるだけ多くの快楽を推進することであるという主張をかかげる。だが快楽そのものは動因となることはできないのであって、動因となりうるのは、表象された快楽でしかない。感情そのものが私の性格上の素質に働きかけるのではなくて、将来起こる感情の表象が働きかけるにすぎないのである。なぜなら、感情そのものは、行動の瞬間にはまだ存在せず、行動によってはじめて惹き起こされるものだからである。

ところで、自分や他人の繁栄という表象が、意志の動因と見なされるのは当然である。自分の行動を通じて自己の最大の快楽を生み出そうという原理、つまり個人の幸福を達成しようという原理は、利己主義と呼ばれている。(『自由の理念』)

この時代、シュタイナーは、この感情や感覚から自由な思考の確立のための「認識の闘い」に全力を注いでいた。
シュタイナーの最初の評伝の著者ヨハネス・ヘムレーベンは書いている。「〝ヘッケル〟というテーマは、ルドルフ・シュタイナーの生涯にとって、決して途絶えることがなかった。晩年まで、彼のそばを離れなかったのである。見てみるがいい。シュタイナーが二十五歳以前に書いた論文を除けば、無数の講演と論文の中に、ヘッケルの名前がいつも鳴り響いているのだ」(ぱる出版『シュタイナー入門』)と。
事実、このヘッケルへの手紙から三十年後、シュタイナーは人智学協会員たちを前に、ヘッケルの一元論の意義とそれとニーチェやゲーテとの関係について話している。(一九二一年九月一日、シュトゥットガルト、石井良訳、以下「講演」とする)
今回、特に課題としたことは、その理念形成の目的で、脱感覚的―人智学的学問のそうした理念として提示できるものが、現代において、人類に影響を与え、依然としてその影響が残っている世界観と、どのように妥当な関係を結べるものかという点について、一種の指針を提示することである。……。

『自由の哲学』では、まず人間の行動の衝迫を人智学的な脱感覚的な衝迫として明らかにしようとし、それによって人間倫理の基礎を提供しようとしたのだが、ちょうど、この著作が出たのと同じころに、ヘッケルがアルテンブルグで行なった講演『宗教・哲学間の絆《きづな》としての一元論』の再版が出て注目を浴びていた。

ほかでもないヘッケルの一元論などの思想が現代に持ち込んだものが何かを把握することなく、現代の人間が人智学的研究の認識の源泉を求めて歩んだ道程を記述しても、実りあるものになるとは思われない。

ニーチェの悲劇は、まさにヘッケルのような思想にはなり得ないことに基づいている。

3　ニーチェ、同時代との闘争者

続けてシュタイナーは、このニーチェの悲劇について次のように語った。

昨日は、このような意図から、フリードリヒ・ニーチェの探求について幾つかの点を提示した。それによって、ニーチェの魂の悲劇が、最終的には、とりわけ、かれが生について、真に人間にふさわしい観点を得るために、いわば人間の枠を破砕して超人の観念を得なければならなかった点を通じて明らかになったと思う。ニーチェの眼には、満足できる内実を有する人間が消失し、超人というかれの観念を通じて叙情的もしくは抽象的にしか表現できない姿を、かれは渇仰したのだった。他面、ニーチェは、人間の生や世界の存在全体を説明する場合に、誕生から死までの個々の人間の生を超えて観じる欲求をもっていたが、この探求の場合には、同一のものの回帰、個々人の同じ地上の生が永遠に回帰する観念に到達しただけだった。別の言葉でいえば、誕生と死との間に、人間自身のうちに隠されているもの、その間に体験できるものが、かれには、回帰する地上の生に現実的な内容を与えるうえで、あまり魅力のあるものではなかったため、この地上の生の単なる回帰という抽象的な観念を提出するだけにとどまったのである。

シュタイナーはこのニーチェについて、一八九五年、『ニーチェ――同時代との闘争者』という小品をものしている。

シュタイナーは、その序文に著述の目的を次のように書いている。

私はニーチェとは無関係に別の道をたどって、彼がその著作『ツァラトゥストラ』や『善悪の彼岸』『道徳の系譜学』『偶像の黄昏』の中で述べているものと一致する見解に達していた。私が一八八六年に出した小冊子『ゲーテ的世界観における認識論要綱』の中で、すでに上述のニーチェの著作と同じ趣旨が語られている。

ニーチェの想念的・感覚的営みを描こうとする衝迫が私の中で感じられるのは、以上の理由によるのだ。その像は前述の著作群をモデルに描いた場合が、ニーチェ自身にもっとも似るだろうと思われる。そこで私はその方法を採った。初期の著作では、彼は私たちの目に模索者と映る。彼はそこでは休みなく上昇を試みる者として現われるのだ。晩年の著作の中でこそ彼が彼固有の精神のありように適った高さを持つ頂に達しているのが分かる。

今までニーチェについて表わされきた論評のほとんどが、この発展をまるで彼が著作家としての遍歴の各時期において、多少なりとも相反する主張をしてきたかのように述べ立てている。私は、ニーチェの場合採り上げるべきなのは主張の変化ではなく、上昇運動、つまり一つの人格の自然な発展だけであることを示そうと試みた。

目下ルー・アンドレアス・ザロメ夫人によるニーチェ論がきわめて広汎に読まれているが、私が描く超人像はこの書物の中で試みられているカリカチュアとは正反対のものとなっている。

シュタイナーは、ニーチェの妹が管理するニーチェ文庫に通い、別室のベッドに横たわるニーチェを見舞いながら、この本を書き上げた。

シュタイナーがここに挙げたニーチェの著作は、ニーチェ研究者が後期と呼ぶ時代のものであり、初期の著作としては処女作『悲劇の誕生』（一八七二）および『反時代的考察』（一八七三〜七六）などがある。

そしてシュタイナーは、ニーチェ思想の出発点はその人格にあるとして、こう書いている。

> ニーチェの人格の内には、彼の同時代人の全思考領域に対立せんとする本能がある。彼は自身その中で生い育ってきたもろもろの重要な文化理念に、本能的な反抗心から背くのである。それも論理的矛盾が見い出される見解を拒絶するようなふうにではなく、目にしみる色から顔をそむけるような具合にするのだ。反抗心は感情自体から発している。意識的な熟慮はさし当たりまったく問題にされていない。
>
> ニーチェは現実に立ち向かう肯定者であろうとするのだ。彼が注意を注ぐのは、人間がどのように真理を本能に合わせて造り出すか、それによって人間がいかに生の目標を高くするかということである。（「一、特質」）

現存在の目的と意義とを自らの内に求める人間、つまり己の力の発展や力の完全なる獲得に役立つ徳を身につけるような人間――このような人間をニーチェは、没主体的観念論者よりも高く評価するのである。

彼が『ツァラトゥストラ』によって告げているのはまさにこのことである。己の本性に基づいて生きるしかないことをわきまえ、己の本質に応じた生存形態を個人的目標とするような最高個我存在をニーチェは超人と呼んでいるのだ。
ツァラトゥストラの説く超人とは、本性のまま自然に生きるすべを心得ている人間のことである。(「二、超人」)

シュタイナーは、このニーチェの思想的な方向性は「すでに『ゲーテ的世界観の認識論要綱』の中で同じ趣旨が語られている」と言っているが、それは《純粋経験》からの思考発生の過程として描かれている。(次章以降参照)
しかしここで注意しておかなければならないのは、ここで展開されている内容は、あくまでニーチェ思想の解説であって、シュタイナーの思想や立場ではないということである。シュタイナーは「対象に即して」語っているのである。
そしてニーチェの魂は、シュタイナーが序文で述べたような自然な発達を阻害されるのである。そのことによってルサンチマンが生じる。
なぜそうなったのか？　シュタイナーは言う。(「講演」)

ニーチェが、このような魂の悲劇に、どのようにして至ったのか、なぜ、かくも深刻な人間的な志向から、他の何ものをも引き出すことができなかったのかを、より詳しく調べてみると、最終的には、私が、今世紀の始めにニーチェの人格について『ウィーン臨床評論』に掲載された拙論のなかで、精神病理的問題として論じた結論に到達すると思われる。人間存在全体の包括的な観方に対する志向が、どのようにニーチェの内部に存在したかが、私には分かったが、その激しい志向が、はじめから不健康な生体内に渦を巻いており、一面で、かれの魂は、まさに生体の不健康さのために、いわば自由に飛翔したが、この飛翔自体が、魂以上に健康であることは全くできなかった。このことは、しかし、人智学的世界観では、まさに健康な認識の源泉が求められていることを示唆している。

ニーチェに見られるのは、かれが、決して近代の自然科学的な見方と深い関係をもち得なかったことである。自然科学的な見方は、かれには、いわば常に粗野なもの、かれの繊細な生体に忌避的に作用するものだった。かれは、ダーウィンのような思想、進化論から目を背け、人間が他の有機体から自然に発生したさまを、まざまざと思い描くことなく、人間から超人を生み出す要請に傾き、進化思想を破砕することでしか、親しむことはできなかったのだ。ところで、精神的な世界へ深く入り込んだように思えても、精神的な観照から現代の自然科学的な世界観への道筋を示すことができなければ、その観照を現代人に満足ゆくように表現することはできない。

「生体の不健康さ」から「自由に飛翔した」ニーチェの魂は、その不健全さを補うために、「人間から超人を生み出」したのである。それは《もう一つの現実》(パラレルワールド)だった。
この問題についてシュタイナーは、『ウィーン臨床評論』に掲載された論文(「精神病理学的問題としてのニーチェ哲学」)でこう言っている。

実際、彼の影響は普通哲学者がその門弟に及ぼす類の作用とは、本質的に異なる特質を持っているのである。なぜならニーチェが同時代人に働きかける手段は、思弁を展開する論理の力ではないからだ。彼の世界観を世に広めている力はむしろ、いつの世にもいる夢想家や熱狂者の類の活躍を可能ならしめる力と同じ種類のものといえる。

これは《感情一元論》とでも言うべきものである。

4 大正政変と純粋経験

そしてこのニーチェが、東京帝大を出たばかりの和辻哲郎(一八八九〜一九六〇)によって、日本で初めて本格的に紹介されたのは、大正政変の嵐のなかのことだった。
「閥族打破・憲政擁護」を旗印にしたこの運動は、立憲政友会の尾崎行雄と立憲国民党の犬養毅を中心に、一般国民の間に燎原の炎のごとく広がり、大正二年二月、長州閥の桂内閣が打倒される。これは民衆の力が内閣を交替させるという日本政治史上初めての出来事だった。

尾崎の有名な演説、「彼等は常に口を開けば直ちに忠愛を唱え、あたかも忠君愛国を自分の一手専売のごとく唱えてありますが、その為すところを見れば、常に玉座の陰に隠れて政敵を狙撃するがごとき挙動を執っているのである。彼等は玉座をもって胸壁となし詔勅をもって弾丸に代えて政敵を倒さんとするものではないか」も、この時行われた。

和辻の処女作『ニイチェ研究』（内田老鶴圃）は、この政変の七ヶ月後に出された。

ニーチェの横顔を掲げた新聞広告には「我学界ニイチェを叫ぶこと久しくして而も未だ一の彼に関する著書のなかりき。深奥沈痛なる近代の独逸文明が生みたる天才として現代思想界に彌々《いよ》益々切実なる意義を発揮し来れる彼の面目は本書によりて始めて闡《せん》明せられたり。行文勇健にして華麗よく彼の言説の深奥に入りて其思想の核実を明らかにせり」と謳われている。

同じころ、メエビウス著『ニイチェの人格及哲学』（三浦白水訳）も出ている。この年の二月、シュタイナーは人智学協会を立ち上げている。

この当時四高の学生だった高坂正顕は、この『ニイチェ研究』の印象を「当時出ていたニーチェに関するどのような評伝、紹介よりも、学問的、体系的であり、ニーチェとはこうした思想家なのかと初めて教えられた気がして、ひどく嬉しかったことを覚えている」と述懐している。

そして翌年四月には、阿部次郎（一八八三〜一九五四）の『三太郎の日記』（東雲堂）が出る。宣伝文には「自己と人生とに信頼を失いたる暗黒と疑惑の時代より漸次にその信頼を恢復し遂にはやみがたき生命の渇望に向いたる三太郎の力強き心の開展の記録なり。弱くしてやがて強き人間の心を示せる書なり。この書を必読するものは純僕にして而も雄々しく熱烈なる神に近づかんとする人間の姿を見るべし。勇気ある新思想界最初の烽火なり」と謳われている。

すでに漱石門下生として森田草平や小宮豊隆、安倍能成らとともに『影と声』(明治四十四年)を出していた阿部は、『三太郎の日記』の序に「自分の思想は、自然についても、自己についても、静かに深い客観性を欠いた少年の厭世主義が主調をなしていた。この書に輯《あつ》められたる文章には未熟、不徹底、その他あらゆる欠点あるにかかわらず、真理を愛するこゝろと、真理を愛するがために矛盾欠陥暗黒の一面をもたじろがずに正視せむとする精神とは全編を一貫して変わらないと信ずる。この書は単純なる矛盾と暗黒との観照ではない。同時に暗黒に在って光明を求める者の叫びである」と書いている。

そして本編では「独創を誇るは多くの場合において最も悪き意味における無学者の一人よがりである。古人及び今人の思想と生活とに対して広き知識と深き理解と公平なる同情とを有する者は、到る処に自己に類似して而も自己を凌駕する思想と生活とに逢着するが故に、廉価なる独創の誇を振翳《かざ》さない」「ニイチェは屢々《しば》『別れの時』という言葉を使った。概括せる断言は私の憚《はばか》る処であるが、私の心臓の囁く処を何等の論理的反省なしに発言することを許されるならば、『別れの時』の感情はあらゆる真正の進歩と革命とに欠く可らざる主観的反映の一面である」と書いた。

また「自分は未だインスピレーションというものを知らない。併し今まで散ばっていた思想が次第に纏って、水面に散点していた塵芥の渦巻に近づくに従って漸く密集し、歩調を整えて旋転するがごとき刹那の経験は決してないことではない」とも書いている。このロマン主義の香りは哲学青年たちを大いに魅了した。

ちょうどこのころ、東京帝大文科大学に入学した出隆は、後年、この当時の思想状況を回顧して、「そのころはいわゆる大正デモクラシーの時代であったが、西田（幾多郎）さんの『善の研究』を読んで、デモクラシーというものを哲学の側面からとらえたらこんなものになるのではないかと思った。わたしはそれに刺激を受けて、あんなものを書いたのだ」と話している。

あんなものとは、倉田百三の『愛と認識との出発』（大正十年）とともに、大正昭和期の青年たちのバイブルになった『哲学以前』（大正十一年）のことである。出は『善の研究』の純粋経験の発現を、この民衆の蜂起のなかに見たのである。

阿部の『三太郎の日記』にも、こうした時代の先駆者としての自負が見える。このあと阿部はトルストイの『光あるうち光の中を歩め』を訳出する。

和辻哲郎も『ニイチェ研究』本編の冒頭で、「真の哲学は単に概念の堆積や整斉ではなくて、最も直接な内的経験の思想的表現なのである。直接にして純粋な内的経験とは、存在の本質として生きることを意味する。認識する主体と認識せらるゝ客体とがあって、その間に認識の形式に依らざる直接な本質の感得があるというのではない。直接な内的経験をもし直覚と呼ぶならば、この直覚は『生命そのもの』として生きることなのである」と書き、時代の息吹を放出している。阿部と和辻は先輩後輩の関係にあり、個人的にも親しかった。

5　和辻哲郎『ニイチェ研究』

さて和辻の『ニイチェ研究』であるが、自序および序論で次のように書いている。

　ニイチェについての自分の判断がドイツの大家の判断と合致しない時自分はしばしば烈しい疑懼《く》を感じた。しかし自分はなお自分の判断を捨てる気にはなれなかった。自分がニイチェを読む時自らの教育者として認めるのはただニイチェだけである。

　ありのままのニイチェに触れようとする人は、ニーチェに直接ぶつかって行くよりほかに道はない。この研究に現われたニイチェは厳密に自分のニイチェである。自分はニイチェによりニイチェを通じて自己を表現しようとした。

　往年ニイチェが初めて日本の思想界に紹介せられた時には、彼は浮薄な主我主義者、野卑な本能論者として、あらゆる嘲罵を浴びせられた。

　単なる意志肯定は主我主義に陥り、人生の偉大と強烈を現わし得ないが、ニイチェの権力意志のごとき超個人的肯定は実は一層高い人生を可能ならしめる意志否定なのである。

かく見ればかつてニイチェに加えられた嘲罵ははなはだ滑稽なものになる。なぜならニイチェはカントと同じく峻烈な自律道徳を説き、ヴェダや聖書と同じ心持ちで超人のための人の征服を説いた、と見られるからである。(自序)

ニイチェの哲学は、概念の論理的整斉というよりもむしろ直接なる内的経験の表出である。あらゆる概念や思想の奥には彼の人格が強い必然的な動力としてはたらいている。

概念はしばしばその意義以上に烈しい情熱を伴い、論理はしばしば彼の「自己」の奴隷となっている。彼のいわんと欲する所は、時に表面の論理をただ象徴的表現としてのみ用いている事もある。彼がはなはだしく論理的統一に欠けているのは、彼の思惟能力の薄弱に起因するよりもむしろ彼の情緒の過冗に基づくのであろう。しかし多くの矛盾撞着を通じて彼の人格が強い統一を保持していたことは、動かすべからざる事実である。彼の一生の幾度かの変遷は、彼の思想の論理的開展ではなくして、むしろ彼の人格の成長である。(序論)

和辻もまたニーチェのように同時代との闘争者だったのである。

京大で西田に学んだこともある戸坂潤(一九〇〇~四五)は、和辻のこの心理的動機についてこう分析している。(「和辻博士・風土・日本」)

氏の独創的なそして警抜な眼光は、決してそれ自身の内部的な情念の必要からばかり働きはじめたのではない。それは大いに外部同時代者からの影響の結果によるものであり、しかもこの影響に対する反作用（特にはこれは反動を意味する）や反抗が、精神上の動機力をなしているのである。ニーチェやキールケゴールは、当時の日本のアカデミー哲学の俗物的平板さに反抗するために取り上げられたとも見られる。この点、和辻思想を理解するのに根本的な参考になるのだ。

あまり普及してしまったファッションはもはやファッションともいうことは出来まい。まして、アラ・モードなものなどではあり得ない。でこうなると、真の意味において、歴史の大勢からいって、新しいということは大して問題ではないので、そこでは新しさよりも大勢への反抗の方が、思考の興味をそそることになるのである。

この逆襲的反動性を結果する貴族主義的な一般的反抗性（アマノジャク性）そのものがじつは和辻思想の方法を前進させたのだということは、非常に興味のある点である。

この戸坂の眼光もまた警抜である。

そして西尾幹二は、この『ニイチェ研究』を次のように評している。（『ニーチェ』）

彼の独創性は、ニーチェの存在の根本形式を「権力意志」にみた着眼である。本章第一において認識、自然、人格、芸術の成長し、活動するそれぞれのあり方を権力への意志として叙述している。しかもニーチェの全体的な世界観の形而上学的な解析であって、この意図に類似したニーチェ論は、当時世界にまったくなかった。権力意志の形而上学という今日でほぼ定説となっているニーチェ観は、久しく外国においてもみられなかった観点である。ここに若年の和辻のおどろくべき勘の良さと、全体像としてのニーチェをつこうとする壮大な野心があった。

たしかにこの通りならばすごいことだし、話も面白くなるのだが、しかし、事実はまったく正反対なのだ。日本の二十四歳の若者にそんな大それたことができるなどと考えること自体芝居がかっているのだ。

和辻の文章（P31～32）と前出のシュタイナーの文章（P23、P24）と比べてみてほしい。よく似ているであろう。特に、最後のニーチェの思想発展についての解釈、「彼の一生の幾度かの変遷は、彼の思想の論理的開展ではなくして、むしろ彼の人格の成長である」（和辻）は、シュタイナーの「私は、ニーチェの場合採り上げるべきなのは主張の変化ではなく、上昇運動、つまり一つの人格の自然な発展だけであることを示そうとした」と瓜二つであろう。「肯定者」（シュタイナー）、「超個人的肯定」（和辻）と、強調箇所も同じである。

独創とそっくり。奇妙なことである。

だが西尾もこの奇妙さには気がついていたのだ。西尾はこう書いている。

和辻哲郎の『ニイチェ研究』は、既成の概念の明確さとそのために起る叙述の不透明さの、典型的な見本のように私には思える。この書物を最後まで読破した人が何人いるか知らないが、文章の数行をよむ限り、冷静で、安定した叙述の明確さがあるのに、ページからページを追うにつれ、しだいに重くなっていく概念のもやのうちに論述の糸が見失われていく。書物全体のこの不透明さと、各文章の明確さとは、不思議なコントラストをなしている。

西尾は、これを和辻のニーチェ思想に対する理解不足から生じたこととしているが、これはそれ以上のことを意味しているのである。

西尾が言うように、和辻の『ニイチェ研究』は「認識としての権力意志」から書き始められている。そしてこのこと自体が、すでに、シュタイナーの『ニーチェ』からの剽窃を示しているのである。

シュタイナーは『ニーチェ』（「超人」）で「それは認識衝動から生まれた力への意志である」と言っているのだ。

和辻のこうした剽窃例を幾つか示すと、たとえば「芸術としての権力意志」に次のような文言がある。

> ニイチェが自ら生き直接に経験した世界は流動する「力」である。この考えは早く彼の青年

期より認められるものであるが、明瞭な表現に達したのは『燭光』を書き始めた頃であった。

これに対して、シュタイナーは「ニーチェの発展の歩み」でこう言っている。

ニーチェは人類発展の道徳的過程を、『燭光』の中で自然現象として描いている。彼はすでにこの著作の中で、地上性を超えた道徳律とか、善悪を定める永遠の掟とかは存在せず、すべての道徳は人間の内にある自然衝動や本能から生まれたのだと指摘している。

さらに和辻は、こうも書いている。(「芸術としての権力意志」)

『最も高められた活動』はヂオニソスの酔っぱらい(Rausch)に現われている。ヂオニソス的興奮においては、マアヤの面帕《はく》は破れ、主体は失せ、神秘的な根源の統一力のみが活らく。こゝに有頂天に高潮した生は、何物にも束縛せられず、最も純粋な創造活動として沸き返っている。この瞬間における人は、創造者であるのみならず、また自らの創造力によって造られた芸術品である。

然らばアポロ的の芸術衝動とせられるものは何であるのか。ニイチェは最初、ヂオニソス的の陶酔歓躍を力説すると共に、アポロ的の欲動、即ち夢幻に憧れる人の一面を、個別の原理に支配せられた現象界の最高潮だとした。これは恐らくはショオペンハウエルの影響であろう。

これに対して、シュタイナーは前出の「精神病理学的問題としてのニーチェの哲学」で次のように書いている。

ディオニュソス的衝動に促されると、人間は陶酔状態に陥る。その際人間が目にするものは現実世界ばかりではない。人間は自己を忘却し、もはや自己が個体ではなく、普遍的世界意志の一器官であると感じる。彼は存在の久遠の力を身内に満たし、自らこの力を彼の芸術の内に表現するのである。人間は世界精神を身内に満たし、その精神の真髄を独自な表現法によって顕現させる。彼らは自ら芸術作品となる。

この芸術においてディオニュソス的なものとアポロン的なものとの高次の結合が達成された。最古の演劇ではディオニュソス的に興奮した人間をアポロン的に写した像が創られたのである。ニーチェがこの考えに到達したのは、ショーペンハウアーの哲学を通じてであった。

まったく同じであろう。しかもシュタイナーの原文でイタリックになっている「陶酔」が、ご丁寧にも和辻のものでは原語が付されている。これは翻訳なのである。（さらなる例示が可能であるが、ここではこれ以上は行わない）

西尾の言う「書物全体の不透明さと、各文章の明確さとの、不思議なコントラスト」は、こうした翻訳の切り張り（パッチワーク）のアンバランス（無理解）から生じたのである。そして、西尾はこれを和辻が考えたものとして読んだから、不思議の世界へ迷いこんだのである。

さらに、この『ニイチェ研究』を見て不思議なのは、「権力への意志」とともにニーチェ思想の中心概念である「永劫回帰」の項目がないことである。

シュタイナーの『ニーチェ』は「ニーチェが『永劫回帰』という言葉に、いかなる観念を結び付けていたかに関して、『権力への意志』の未完部分に当たるニーチェの草稿が、著作全集第二集の中に上梓された時、初めてもっと正確な見解を述べることができるだろう」という言葉で結ばれている。

和辻は「この研究に現われたニイチェは厳密に自分のニイチェである」と強弁しているが、それならば「永劫回帰」について独自の見解が示されてもよさそうなものであろう。

和辻の「独創」とは、シュタイナーのニーチェ論の骨組みをそのままにして、別風の肉づけをしただけなのである。いわゆる換骨奪胎というやつである。これはまぎれもなく《方法の剽窃》である。つまり和辻は、初発の骨組み（方法）を考え出す事が出来なかったのである。

次に進むと、和辻はこの本の最後にニーチェ論に関する参考文献を挙げている。西尾はそれを「おそらく無差別に入手したのであろう書物」と評している。和辻は博捜家として有名だった。

しかし和辻は、参考文献としてシュタイナーの『ニーチェ』を挙げていない。だが、その代わりなのか、シュタイナーとともにキリスト者共同体を設立することになるプロテスタント神学者フリードリヒ・リッテルマイヤー（一八七二～一九三八）の『ニーチェの認識の問題』を挙げている。

『ニイチェ研究』が認識論から始まっていることは、すでに書いた。しかし文中にはこのリッテルマイヤーの名前もない。

思考の世界は目（感覚）によっては見ることができない。そして和辻のようなアマノジャクの場合、決してその思考の秘密を見せることはない。だから私たちは、その見えない世界を見なければならないのである。

また西尾は『ニーチェ』で「例えばルードルフ・シュタイナーの病理学論文などで」と、シュタイナーのニーチェ論に言及し、この論文が掲載されている『ニーチェ——同時代との闘争者』を参考文献として挙げているが、読まなかったのだろう。読んでいれば、「彼の独創は……、……当時世界にまったくなかった」（P33～34）などとは書けなかったはずである。

和辻は、自序に「模倣者は自らはその解釈なり感動なりを直接に原作品より得たと考えていても、実際は原作品に間接に触れ、ただ『他人の足』で歩いているのである。自分はそれを恥じるがゆえに、頑固に自分の幼稚を保持した。幼稚はやがて自己の成長と共に圧倒することができる」と書いている。

そして和辻哲郎は、『ニイチェ研究』から一年後、『偶像再興』の最初の論文を書くのである。

唐木順三は「和辻さんの偶像破壊と偶像再興との間の期間は余りにも短い。『虚無の淵』のほとりから、豊富な人性の内へのよみがえりへのテンポが速い」(「和辻哲郎の人と思想」)と驚いている。

高坂も、「正直にいうと、『ニイチェ研究』も読んでおり、『偶像再興』も読んだが、その両方の著者和辻さんという人が、同じ一人の人として必ずしも私の意識の中では結びついていなかったのである」と言っている。

しかしこれらの見方は、いささか皮相であろう。あまりにも一般的なニーチェ像から判断している。和辻のニーチェ像は、西尾が「(和辻には)ニーチェにおけるニヒリズムの自覚が背景にしりぞけられている」と言っているように、きわめて特殊なのである。

和辻は、シュタイナーの言葉を借りて、「彼(ニーチェ)の幾度かの変遷は、むしろ彼の人格の成長である」と書いているが、それは『偶像再興』における体験から思索へ、思索から芸術へ、芸術から文化へという展開につながっているのである。

シュタイナーは『ゲーテ的世界観の認識論要綱』で、純粋経験から思考(思索)への発展を描き、その結論として「私たちの認識論は、認識を人間精神の能動的な活動であると把えた」「これによって私たちは、認識を芸術的創造の領域に近づけた」「認識行為と芸術的行為の共通の基盤とは、造られたものとしての現実に対して人間が自己自身を製造者の位置に引き上げることである」と書いている。

梅原猛は「『偶像再興』には、どこかで阿部次郎の『三太郎の日記』を思わせるものがある」と言っているが、面白い指摘である。

シュタイナーはさらに、「ゲーテがイタリアで見た偉大な芸術作品は、自然の内に見られる必然性の直接の刻印であるように彼に現われた。だから彼にとって芸術もまた、隠された自然法則の顕現なのである」とも書いているが、和辻の最大のヒット作『古寺巡礼』（大正八年）も、日本版イタリア旅行と考えれば納得がいくのである。

また和辻は、後年、長野哲学会での講演で次のように話したという。和辻はキルケゴールの『人生行路の諸段階』を読みたいと思っていたが、それは指導教授の井上哲次郎しか持っていなかったので、借りに行くと、井上は知ったかぶりをして教えを垂れようとし、そのさい、諸段階（Stadien）を諸研究（Studien）と読み違えていたという。和辻は井上の衒学ぶり、うそ、欺瞞に耐えられなかった、と。

その和辻が、数年後には『ニイチェ研究』を出すのである。剽窃は正確だからいいか。

では、この『ニイチェ研究』の売れ行きはどうだったのだろうか。金子武蔵は「すぐ翌年に同書店から再版がでたが、しかしその後この書は世間から姿を消し、ようやく昭和十七年に至って初めて筑摩書房から改定第三版として再び公にせられ」（全集解説）と書いているが、これはまったくの事実誤認で、『ニイチェ研究』は大正六年には三版、八年には四版、そして大正九年には第五版が出されるというように、ロングセラーを続けたのである。

和辻はこの『ニイチェ研究』の序文を「自分は真正の日本人の血にニイチェと相通ずるもののあることを信じている。キリスト教的道徳の代わりに儒教仏教の道徳が同様の影響を日本文明に及ぼしているにしても、なお真正の日本人の血には自己の生に対する勇気と真摯とがある」という言葉で結んでいる。

和辻がこう言ったのは、この時代を風靡していたベルグソン流の生の哲学とニーチェ思想との親近性を直感し、写し取ったからであろう。

6 『大菩薩峠』と大衆の心理

それは、この『ニイチェ研究』の発売が中里介山の大長編小説『大菩薩峠』の新聞連載の開始と重なっていることからもうかがえる。この『大菩薩峠』は、掲載紙を代えながら、営々と昭和の真珠湾攻撃の前まで書き続けられ、この間、国民的大ベストセラーとなるなど、日本人の心の琴線に触れた作品だった。

この『大菩薩峠』について、桑原武夫は「よくも悪しくも日本的なものを考えるとき、私は『大菩薩峠』を実感するのだ」と言い、こう書いている。

ごく大ざっぱにいって、日本文化のうち西洋の影響下に近代化した意識があり、その下にいわゆる封建的といわれる古風なサムライ的、儒教的な日本文化の層、さらに下にドロドロとよどんだ、規定しがたい、古代から神社崇拝といった形でつたわるような、シャーマニズム的なものを含む地層があるように思われる。

『大菩薩峠』の根は、もっと深くまで達している。しかも第一層にもかなり太い根がある。介山が若いころ平民社の社会主義運動に加わっていたこと、戦争中「文学報国会」に決して参加しなかったこと、などは生活的にこのことを示している。作品そのものが、このことを示すことはいうまでもない。第二層はいうまでもない。彼の偉さは第三層からも養分を吸収していることである。

ニーチェの魂もまたこの第三層にいたのである。しかしそれは地中奥深く渦巻くマグマのようだった。シュタイナーは「ニーチェの思考世界には破壊衝動が顕現している」と言っている。そして「無神論は私の本能によって理解されているのだ」と言うニーチェは、この第三層を表層へ噴出させた。

シュタイナーは言う。

ニーチェの精神のあり方そのものが理解された暁には、大衆の精神病理の上にも解明の光が当てられることだろう。かくも多くの支持者をニーチェの教義の許に集めたのは、その教義の内容ではないこと、そしてその影響力の由って来る原因が、まさにニーチェがその思想を主張する不健全なやり方にあることは明白である。ニーチェにとって彼の思想は、そのたいていが世界や人間を把握する手段ではなく、それによって自分が陶酔せんとした、精神的カタルシスであったが、彼の支援者の多くにとっても事情は同じことである。

そして、シュタイナーは「ニーチェの活動全体を貫く特性は、客観的真理をとらえる感覚が欠如していることである」と言い、この精神病理を分析して次のように言う。

> ニーチェが自分の世界観の核心に到達する心理的過程は、客観的真理を目指す人が閲するものとは異なっている。ニーチェは、古代ギリシアの芸術の根底には二つの衝動があると仮定した。すなわちアポロン的衝動とディオニュソス的衝動の二つである。
>
> ニーチェはたんにショーペンハウアーの『意志と表象としての世界』を芸術的なものに翻案したのである。
>
> 彼が追っていた満足は論理的なものではなく美的なものであった。教養などは彼にとってまったくどうでもよかったのだ。
>
> ニーチェのケースにおいて人は紛れもなく観念の散乱を観察することができる。論理的な観念連合のみが当てはまるべき所に、ニーチェの場合だと単なる外面的で偶然の特徴に基づく連

想、たとえば言葉の響きの類似に基づく連想とか、概念思考の要求される箇所では無意味といえる比喩的連関に基づく連想が登場するのだ。

そして「ついに一八八一年あらゆる真理に戦宣を布告する地点にまで達したニーチェは、自然科学が代表する世界観に対して意識的な反論を打ち出した」と、シュタイナーは言う。「我々が真理を意志するならば、なにゆえに虚偽への意志をそれ以上に好まぬことがあろうか？」（ニーチェ）その主張は万物の「永劫回帰」説となる。

シュタイナーは、この永劫回帰説について、こう言っている。

> この仮定によれば現在生起している万物はすでに無限に何回となく存在したのであり、これからも無限に反復することになる。
>
> この観念は彼が他で述べているどの箇所とも内的連関がないように思われる。「永劫回帰」説の根拠は何も語られていないも同然である。しかし彼は至る所でこの観念を、人間の全文化にもっとも奥深い震撼を呼び起こすことのできる教義であると述べているのである。

そしてシュタイナーは結論する。「ニーチェと、日常生活の内で真理感覚を欠いている精神障害者との間の懸隔がいかに大きなものであろうとも、各々のケースを扱う時、質的にはどちらの場合も、少なくとも同じ病理的な領域に隣接する心理的特性と関わっているのである」と。シュタイナーはこの病理にそれ以上の（思想的）意味を見出そうとはしなかった。

7　新世紀への期待

話はここでヘッケルに戻る。

シュタイナーは、一元論とともにヘッケルの名を有名ならしめたあの「個体発生は系統発生を繰り返す」というテーゼについて、次のように称賛している。

ヘッケルの系統発生的思想は、あらゆるドイツ哲学、あらゆるドイツ的教養に負けず劣らず、十九世紀後半のドイツ人の精神生活の中で、最も優れた偉業と言わなければならない。彼の学説より優れたオカルティズムの科学的基礎づけは存在しない。その学説は偉大である。（一九〇七）

この系統発生的思想によって、進化が一元論的に叙述されることが可能になった。シュタイナーは、この発言の九年前（一八九八）にこう書いていた。

ダーウィンの思考方法はこれまで人類が達成した最大の進歩のひとつだと私は考えている。ダーウィニズムは、もしそれが正しく、ということはその本来の精神に即して、応用されるなら、人間の思考領域すべてに喜ばしい作用を及ぼすにちがいない。

私自身、『自由の哲学』なる一書によってダーウィニズムの真髄を汲む著作を世に送り出したものと信じている。私はこの本を独特の立場で構想し執筆した。私は人間の精神生活のもっとも内密な問題について考察を重ねた。したがって、ダーウィニズムを特に意識したわけではないが、思想構築が終わった今となってみると、私は結果的にダーウィニズムにささやかな貢献をなしとげたという自負の念を禁じえない。(「社会問題」)

この十九世紀から二十世紀への移行の時代において、シュタイナーは、決して後戻りすることのない、一元論的認識論の立場を貫いた。

そのわけについてヘムレーベンはこう書いている。「確信をもって〈神も、不死も、人間の魂も存在しない〉と宣言しているヘッケルの著作を認めながら、どうしてシュタイナーは、独立した精神と活動的な理念について語り、あの『自由の哲学』をものにすることができたのであろうか? ルドルフ・シュタイナーは、ヘッケルの多くの反対者の一人でなかったことは確かである。なぜなら、ヘッケルは、十九世紀から二十世紀に移行することに対して、非常な関心を抱いていたからである。この関心が、シュタイナーにとっては、重要だったのである」と。

それはヘッケルへの手紙に書いた「〈無知〉の状態から次第に〈知〉の状態と変わる」という確信からだった。またそれは、宗教から科学の時代（近代）への移行でもあった。

ヘッケルは『世界の謎』の結論部分に「時勢は変じ、旧いものは壊れた　そしてその廃墟の上に、新しい生命が明け初めた」という詩を載せている。

この新世紀への期待は、隈本有尚（一八六〇〜一九四三）も同じだった。東京高等商業学校（現・一橋大学）教授だった隈本は、明治三十六年から七年にかけて、長崎高等商業学校（現・長崎大学）設立のために洋行し、シュタイナーと出会う。

数学者であり倫理学者でもあった隈本有尚は、東京大学の教員生活の後、九州福岡の修猷館中学で校長を、山口高等中学校で教頭を務めたりしているが、この時代に、数学書として『来図例題解式』（明治十九年）、『中等算術』（明治三十一年）を出している。

隈本は、東大の学生時代、数学の天才としてその名を轟かせていた。明治十八年、隈本は、『東京数学物理学会』誌に「Matrices No Theory Ni Tsuite Shirusu」という「マックオゥレーの四元法積分」に関する論文紹介を行なっているが、小松醇郎（『幕末・明治初期数学者群像（下）』）によると、「これを読めた人は当時の数学物理学会員でも隈本以外には殆どいなかったであろう」という。

そして、洋行から帰朝したあと、隈本は、長崎高商の校長を務めるかたわら、アストロロジーやシュタイナー神秘学の紹介を始めるが、明治四十三年（一九一〇）一月、その拠点としていた日本最初の神秘学雑誌『性相《せいそう》』（後の「観相学」の項で詳述）に「第六官及び第七官」と題して次のように書いている。

新紀元は接近せり。世界の進歩は日を逐《お》て急激なり。今の世に際し残る隈なく心性力を検討し、これが改良発展を計り、もって直覚と霊覚の開発を促し、もって物質界の進歩に伍するは性相学を捨て何《いず》くに求めん。

性相学は心性の区別と感官区別をして的確なり。ああ、新紀元の発現は接近せり。

また大正四年（一九一五）一月には、「新紀元の近接」として次のように書いている。

この新紀元たる、決して空想ではなく、古代よりユダヤにおける、インドにおける大智者、大予言者の言にして、過去十年以来はこの新紀元の年々接近しつゝあることを切言して、もって世界の注意を引く学者も英国に、ドイツに、合衆国に、インドに現われて、しかもその説くところの材料方法は異なれりといえども、新紀元の近接においては「同じ高根の月を見るかな」で一つも一致しないものはない。

8　日本の一元論

そして、十九世紀も終わろうとしていた一八九八年（明治三十一年）、ヘッケルの『世界の謎』（Die Welträtheel）が出版され、二十五ヶ国語に翻訳され世界的ベストセラーとなる。

このヘッケルの一元論は、文明開化真っ只中の我が国の哲学思想界にも大きな影響を与えた。近代化の推進において重要な役割を果たした東京大学総理加藤弘之（一八三五〜一九一六）は、ヘッケルの『自然創造史』を読むや、それまでの天賦人権説をかなぐり捨て、進化論者に転向する。加藤は、この進化論をたんにキリスト教批判の道具として捉え、国体護持に利用する。明治三十六年（一九〇三）には、黒岩周六（涙香、一八六二〜一九二〇）の『天人論』が発売され、爆発的な売れ行きを見せる。これに続いて、高橋五郎の概説書『最新一元哲学』が出版される。

加藤弘之も『自然界の矛盾と進化』（明治三十九年）、『吾国体と基督教』（明治四十年）を上梓する。しかしその内容は、「目的的宇宙論は迷想、因果的宇宙論は正想」「二元主義は迷想、一元主義は正想」「意思の自由は迷想、意思の必然は正想」「造化は迷想、進化は正想」というたあいもないものだった。

当然批判が巻き起こるが、加藤は、明治四十一年、批判への反論をまとめた『迷想的宇宙論』

を出す。

そして、『天人論』が発売された五月、一高生藤村操が華厳の滝に飛び込み自殺する。哲学青年の死として大きなショックを与える。

この当時まだ十五歳だった務台理作は、新聞に全文が掲載された藤村の『巌頭之感』の「既に巌頭に立つに及んで胸中何等の不安あるなし。始めて知る大なる悲観は大なる楽観に一致するを」という一節に強く心を引かれたという。

このことから務台は「藤村を死に誘った哲学の書とはいったい何を書いているのだろうかという強い好奇心に動かされて」兄の持っていた『天人論』を隠れて読んだという。

わからないままに繰り返し読んでいくと、「小我を滅していくとかえって宇宙の大我に合致する」というようなことが哲学なのかと思うようになり、子供心に感動したという。

この藤村の葬儀で弔辞を読んだのが一高三年生の魚住影雄だった。阿部次郎も藤村弁護の論陣を張る。魚住は校友会雑誌に「個人主義の見地に立ちて方今の校風問題を解釈し進んで皆寄宿制度の廃止に論及す」という文章を載せ批判を浴びていたが、阿部は魚住を擁護した。

この魚住影雄は姫路中学の出身で和辻哲郎の先輩だった。和辻はこの魚住の助言によって東京帝大哲学科に進んだという。

さてその『天人論』であるが、黒岩はヘッケルへの信仰を告白しながら、こう書いている。

十九世紀の中頃進化論なる者現れてより一元論の根拠確立し、二十世紀の今日に至りて殆ど迷霧を一掃したる観あり、有神と無神、物質と霊魂、哲学と神学、宗教と倫理、総て一主義の下に調和せんとす。

同じく一元論にして、物的方面に立つと、心的方面に立つことの差は有りと雖も、大体は相同じ、物心一如なり、汎神論（パンセイズム）なり、万有理教（パンロギズム）なり、生命一体（ユニバーサル）の向上主義（アナポリズム）なり。

余は心的一元論の所説に基き、自ら信ずる所を述べてこの書を作れり。

そして黒岩は、認識論「自観と他観」の章の結論部「確定不動の断案」で、次のように書いた。

現象は他観なり、実体は自観なり、他観は物質にして自観は生命なり、心力なり、生命心力を併称して心霊という、万物は他観せば物質と見え自観せば心霊と見ゆ、心霊の現象が物質にして、物質の実体が心霊なり。

故に心霊と物質とは別にして実は一なり、環の内外たるに過ぎず、これを外より観て、現象として研究するを科学とし、これを内より観て、実体として研究するを哲学の本領とす、科学哲学は一なり、なお物質心霊の実は一なるがごとし、『一元論』の称ある所以なり。

このことから分かるのは、黒岩が一元論を、「心霊と物質とは別にして実は一なり」というように、ヘッケルやシュタイナーのような論理的一貫性としてではなく、「相対立するものが同じである」という風に理解しているということである。だから、それが身心一如の東洋的認識や汎神論と同じであるという誤解が生じてしまったのである。そしてこの誤解は、今日に至るまで日本の哲学思想の世界を呪縛している。

話を戻すと、さっそく高橋五郎（一八五六～一九三五）が、『最新一元哲学』で「黒岩氏は大家の諸説を取るに汲々として、その間に未だ十分の融和を設くるに暇なかりしと見ゆ」と、猛然と噛みついた。

この高橋は、日本カトリック教会初の和訳聖書『聖福音書』（明治二十八、三十年）の訳者であり、またゲーテの『ファウスト』（抄訳、明治三十七年）の最初の訳者でもあるように、他にも多彩かつ膨大な訳書と著書があり、さらには『神秘哲学』（明治三十六年）、『心霊万能論』（明治四十三年）、『霊怪の研究』（明治四十四年）などに見られるように、西洋神秘学の最初期の輸入者でもあった。

『霊怪の研究』には「ブラバットスキ夫人のごときは、その身曾て自らスピリットを呼ぶ道具（即ち所謂霊媒）と成りて」とか、「友人小野氏の『心理時報』第十五号にはドイツのユング博士の夢診法を紹介して曰く、……」「要するにユング氏は只夢を疹病の一方にのみ観察したる者なるが、上論のごとく夢の用たる極めて広き者なれば、十分の研究を値ひす」とか書かれている。

高橋は、「この書は余の信仰を記す、余は学者に非ず、説明する能わず、主張するなり」と予め逃げを打っている黒岩の心理を見透かすかのように、その博識ぶりを披瀝する。

高橋の『最新一元哲学』の目次はこうなっている。

第一章　哲学者と哲学　哲学者が社会に占める地位
ゾラト哲学者をその理想国家の宰理に任ず・学者従来の不評判・ラブレーと学者・ドン、キコテの学者貧乏論・ルーシアアンの月世界旅行・ギリシア神代記中の奇神アンテーウス・梅ヶ谷と常陸山の勝敗秘訣・ゲーテと書籍学問・死学問と活学問・獨嘯庵の達観・レッシングの読書説・カント、リヒテンベルクの読書観・フィヒテ著『学者天職論』

第二章　哲学幸いにして未だ地に墜ちず　哲学の永く存すべき理由
哲学と科学の関係・学者の覚悟と天職・勸学院仏名廻文・孔子と朱子の学者論・先覚をして後覚を覚さしむ・文徳と文弊・李笠翁の戒諷刺・コントと哲学

第三章　哲学の功徳及び快楽　哲学と科学――哲学は万学の学
哲学の定義とアリストートル・真理は祖国なし・白露（ベルー）国王の哲学（宇宙観）・動物と哲学・タレス天を望んで溝渠に落つ・ハルトマンと哲学の起源・コペルニカス、ガリレオ、釋圓月・ハクスレーと学術の起源・肉食物と霊食物

第四章　哲学の変遷及び帰着　学術的哲学――一元哲学

老子と哲学・ハルトマンの哲学批評法・古人は多く水をもって万物の根本とす・ドレーパルの社会学・智力と道徳との別・ギリシア七賢人の一タレスの哲学・印度の諸哲学系・印度ヴェダンタ哲学の本意・ギリシア哲学の略史及び趨勢・ベーコンと英仏哲学・学術的哲学

第五章　一元哲学の過去　一元哲学の種別及び由来

天下には一も新しき物なし・二千四五百年前のガリレオ・種々の一元論を列記す・ロッシウスの一元哲学論・モニズム（一元論）という語の起源・元祖パルメニデスの一元説・ゼノの一元論及び堅白同異説・荘子の逆説（パラドクス）

第六章　問題承前　スピノザの一元主義

第七章　一元哲学の現在未来

ショペンハウエル、ヌワレ、ハルトマン、ヴント、ヘッケル、ルイルフ・ロンブロソの天才と狂人論・ヘーゲルとショペンハウエルの関係・松本博士のショペンハウエル論

第八章　問題承前

第九章　問題承前

このあとに付録の「黒岩氏の『天人論』を評す」が続く。このなかで高橋は、「物質を立て、心霊を立つ。これ純然たる二元なり」「没論理」「哲論と称するに足らず」と批判し、黒岩の素人ぶりを暴露する。

しかしこれは、読売新聞書評子が「その該博なる点においては稍《やや》見るべしといえども、総合においては未だ得たる所のものあらず」と書いたように、批判としては物足りないものだった。

これに対して、『天人論』への逐条的な検討と批判を展開したのが、匿名の人物による『破天人論』である。匿名氏は『天人論』の折衷主義的な矛盾を指摘して、次のように言う。

天人論に対する批評を見るに、仏教家は評して謂う。前半はすなわち大に是也、後半はすなわち妄に陥いれり非也。キリスト教家は評して謂う。前半はすなわち物質的一元論の傾向を帯ぶ、もしそれ後半に至りてはすなわち我儕《とも》の大体において大に歓迎する処也と。

この匿名氏は、クリスチャンであるにもかかわらず進化論説を是認して、「生命は勢力の進化上に生ずる一事実なりとせるにあり、宇宙の本元を霊なりとし、宇宙を在、生、理の三にして一、一にしてすなわち三なるものとなし、所謂三一哲学の見をもって在、理、生の関係は一の活機に存すればこれを直観し人格するによりてその真相を達せられるとなすに在り、要は宇宙万有をもって、人格の中に総合して初めて真相を解すべし」と結論した。

読売子はこれを、「このごとき着論は我が思想界に最も健全にして最も光明と活動とを給するものとして吾人は歓迎す」と称賛した。

そして、黒岩を侮蔑してみた高橋五郎だったが、自身もまた、「余輩は今これ賛難褒貶するに非ず」としながらも、奇人として有名だった「予言者」宮崎虎之助を、「印度のヴェダンタ哲学に出入し、仏教の頓圓に往来し、泰西の一元哲学に接近す」と高く評価した。

『奇人正人』（戸山銃聲）には「宮崎虎之助は『メシヤ』仏陀と称し、常に揚言して曰く、我は耶蘇の再臨なり、メシヤなり、仏陀なりと。世人最初は、その狂的言動に驚きしも、後には何時の間にか彼に化せられ、メシヤ、仏陀を崇拝するものあるに至れりとは、これまた浮世なりけるかなだ。彼は元来青瓢箪式の神経過敏な質であるが、そのことに至れるは、けだし直覚的に太《いた》く神経を刺激せられて、煩悶し苦慮し熱狂し、その結果偶然神の暗示に接するというもの丶ごとく。これを要するに迷信妄想ついに一種の精神病となったものらしい」と書かれている。

高橋五郎は、この神憑りとヴェーダンタ哲学の梵我一如や西洋哲学の一元論とが同じものだと理解している。つまりシャーマン一元論である。

現代の高橋巖が言う「東洋は一元論で、西洋は二元論です」（『神秘学入門』）とも符合する。

では、宮崎のその託宣なるものを聞いてみよう。

我今京橋区月島に住む。この春より天の霊に接し、その導くまに〳〵昼夜時を択ばず霊感の儘《まま》に出でその霊を受く。霊は活ける神なりき。今や神の霊化に浴し自覚の事実を得ぬ。天下果たして誰かこれの事実を得るものぞ。これにおいてか我は起たざるを得ず。

ア、愚かなる学者等よ。小さき胸に浮かべる哲学や科学によりて、宇宙の眞趣を盡さんとするや。愚かなる者よ。人々の心に光を放てる天眞自然の事実を蔑如せんとするか。ア、愚かなる学者等よ。人々の心に輝く天眞自然の事実こそ、誠に宇宙の眞趣の極致を結べるなれ。我れ諸子に告ぐ。人々の心霊は直ちに神なり。これを称して「我神《われかみ》」という。諸子よ承知せよ。人々の奥底は「我神」なり。この「我神」や肉の小さき固体にのみ縮《ちぢこ》まるにはあらで、直ちに宇宙実在の活ける尊き神なり。ゆえに実在を称して「眞《まこと》の我《われ》」又「天の我」という。諸子よ承知せよ。「我神」と「眞の我」すなわち「天の我」とは一貫す。

これは日本版『ツァラトゥストラ』である。博覧強記で西洋神秘学にも通暁しているつもりだった高橋五郎もまた、この異常な迫力に気負けし、一元論をこうした「悟り」か何かのように「一発で分かる」(直観的な)ものと誤解したのである。高橋には、宮崎のこの我神が「神の声」に聞こえたのであろう。このあと高橋は、宮崎のこの『我が新福音』(明治三十七年)を『My new gospel』として訳出する。

これは、オウム真理教事件の場合もそうだったが、吉本隆明や中沢新一、島田裕已などの宗教学者が、麻原彰晃やオウムを「本物」や「スピリチュアルな革命」と信じたように、自己の認識経験ではなく、ただ知的な先入観でのみ宗教や神秘的なものに関わろうとするときに起きる陥弊なのである。

9 観相学

そして明治三十九年三月、ついに本家ヘッケルの『世界の謎』が、加藤弘之、元良勇次郎（日本最初の心理学教授）らそうそうたるメンバーの序文付きで『宇宙の謎』と題して刊行される。

こうした一元論狂騒曲のなか、明治四十一年（一九〇八）十月、五代目石龍子（一八六〇〜一九三五）の主宰する性相学会によって、月刊誌『性相』が発刊される。当時朝鮮総督府京城中学校長を務めていた隈本有尚もこの会の有力会員だった。

石龍子と隈本とは、同郷（久留米出身）同年で竹馬の友だった。

この石氏の先祖は石田三成で、三成が関ヶ原の戦いに敗れてからは、石とも田とも名乗って、攝州池田に隠れていたが、明和宝暦のころ大阪に出て、その後江戸へ移り、観相家になったという。

曾祖父（二代目）が観相を始め自著などを出版し始めると、陰陽師の本家土御門家から横槍が入り、「観相は易から出たものだ」（剽切）として、その関東地方総奉行から「書物は絶版にし営業を禁止する」と通告される。

それに対して、曾祖父は、これに抗議したが埒が明かないので、ついに江戸町奉行所に訴え出た。石氏側は「観相は医から出たものだ。医望心というから出たものだ」と膨大な事例をもって証明し、ついに三年の詮議の結果、石氏の勝訴に決し、土御門の総奉行は追放されたという。

また五代目石龍子は、本名を中山時三郎といい、中山家は代々有馬藩の儒官であり医術や観相も兼ねて行なっていたため、石家とも親交があった。先代石龍子（石榮安）は、漢方医から観相の大家になったが、維新と共に没落したため、その石家から懇願されて時三郎が養子になり、五代目を襲名したのである。

そしてこの性相学は、元はフィレノロジー（Phlenology）といい、ウィーン生まれの解剖学者フランツ・ヨーゼフ・ガル（一七五八〜一八二八）によって創始されたものである。

このフィレノロジーの基本的な考え方は、脳は心の器官であり、人間の精神活動は脳の一定部位によって司られているというもので、脳の表面を四十二の部位に分けている。

ようするにこれは「唯脳論」（養老孟司）の先駆ともいうべきもので、当時欧米で大流行していた。シュタイナーも『神智学』で「脳は意識の身体器官である」と言っている。

現代の発生生物学や神経解剖学によれば、人間の脳は、六億年の進化の過程で、脳幹、大脳辺縁系、大脳新皮質の三層構造へと進化し、最奥にある脳幹は魚の進化段階のものであり生命を司るという。そして、それを包んでいる大脳辺縁系は猫の進化段階の脳であり感情を司る。さらに一番外側の大脳新皮質は、チンパンジーや人間に共通するものであり理性を司るという。

日本では、このフィレノロジーの訳語は、文部省発行の『百科全書』（明治九年〜十六年）や丸善や有隣堂発行の『百科全書』（明治十六、七年）では骨相学とされている。そのためそれ以降刊行されたフィレノロジーの訳本のほとんどは骨相学となっている。骨相学の原語はクラニオロジーである。

なぜそうなったのかというと、いくら脳が意識の器官であるといっても、生きている人間の脳を直接見ることはできなかったからである。そうすると、どうしても外形（頭蓋）から判断するということになる。それでフィレノロジーは、バンプロシー（凸凹学）と揶揄されるようになったのである。

シュタイナーも、「フィレノロジーは人間の頭骨形態の中に自我の表現を見出そうとします。一般的な観点としては、ここの隆起はこういう意味があり、ここにはこういう意味がある等々です。人格の特性を頭骨の示す様々な隆起の中に読み取ろうというのです」（『オカルト生理学』）と言っている。

こうした見方に反発した石龍子は、「ギリシア語において『フレノ』は心、『ロジー』は学という意味なり。ゆえに余はこれに訳して心理哲学というべきも、此学に解釈することは心性の表相を主要とするによると、又一方には在来の心理学より区別するため性相学と名づく」（『性相学精義』）と主張する。この性相とは、仏教の唯識思想の性相《しょうそう》から借りた。ちなみに、隈本はこれを心相学としている。

そして、この『性相』の編集は著名な弁護士播磨辰治郎が行い、掲載内容は、性相学をベースにして孝星学（隈本はアストロロジーをこう訳した）や神智学、オーラや千里眼、人相学、手相学など当時の神秘思想をほぼ網羅している。また、時事性相眼というコラムをもうけ社会的な話題にも紙幅を割いている。播磨自身も『性相学』(明治四十三年)を著している。

また、このころの日本の神智学の分派活動についていえば、アニー・ベザントをリーダーとするアディアール派は作家の今東光の父武平が神智学協会日本ロッジの看板を掲げ、さらに、それに対抗するアメリカのポイントローマ派も、明治四十三年十二月に、ブラヴァツキーの『霊智学解説』を出すなどして活動していた。そして、『性相』に陣取る隈本のドイツ(シュタイナー)派の三派が鼎立していたのである。

ちょうどこのころ、明治四十三年六月に、日本女子大学の創立者成瀬仁蔵(一八五八〜一九一九)が、学生たちに神智学の惑星進化論を講義しているが、石龍子も、同じ年に刊行された『性相講話』で、人間の発達や人類史とリンクした七段階の惑星進化について語っている。成瀬は大正八年三月に死去するが、最後の訓戒で「学生たちは自分のSpiritual bodyだ」と述べたという。

隈本有尚は、この『性相』の初期の号に、数秘術についての「七数の事」や東洋の観相法と孝星学を比較した「観相の十二宮と地球の十二宮」などを載せている。そして、明治四十二年十二月号には「国家孝星学に就きて」を載せているが、これが我が国最初の公表された西洋占星術予言である。

また、石龍子は明治三十六年(一九〇三)に『催眠術』という本を出しているが、そのなかに「神秘学」という言葉が使われている。

この神秘学とは、西洋から輸入されたオカルト思想を総称したもので、その内実は催眠術や性相学、神智学、占星学などを含む観相学一般を指していた。そしてこの観相学も「黙って座ればピタリと中《あた》る」と言われるように、直観的なものである。

そして性相学は、「心理、観相、性相、天体諸学の極致は一点に帰着す」（石龍子）ということによって、「前世での諸体験が頭骨の形を決めている」（シュタイナー）ということから逸脱し、未来を予言するものへと変貌していった。

そのため性相学は、生徒の教育や犯罪者の更生などに役立つものとされ、学校や刑務所などで用いられるようになった。石龍子は各地の刑務所に赴き、裁判官、警察官、刑務官などの立ち会いの下に収容者の鑑定を行なった。東京の赤坂三会堂で行われていた月例講演会にも、裁判官や弁護士など著名人士が聴講に訪れた。

また心理学者の高島平三郎が学士会館に開催した講演会には、東洋大学の教授や学生多数が参集した。東京帝大の元良勇次郎も大きな関心をよせ、石龍子の講演会を行なった。

石龍子は、明治四十三年七月から、郷里の久留米を皮切りに、九州・中国・四国・関西・関東・東北・北海道に全国遊説を行い、各地で多数の聴衆を前に講演し、地元紙もそれを大きく報じた。

このなかでとりわけ盛会だったのは京都帝大の講演会だった。（第二章「乃木将軍の殉死」を参照）

この時代、性相学のようないわゆるオカルトは、まだ、今日のようなマイナーな烙印を受けてはいなかった。オカルト（西洋神秘学）と科学や哲学は、隣接というよりも、同居していたのである。

それは、この明治の西洋摂取第一世代にあっては、西洋文化の総てを吸収するという欲求が先に立ち、それが正統か異端か、あるいは学問か非学問かは、ほとんど振り返る余裕がなかったからであろう。

これに反して、維新以前の東洋伝来のそれらのものは、この時代の売れっ子作家の村上浪六が「西洋手相学は旧来の手筋判断と全然その基礎を異にして、生理的の変化上より考証し、進歩的の科学上より組織し、統計的の打算上より総合し、確実的の現在上より研究せしもの」（小西久遠『人生予言　手相学』序文）と書いているように、非科学的な迷信として退けられていた。

10　明治のオカルト業界

さてここで閑話休題。この時代のオカルト業界を少し紹介してみる。

この時代は催眠術が大流行し、催眠療法なども広く行われていた。催眠術師古屋鐵石は『驚神的大魔術』（明治四十一年）で「この世における奇妙不思議の現象中、手品及び理化学の応用に非ずして、心理学哲学の応用にて成る所の者を集めて、その理を採りたるに、主として精神作用なり。これが立証は催眠術を以てすれば明白なり。換言すればこの世にある奇妙不思議の現象は多くは催眠術上の現象に外ならず」と書いている。

では「奇妙不思議の現象」とはどんなものだったのか。

目次を見てみる。「米国狐狗狸術（プランセット）・日本狐狗狸術・降神術（スピリチズム）・禁厭術・見神術・幽霊対話術・真言秘密術・不動金縛術・精神感伝術（テレパシー）・天眼通術（クレボヤンス）・火渡術・狐遣術・読心術・骨相術（フレノロジー）・忍術・仙術・幻術・気合術・棒寄術・火箸曲術・武道竹折術・男女交際魔術・地獄極楽漫遊術」などであった。

この本には『妖怪学入門』の井上円了や、元良勇二郎とその弟子福来友吉などが登場する。

だがこの時はまだ千里眼騒ぎの前で、この時代の予言者としては宮崎虎之助以外には「穏田聖者」の飯野吉三郎や浜口熊嶽、森破凡、末広幸三郎、志知善友らが有名だった。

そのなかでも飯野は、詐欺、賭博、強姦、強盗などあらゆる罪悪を犯した兇漢だが、よく瞑想に耽ることが多く、獄中でも囚人たちの身上判断をやり、百発百中だったという。

「今天一坊」とも呼ばれていた飯野は、明治三十一年に、白木屋などの詐欺で逮捕されたが、その時のこんな逸話が残されている。収監されていたときに、獄中に居ながら世間のことを何でも知っているというので、飯野は予言者と呼ばれていた。おかしいと思った看守が調べると、妻が密かに新聞を差し入れており、それを読んで話していたという。

飯野は、大正時代になると、下田歌子を通して皇后に取り入り「日本のラスプーチン」と呼ばれるまでになった。

また『奇人正人』は、易界の大御所高島嘉右衛門について、「老人の素ッ破抜きはチト気の毒だが、……、十余年前までは根本通明や三島中洲などの私塾にしばしば横浜から出陣に及んだものだ。高島易断は主として久保檜谷の作で、久保は当時彼の食客で、彼の意見はただその一部を埋めているだけだそうだ。彼の行口《やり》は万事ざっとこんなものだ」と暴いている。

そして、飯野以上に「面白い」のが森破凡である。

明治四十二年（一九〇九）、この時二十八歳の破凡は、下谷区豊川稲荷所在の竜谷寺門前の土塀に「大日本国体擁護会正道軍総監森破凡」の大看板を掲げ、聖徳太子遺伝と称した究儘術や、哲学鑑定並びに感応術、心理治療などを行なっていた。破凡は治療代を患者任せにして、一日一食、それも生豆腐一丁しか口にしなかったという。

そして、東に知者ありといえば訪ねて教えを請い、西に奇人ありとの噂を聞けば探りを入れていた。その破凡に「不思議の爺さん」こと蝦蟇《がま》仙人片田源七のことが耳に入った。さっそく術競べをするため、蝦蟇仙人を訪ねる。

「色浅黒く口広く髭蓬《ぼう》々と生え白衣総髪黄の被布を纏《まと》える」扮装《いでたち》、すぐに術試しにきたと見抜いた源七は、いきなり「エイッ」と破凡めがけて気合をかけた。しかし破凡はぴくりともしなかった。それではと源七、今度は、抜き身二本を持ち出し、刃先をムズっと両手に掴みその刃先を自らその額に何回となく打ち当て、破凡に「この技できるものならやってみろ」と挑発した。

破凡すぐさま「おう！」と答えて、この抜き身を引掴み源七同様、気合もろとも額を叩いた。さすがの源七も、「ただならぬ相手」と見て、ここは一旦鉾を収めた。

そして今度は、改めて源七の方から奇術の試合を申し入れた。これに対して破凡は、得意の催眠術で「貴公を自由にして見せん」と宣告して、源七に施術した。源七たちまち術にかかり眠ってしまう。

術が解けて眠りから醒めた源七は、「今度は自分の番だ」と、十八番の熱湯中の茶碗を掴むという術で挑みかかった。さすがの破凡もこれにはびっくりしたが、そこは強情者のこと、「できぬはずはない」と源七がした通り熱湯中から茶碗を取り出した。

源七もこれには閉口して、その後二人は義兄弟の縁を結んだという。

これで一躍有名人になった破凡は調子に乗って、源七の向こうを張って、十三人の仙人を集めて、本郷座で奇術の興業を打つ。しかし儲けの配分で仲間割れし、追放されてしまう。

こうした事態を憂いた隈本は、『性相』に「彼の『アウンハラバ』（破凡のこと）とか源七とかナンダカンダの名誉勃々たる俗漢が演芸的に火渡りしたりイロ〳〵の奇術をやったりするを見て、通力なりと申す人もあろう」と記し、「性相学と六神通」（明治四十三年四月号）を掲載している。六神通とは天眼通、天耳通、神足通、他心通、宿命通、漏盡通のことである。

そして翌年八月、新聞が「破凡現わる」と書き立てる。「しばらく影を見せなかった例の森破凡（三〇）、柏木小教院の看板をかけ、来る人ごとに法螺を吹き立てている」「六日、長文の公開状を青山医科大学長及び病中の曾根子爵に送った。青山学長に送った文面には自得の剃刀療治で凡ての病気を癒してみせるとあり、曾根子爵に送った文面には閣下の痼疾を一回の手術で全癒さして進ぜると書いてあった」と。

その翌年（明治四十四年）九月にも、「破凡現わる」「去る二日来突如として東京に現われ、本郷区嬬恋町に破凡病院と大書せる看板を掲げ、ゴム輪朱塗の自用車に乗り、例の長髪頭にシルクハットを載せフロックコート姿で堂々と市内を横行している」と新聞が書き立てる。

大正四年の総選挙では、「森破凡、坂本紅蓮洞などという珍々の珍候補が飛び出して、すくなからず選挙界に不真面目な空気を流している」と書かれる。このころ破凡は「大宇宙主宰　大統斎」を名乗り、大正七年には、雑誌『大宇宙』を創刊し、『仙道と仙人』『開明三世相』などの著作を出している。

11　日本最初の『自由の哲学』

こうしたドタバタを横目に、隈本有尚は、明治四十四年（一九一一）二月、『性相』に「意思の解」を発表する。この『性相』への寄稿のほとんどは匿名になっている。それは、この当時朝鮮総督府京城中学校長という公職にあったからである。

さて、この「意思の解」であるが、一見したところ、何のことかよく分からない文章である。

しかし、この文章の「意思」となっているのを「思考」に、「機関」となっているのを「器官」に置き換えてみると、驚くべきことにそれは、シュタイナーの『自由の哲学』（一八九四）と酷似した文面になってくるのである。題は「思考とは何か」となる。直した文章はこうなる。

思考は心性の子にして動作の母なりとは吾人の平生に称言《しょうげん》するところなる歟《よ》。上額および前頂が大脳皮質中最高の位置を占めて人間を人間たらしめまた神聖たらしめる作用の本源たることを了解すれば、すなわち思考のこの間に発動するは天成の法則なるべし。

しかし思考そのものの本質においては決して高等認識にはあらず、また高等感情にもあらざるなり。もっとも思考そのものの外面に露われるは心性器官を経由し、またこれと比例するをもって認識と感情との結果なりと断定すべけれど、思考そのものの作用を尋繹《じんえき》すれば、すなわち思考は常に感情を指揮しまた認識の作用をも制裁する傾向を有うせり。しかればすなわち思考は願欲を採択しまたこれを採決する作用を有するがごとし。（中略）

人間に思考ありて初めて形態各器官との結合指揮が行われることになる。はたしてしからずば、思考は自我の門戸に座して自我の命令下に活動の任を帯びたるものと断ずべけれど、自我は本体にして思考は自我そのものの表象なりということ却って思考の真の意義なりと吾人は認む。（中略）

しからばすなわち身体各部位と脳髄における認識感情の各器官は悉《ことごと》く自我の思考活動に使用せらる、ところの器械なり道具なり。そして自我なるものはその思考を満足に表象せんとするには、あたかも大工が建築にその道具を精緻にするがごとくその心身を精良にせざるべからず。如上の説明ははたして解し得られる歟。人間の研究の理性に入らざるがごとき現代の種族の多数に在っては、居常天性に住して動物と生死存亡を共にし、願欲以外には何の希望も採択も能わざれば、自我の正当なる観念及び思考はこれ自我の現象なること到底彼らの頭脳には及ばざるべし。彼らは動物と共に願欲は有するも彼らは動物と共に理性も霊性も知らざるなり。

（中略）

人として身体の機能と心性の作用と心身相関の理法と自我と思考との複合たることを実認して、自我すなわち私というものの絶対たる意義を実認せば、すなわち吾人はここに心身を自在に使用し得ると同時に、人間の生活なるものは初めてヨリ高尚なる水平線上に進達せしめ得ること疑うべくもあらざるなり。

そう、これは『自由の哲学』の日本最初の紹介なのである。これらの内容のほとんどは、『自由の哲学』の「世界の把握に奉仕する思考」や「知覚内容としての世界」、「自由の理念」からの引用であるが、また「自我なるものは……心身を精良に……」や「如上の説明……」の部分のように、シュタイナーの『精神科学の立場から見た子供の教育』の自我の説明箇所からのものも含まれている。

隈本がこれを公表したのは、『霊智学解説』の出版への対抗意識があったからだろう。この『霊智学解説』には「思考本因の性質について」という章があり、神智学の自我観が述べられている。

また、ここで隈本が思考を意思（意志）としたのは、性相学には身体から独立した思考という概念がないことと、まだ身心一如的な感覚のなかにどっぷり浸かっていた日本人には、西洋哲学における知・情・意の区別を理解することは難かしかったからだろう。

フィロソフィアの訳語としての哲学が日本に初めて登場するのは、西周（一八二九〜九七）の『百一新論』（明治七年）においてであるとされているが、西が文久二年（一八六二）にある人に送った手紙には、「西洋にはフィロソフィアと云うものがあって、即ち性理の学と云うものがあって、政治、法律等、其の他の原理を説くものである」と書かれている。

隈本は、このあとも『性相』大正二年一月号の「智力」で、再び『自由の哲学』の紹介を行なっている。ここでは主に「知覚内容としての世界」の章の概念と表象について書いている。

そして、隈本が『自由の哲学』の本格的な紹介をするのは、第一次大戦の動乱が収まり、新しい改造思想が叫ばれていた大正十五年八月に丁酉倫理会倫理講演集（以下、丁酉誌とする）に発表した「スタイネルの人格観」においてのことだった。

隈本はここで、自由の哲学を「精神活動の哲学」とし、自由という言葉を使っていない。おそらくこれは、当時、大杉栄などによってセンセーショナルに流布されていたアナーキズムの自由観と混同されることを恐れたためであろう。

さらに、隈本の『自由の哲学』の理解のレベルの問題であるが、隈本は、この「スタイネルの人格観」のすぐ後に発表した「社会問題の真髄」（丁酉誌大正十五年十一月号）では、『自由の哲学』の「所謂善とは、人が当然為すべき所ではなく、むしろ、彼が真の人間性をば万全に発揮せるとき意志する所なのである」（隈本訳）を、『中庸』首章の「天の命ずる、之を性と謂い、性に率う、之を道と謂い、道を修むる、之を教と謂う」と同じことであるかなような誤解をしている。

ここでは脱身体（脱感覚）的な思考が、自然的な意志と同一のものと理解されているのである。

第二章　西田幾多郎『善の研究』

1　丁酉倫理会

そして、隈本有尚の「意思の解」が出た同じ月、京都帝国大学文科大学助教授西田幾多郎（一八七〇～一九四五）の処女作『善の研究』（弘道館）が出版される。

これはシンクロニシティ（共時性）なのだろうか。なぜならば、この『善の研究』もまたシュタイナーの『自由の哲学』の全面的な影響を受けたものだからである。このことについては順次明らかにしていく。

さて、書肆はこの『善の研究』のために、『東京朝日新聞』（明治四十四年二月十四日）の題字横に大きく広告した。

「人誰か善行を庶幾《しょき》せざるものあらん、然れども善その者の本体は千古の疑問にして容易に解決せられさる所のもの、実にこの研究は人世の最大要務なるかな。これ著者が多年思索に耽《ひた》りてこの編ある所以也。本書の立論は純粋経験に基きて実在の性質を攻究したる結果、至善の論評に到達したるものなれば、実に善の根本的研究なり、その紛々たる諸学者の説を評論詛嚼《そしゃく》したる方面より見れば、現当思潮の調和者也、宗教論に帰結せる方面より見れば、実践信仰の指導者也、而かもその説く処諄《じゅん》々切々、高尚なる思想を最も平易明快に叙述したれば、学者の好参好讐たるは固より一般人士の據て以て至善に進むべき唯一の福音也」。

この「善の根本的研究」「現当思潮の調和者」「実践信仰の指導者」「学者の好参好讐たる」という大仰な宣伝文句。書肆は、かなりの売上げを期待していたのだろう。

しかしなぜ「善の研究」だったのだろうか?

西田は序文で「この書を『善の研究』と名づけた訳は、哲学的研究がその前半を占め居るにも拘わらず、人生の問題が中心であり、終結であると考えた故である」と書いている。

山田宗睦は、このころの西田の倫理観に影響を与えたものとして、丁酉《ていゆう》倫理会と哲学館事件を挙げている。(『西田幾多郎の哲学』)

この丁酉倫理会は「社会の思潮がコンベンショナルなる国家主義に向い、(日清)戦後国家的意識の勃興は却って人の性格精神の修養に反する」として、明治三十年(丁酉の年)に、宗教学者の姉崎正治や大西祝らによって結成されたものである。和辻哲郎もこの会の会員だった。

そして哲学館事件とは、明治三十六年の哲学館(のちの東洋大学)の卒業試験のさいに、試験官の中島徳蔵が、教科書として使っていたミューアヘッドの『倫理学』(桑木厳翼訳)から出題し、そのなかの「動機善にして悪なる行為ありや」という問いに対して、『倫理学』の引用中にあったクロムウエルの言葉「動機善なれば弑《し》逆をなすのもやむえない」をそのまま書いた生徒の答案を正答としたため、それを文部省視学官として臨監していた隈本有尚が見とがめ、それを上司に報告したため、教育の自由をめぐる大騒動になり、そのため哲学館は中学と師範学校教員の無試験検定認可の特典を失ってしまうというものである。

この時、中島と桑木は隈本の知己であったが、倫理（善）問題をめぐって隈本と激しい応酬をする。そして、この騒動のなか洋行した隈本は、イギリスでミューアヘッドと面会する。その結果、ミューアヘッドは自己の誤りを認めた手紙を神戸クロニクル紙に掲載する。

帰国後隈本は、中島や桑木と和解し、丁酉倫理会へ入る。

山田は、この時の中島らの主張（山田はこれを「市民倫理」としている）に西田が共鳴したに違いないという。

山田は言う。「哲学館事件は、〇二年（明治三十五年）の一〇月に端を発しているが、処断された〇三年一月末に、新聞その他に報ぜられた。『読売新聞』だけについていえば、同年一月二八日に、当の中島徳蔵〈余が哲学館事件を余に問う理由〉がのり、三一日〈寝言集〉、二月三、四日中島〈文部省視学官の言果して真ならば〉、六日桑木厳翼〈ミュアヘッドの倫理書に就いて〉、八日〈学問の不自由〉とつづいた。『読売』をあげたのは、当時の西田が『読売』をとっていたからである。おなじ倫理学を講じていたものとして、西田がこの件を見聞しないですませたとはおもえない」「西田が、衝突論争の中島の系列にぞくしていたことは、ほぼたしかである」と。

この『読売』には、一方の主役隈本の話が一月二十九日に載っている。中島の「文部省視学官の言…」は、これを受けて書かれたものである。

この時代、隈本は『心理学提綱・倫理学提綱・教育学提綱』（明治三十一年）と『倫理学提綱』（明治三十三年）を出し、倫理学者としても知られていた。

2 『善の研究』成立の謎

さて話を『善の研究』に戻すと、この本は四編から構成されており、まず第二編の「実在」と第三編の「善」が、明治四十年三月に、弘道館が出していた『哲学雑誌』に「実在論」として、続いて八月、第一編の「純粋経験」が、やはりこの雑誌に「純粋経験と思惟、意志及び知的直観」として発表された。

さらに第四編「宗教」は、明治四十二年四月に、丁酉誌に「宗教に就いて」、同七月に、「神と世界」として発表された。最初、西田はこの本の書名として「純粋経験と実在」を望んでいたという。

このころの西田について、長女の上田弥生は「父の書斎には少し大型の机があって、四高の独逸《ドイツ》人教師が帰国後に贈ってくれた、父が朝晩眺めて大切にしている宰相時代のゲーテの石膏像があり、それに並んで筆立が載っていた」（「あの頃の父」）と述懐している。西田は「デンケン先生」と呼ばれていたという。

このドイツ人教師とは、明治三十四年九月から大正二年ころまで、金沢の第四高等学校で西田とともにドイツ語を教えていたエルンスト・ヴォルファールト（Ernst Wohlfarth）であろう。明治三十八年七月に、同じドイツ語教師のエミール・ユンケル（Emile Junker）が帰国しているが、彼は牧師だったので、汎神論者ゲーテの像を送るわけはない。

西田ら四高の文科の教授たちは、明治三十五年一月二十二日から、ファウスト会というドイツ語輪読会を始める。ヴォルファールトの感化であろう。西田はその前々日の十九日の日記に「夜ファウストをよむ。自己が専門外の書も精読する事大に難し」と記している。

また、それより前の十六日の日記には「ウォールファールトを訪ひ。クノー・フィスセルのカントを持ち帰る」とあり、翌十七日の日記には「上田君の母堂来りファウストとビーベルを持ち来らる」とある。

しかし西田は、だいぶ前からゲーテを読んでいたらしく、明治三十年二月二日の日記にも「ゲーテをよむ」とあり、十一月一日、二日の日記にも「ゲーテをよむ」「ハルトマン、ゲーテをよむ」とある。

そして、西田のゲーテへの本格的読書案内をしたのが、ヴォールファールトだったのであろう。十二日の日記には「森内君とウォールファートを訪ふ。夜北条先生を訪ふて余の志の在る所を述ぶ。先生も之に賛成す」とある。前年の五月の十八日の日記には「この日（北条）先生が将来に関して問う所あり。余は先ず学問をなさんと答ふ」とあるので、北条に対する返答として、数学ではなく、哲学の道に進むことを表明したのであろう。

そしてこのヴォルファールトについてであるが、昭和年代（来日時期不明）になると、早稲田大学でドイツ語教師をしていたハンス・ヴォルファールト（Hans Wohlfarth、人智学者）という人物が、仏教学者渡辺照宏にシュタイナーや弟子のヘルマン・ベックの『仏陀』などを教えているのである。

おそらく、このヴォルファールトは、エルンストの息子ではないかと思われる。

この明治期のゲーテに関する本としては、二十六年に、『国民新聞』や雑誌『国民之友』を発行していた徳富蘇峰の民友社から叢書『十二文豪』の一冊として高木伊作著『ゲーテ』が出ている。この本では「元形植物」や「主観的なると共に客観的である」詩人的想像力についても触れられている。

そして、西田が『善の研究』へと筆を進めていた明治三十八年ころの日記を見てみると、「クノー・フィスセルのフィヒテを読み始めた」（二月一日）、「ワーグネルを演ず」（同年五月十二日）、「Bielschowsky の Goethe を読む」（同六月二十一日）、「夜ユンケル及ウォールファートを訪ふ。書棚を持ち来る」（六月二十六日）、「余は psychologist, sociologist にあらず life の研究者とならん」（七月十九日）、「スピノーザをよむ」（八月二十五日）、「唯スピノーザをよむのみ」（同二十九日）、「午後ウォールファートを訪ふ」（九月二日）、「スピノーザ読了」（九月五日）、「セルリングをよむ」（十一月一日）などと記されている。

このスピノザの汎神論とゲーテのそれとの関係はよく知られているが、シュタイナーは、これについて「ゲーテがスピノザに特に強く引かれた理由は、スピノザが有機体や器官の外的な合目的性を問題にしなかったことにある」と言っている。

西田のこの読書傾向は、たぶんゲーテやドイツロマン派に傾倒していたエルンスト・ヴォルフアールトの影響であろう。彼が西田にシュタイナーのゲーテ論や『自由の哲学』などを教えたのかもしれない。

また、出来過ぎた話のようだが、ユンケルの後任として金沢に来たのがカール・シュタイナー（Karl Steiner）なのである。のちに西田は「rl など綴るのはドイツ語で Karl 以外知らぬ」と語ったという。このカールがルドルフ・シュタイナーとどのような関係にあるかは不明であるが、このカールからの線も考えられるだろう。

3　乃木将軍の殉死

さて、ここに面白い逸話がある。この時代の最大の事件といえば、日露戦争と明治天皇の崩御（明治四十五年七月三十日）であろう。大喪の日（大正元年九月十三日）に乃木希典将軍夫妻が殉死する。世間は騒然とし、その忠君ぶりを称え英雄視する。

しかし、これにただ一人「殉死は無意味」と叛旗を翻した男がいる。西田と同じ京都帝大教授で、この時代のデモクラシーの唱導者の一人であった教育学者谷本富である。

谷本は『大阪毎日新聞』の取材に「乃木さんのことかね。乃木さんは、自分は一体平生あまり虫の好かない人である。露骨にいえばはなはだ嫌いな人である。しかし今度のことは実になんともいえず深く感動したことであって、壮烈無比といって善いように思う」と言いながらも、それは歴史上の偉人の「なんとなく強いて物真似をせられるように覚える」と一刀両断し、次のように話した。（大正元年九月十七日付）

観相するに、一言これを覆えば、大将は孤相である。平たくいえば下賎の相に近いもので、とうてい大将というごとき高職に上るべき富貴も天分もなければ、また百歳の寿を保つべき福寿相も見えざるようである。

その気質をいえば、神経質に胆汁質を加味したるもの、あるいは神経質に多少の筋肉質を付加したるものと思われる。……決して吉相ではない。

頭蓋中線の所多少高まれるごときはこれ、その慈恵の心に富むを示し、大将のその部下の尽くす至誠に父のごとく敬慕されしはこの点にありしと思う。しかしてその頭部なる霊的性格の中心はあまり発達しておらないようであるが、多少発達している。

大将にしてもし更にいっそう心霊的の人ならしめば、今回のことも恐らくあらざるべく、憤慨ついに身を殺すというがごとき、いかにしても心霊修養のいかにも乏しきものたるを思わねばならぬ。

こうした歯に衣着せぬ大言壮語で知られていた谷本であったが、翌年八月、他の六人の教授とともに大学改革を主張したがために、「能力がない」として、沢柳政太郎総長によって京都帝大を追われることになる。

だが、なぜ谷本がこのような観相を行なったのかというと、この年の二月、谷本は、京都帝大に石龍子を招き、学生集会所で講演会を催していたからである。

この講演会には、総長や各学長、教授、学生がなんと千四百名も集まり、会場に入れないものも二三百名いた。西田も参加したことだろう。西田は『心理学講義』(明治三十七〜八年)に「大脳の表面なる灰白質が精神現象を起こすのであるということは十八世紀おいてGall〔ガル〕という人が確定した」と書いている。

谷本富は、山口高等中学校(現・山口大学)時代、隈本教頭の下で倫理学の教授を務め、夏目漱石の『坊っちゃん』のモデルになった寄宿舎事件(明治二十六年)の際に責任を取らされ、隈本とともに山口を去っている。

そして、隈本のあと山高の教頭に就任したのが西田の生涯の師・数学者の北条時敬で、明治三十年、北条は校長に昇進するとすぐに西田を山口に呼んでいる。その後、西田は、第四高等学校長に転出した北条とともに金沢に帰るが、明治四十二年、東京に出て、乃木が院長を務めていた学習院の教授になる。それから、桑木厳翼の招きで京都帝大に助教授として移る。このあと『善の研究』が出る。

そして天皇崩御。西田にも、大隈重信が主宰していた『新日本』から、この乃木殉死についての原稿依頼が来る。学習院の教授をしていたからであろう。

これは西田にとって、一般メディアへの最初の登場だった。西田は「動機善なれば自殺も亦可也」として、次のように書いた。(大正元年十一月号、全文、一部表記を変更)

特殊の事情境遇を離れ、単に一般に自殺そのものの可否を倫理上より論ずるということは難しい。西洋ではキリスト教の教理とも聯関して起こった考《かんがえ》で、そのどこまでも生きて行くという思想は東洋人のややもすれば死生一如と見ようとする考と根本的に違ったところである。しかしながら特殊の場合と人と事情とによっては西洋人といえども必らずしもこの考をどこまでも推し進めて行こうというのではない。例えばある不幸な出来事のために船を沈めるような場合には、その船長は責任を負うて船と共に自殺する。これは西洋人でもやる。その精神は責任を重んずるところにある。多数の人の生命を預かりながら、これを保つことができない、その責任を引いて自殺するのである。かく責任の観念より生ずる道義的自殺は西洋でも賞賛せられる。

近く問題となった乃木大将の自殺については、一面殉死の意味もあったことであろうが、その外に、自分もよくは知らぬがやはり自己の責任を重んずる考が大分強くはなかったろうかと思われる。旅順の攻圍戦に悪戦して成功はしたが、多数の人の子を殺した。それがあの通りのまじめな人情に篤《あつ》い人であるから人一倍身にしみて感じたことが多かったであろう。真偽はしらぬが戦役凱旋後、侍従を通じて先帝陛下に自殺のお許しを願ったというような噂さえ、この人としては一応真らしく思われるだけ、将軍の衷情が察せられる。遺書の中にも十年の役云々の事が書いてあって、あの当時から将軍は常に死処を求めて居られたようであるが、直接の動機は旅順戦に在ること疑を容れぬ。その平生の志を、先帝の御臨終を見届けまゐらすると共に、潔く果したものと私は推する。乃ち乃木将軍の自殺は船長の自殺と同じ意味の責任観念の発現と見るのを、至当と考えるのである。

自殺という問題はひろい。人により境遇により千差万別であって、単純な倫理学上の理屈でその可否を定めることはできない。一般に言えば倫理学上の理論で、自殺を是認することはどうしてもできないが、しかし元来倫理学上の理論なるものは極めて一般的の事実を概括して論ずるのであって、乃木将軍又はこれに類似の事実のごとき特殊の場合には自《おのずか》ら別の見識を要する。単に一片の学理を楯に美しい人間感情の発現をまで否定することはできぬ。

あるいはまた乃木将軍は強いて死なずとも、生き残って新帝の御役に立った方が、先帝の御思召にも叶うし、「先帝に仕えたる心をもって朕に仕えよ」と仰せられた新帝の御旨にも叶うものであるというように言う人もあるが、これは宛《あたか》も楠公は湊川で討死せず、生き残って働いたらといって咎めるのと同じことである。かような人の考は専ら倫理学上にいえば、結果にのみ重きを措くところから来るのであって、もし動機の善悪に重きを措く説に従うときは乃木大将の死も、楠公の死も共に倫理学上立派な動機に従ったものとして許容せられるべき性質を持っていると思う。

山田宗隆は「中島の系列にぞくしていたことは、ほぼたしかである」と書いていたが、この西田の「動機善なれば……」からだけみれば、それも首肯できる。だが山田はこの西田論文（全集未収録）を読んでいたわけではない。

しかし、「動機の善悪に重きを措く説に従うときは乃木大将の死も、倫理学上立派な動機に従ったものとして許容せらるべき」という西田のこの殉死容認論は、「これ著者が多年思索に耽りて、至善の論評に到達したるものなれば、実に善の根本的研究なり」と喧伝された『善の研究』の内容とどう整合性が保たれるのであろうか？

たしかに倫理は、自ら定めたものであるがゆえに、「人倫のみち。実際道徳の規範となる原理」（『広辞苑』）であり、言行一致でなければならない。西田も『善の研究』の序文（P74）でそのように言っている。

だが西田は、この舌の根も乾かぬうちに、「単純な倫理学上の理屈でその可否を定めることはできない」「元来倫理学上の理論なるものは極めて一般的の事実を概括して論ずる」「特殊の場合には自ら別の見識を要する」などと言い出すのである。

また西田は、倫理学は「単に一片の学理」にしかすぎないと言いつつ、乃木の殉死は「倫理学上立派な動機に従った」と言っている。これではまったくのダブルスタンダードではないか。

そして、乃木が（自分の名声のために）妻に（副葬品のような）死を強いたことのどこが、「最も大切な個人の善」（『善の研究』）や「美しい人間感情の発現」なのだろうか。

西田のこの論はあまりにも時流便乗的であり、かつ凡庸である。とても倫理学書を書いた人間のものとは思えない。

このことから分かるのは、西田が、概念はたんなる抽象ではなく実体であるということをまったく理解していなかったということである。

西田は、天皇崩御や殉死というきわめてエキセントリックなその場の雰囲気に酔い、たんにそれに迎合する文章を書いているにすぎないのである。ここには、倫理どころか、西田研究者たちが強調する「禅体験」のかけらも見えない。

西田はまた、この雑誌の原稿を書き上げたころ、知人に「乃木さん御夫婦の自害は実に非常なる感動を与えました　特に小生の如き僅か一年程とはいえ日々将軍に接し居りしもの風貌今尚眼前に髣髴たる様に思わる　貴兄など尚更のことゝと思う　あの様な真面目の人に対して我らは誠にすまぬ感じがする　乃木さんの死という様なことが　何卒不真面目なる今日の日本国民に多大の刺戟を与えねばならぬ　乃木さんの死についてかれこれ理屈をいう人があるが　此間何等の理屈を容るべき余地ない　近来明治天皇の御崩御と将軍の自害ほど感動を与えたものはない」と書き送っている。

この『新日本』には、他にも、哲学館事件のさいに文部省に抗議文を出した丁酉倫理会の古参会員浮田和民と中島徳蔵が書いている。浮田は、西田とは反対に、「自殺は道徳上有害なり」と断じ、中島徳蔵も「自殺以上の苦痛を忍べ」として、「死んだ者は何でも褒めちぎるというのは却て人を愚弄したものである。世の中の人が大将は立派な人であったから自殺も決して悪い動機から来たのではあるまいと論断するのは誠に大ざっぱな議論である。とにかく自殺は一般論として不可である」と正論を吐いている。西田は丁酉倫理会には入っていない。

4　日本最初の哲学書？

さて次は、『善の研究』に対する評価の問題である。最初の書評が出たのは、出版から一年以上が経過した、明治四十五年（一九一二）五月のことだった。

評者の高橋里美は、『哲学雑誌』にこう書いた。

『善の研究』が公にされない前、邦人の手になった独立な哲学書らしい哲学書があるか、又はそれは何かと問われたならば、余はこれに曖昧な返答をするにも少からぬ当惑を経験せねばならなかったであろう。『善の研究』一度現れてから余は迅速にかつ自信をもってこれ等の質問に応じ得るという誇を有つ。何となれば他の著書は暫く措いてとにかく本書だけは哲学書らしい哲学書なるの一事は自分ばかりは直接明瞭だからである。

本書は恐らく明治以後邦人のものした最初の又唯一の哲学書ではあるまいかと思う。

高橋のこの「明治以後邦人のものした最初の又唯一の哲学書」という評価は、純粋経験・実在・善・宗教というこれまでの翻訳哲学書にない斬新な目次構成と、文節一つひとつには論理性（統一性）があるのに、各編または全体として見ると整合性がないという悪戦苦闘ぶりに、「これはひょっとして、自分で考えたのではないか？」という直感からのものであろう。

高橋はまた、この賛辞とは別に、その内容について五項目にわたる根本的な疑問を呈しているが、ここでは批評が目的ではないので、これについては触れない。

この高橋の批判に対して西田は、同じ『哲学雑誌』の九月号で、「余が第一編〈純粋経験〉において論じた所は、純粋経験を間接な非純粋なる経験から区別することを目的としたのではなく、寧ろ知覚、思惟、意志及び知的直観の同一型なることを論証するのが目的であったのである。余は何処までも直覚と思惟とを全然別物と見做す二元論的見方を取るのではなく、この両者を同一型と見做す一元論的見方を主張したいと思うのである」と反論している。

西田もまた一元論を、「直覚と思惟とを全然別物と見做す二元論的見方を取るのではなく」と言っているように、黒岩周六や高橋五郎らと同じように、認識過程を飛び越えた「一挙的理解」と勘違いしていたのである。

このことからも、この『善の研究』が一元論ブームを意識したものであったかが分かろう。だが、売れ行きはさっぱりだった。高橋のものが唯一の反応で、学会からはまったく相手にされなかった。

5　倉田百三『愛と認識との出発』と出隆『哲学以前』

そして、久しく絶版状態にあった『善の研究』が、一躍人気を博するようになるのは、十数年後の大正十年三月、倉田百三（一八九一～一九四三）の『愛と認識との出発』（岩波書店）が出版されて、ベストセラーになってからのことだった。この本は三年間で四十五刷を数えた。倉田は、大正六年に戯曲『出家とその弟子』（岩波書店）によって親鸞ブームを作ったことがあった。

「後れて来たる青春の心達への贈り物」という献辞が捧げられている、この『愛と認識との出発』は、倉田が東大の校友会誌などに、明治四十五年（大正元年、一九一二）から大正九年（一九二〇）にかけて書いた文章をまとめたものである。

冒頭の「憧憬」は「哲学者は淋しい甲蟲である。故ゼームズ博士はこうおっしゃった」という言葉で始まり、「あゝ、認識よ！　認識よ！　お前の後ろには不思議の眼を見張らしむる驚嘆と、魂をそそり揺がす程の喜悦とが潜んでいる」と、きわめてファナティックな文面が続く。大正デモクラシーの自由の裏側に潜む、青年たちの精神的飢餓感がよく現われている。
そして翌年一月、東洋大学教授出隆著『哲学以前』（大村書店）が出版される。新聞の題字横に巨大活字で書名を表わしたこの本の広告には次のようなキャッチコピーが打ち込まれていた。

これはかりそめの知識欲を充たし、諸君の博識に幾分かを加えんがための書ではない。カイゼルのものをカイゼルに還し、父母の衣を父母に返して、新たなる革嚢《ぶくろ》に新しき酒をもたらしめんとするものである。安易なる光明を投ぜんがためではなく、運命づけられし毒杯を乾して、反省なきもの、平静を擾《みだ》し、迷うもの、悩みを深くし、新生のために先ず死を用意するものである。既成の哲学を授くる教師ではなく、寧ろ眞に哲学することを示し、陣痛の腹を撫でて諸君自らに産ましめんための助産手である。否、何よりも「眞理への思慕」を目醒めしめ、「眞理への勇気」を力づけんとするの使徒である。一切は自らその後に随うであろう。本書こそ正に現代が翹《ぎょう》望する『街頭文のソクラテス』である。

この『哲学以前』は、宗教的な雰囲気に満ちている『愛と認識との出発』とは対照的に、自ら「街頭のソクラテス」と宣言したように、題名とは裏腹に、哲学的思索によって貫かれている。この本は三ヶ月で七刷に達するほどよく売れ、『愛と認識との出発』とともに旧制高校生たちのバイブルになった。

そして、この『哲学以前』もまた西田の影響を受けたものだった。出は言う。「それ（純粋経験）は、見る我（主観）と見られる物（客観）、感じる者（主）と感じられている景色（客）などの、いまだ全く区別されない主客未剖の状態である。それは主客合一・物我一如の境である」と。

また出は、この本のなかでデカルトやカントの哲学書と並べて西田の『自覚に於ける直観と反省』を挙げていたが、「それは、現存する日本人の思索力を評価したものとして、学問的な希望を青年たちに与えた」（今道友信）という。高橋里美の誤解が定着したのである。

話を倉田に戻すと、西田を讃える「生命の認識的努力」でこう謳っている。

この乾燥した沈滞した浅ましきまでに俗気に満ちたる我が哲学界に、例えば乾らびた山陰の痩せ地から、蒼ばんだ白い釣鐘草の花が品高く匂い出ているにも似て、我らに純なる喜びと心強さと、かすかな驚きさえも感じさせるのは西田幾多郎氏である。氏はメタフィジシャンとして我が哲学界に特殊な地位を占めている。氏は radical empiricism の上に立ちながら明らかに一個のロマンチークの形而上学者である。
Wollen を離れては Sollen は無意義である。善が所有する命令的要素はこの自己本然の要求の上に求める外はない。我らに本然に備われる要求は動かすべからざるザインであって同時にゾルレンの根源をなす者である。Du sollst という声がもし外部より我らを襲うならば我らはニイチェの獅子と共にIch willと叫んで頭を振るより外はない。しかしこの命令が自己の内部より発した時、自己内面の本然的要求の上に基礎を置いた時、我らはその声に傾聴しなければならない。かくて自律の道徳は起り、真実の自由は始まる。即ち氏の倫理思想は自然主義である。

倉田は『善の研究』の純粋経験を自由意志と捉らえ、それをニーチェの本能の湧出と「感じた」のである。これは北村透谷の「アイデアは瞬間の冥契なり。瞬間の冥契とは何ぞ、インスピレーション是なり。畢竟するにインスピレーションとは宇宙の精神即ち内部の生命なるものに対する一種の感応に過ぎざるなり」という《内部生命》に通じるものがある。また和辻の『ニーチェ研究』も影響していよう。『善の研究』は、この倉田の本の翌月、同じ岩波書店から再版される。

倉田は、この自己内面の本然的要求を恋愛感情として、「私は純潔なる青年に、何よりもこの問題に対して重々しい感情を保たんことを勧めたい。女に対してずるくなることを警《いまし》めたい。かの《青い花》を探し求めたハインリッヒのごとくに『永遠の女性』を地上くまなく、いな天上にまでも探し求めることをすすめたい」と表現した。

西田は『現代に於ける理想主義の哲学』（一九一七）で、「実在を理解するということは自己の奥底に深くはいって行くことである。ハインリッヒ・フォン・オフターディンゲンが《青き花》を求めて長き旅をつづけたのは、かく如き情の故郷を訪ねたのである。情はすべての物を照す光であり、すべてのものの帰るべき故郷である」と書いていた。

この『青い花』は、ドイツロマン派の代表的人物ノヴァーリス（一七七二〜一八〇一）の小説で、ハインリッヒ・フォン・オフターディンゲンはその主人公である。

この西田の理想主義の奥底には「美学は〈感情の学〉を意味する」と主張するハインリヒ・フォン・シュタインの『美学講義』（一八九七）があった。

シュタインは「美学の課題は一つの大胆さである。人はいわばおもりを表面から深みへと沈めなければならぬ。なぜなら内的人間の本性が扱われるのであるから、個々の人間は自らの深みを知らない。この深みが予期せざる決断として自己を示すとき、彼はおどろきと共にそれを認めることが多いのだ。それは独自であり、直接的である」（高橋巖訳）と言っている。

倉田の心はこうした圧倒的感情の支配下にあった。だから、「ヘッケルに身慄いして逃げ回った」と書いたのである。

この時代、ヘッケルの著作は、『生命之不可思議』（大正三年、後藤格次訳）、『宇宙之謎』（栗原古城訳、大正六年）、『生命之不可思議』（大正七年、栗原元吉訳）などが出ている。

宮澤賢治は、「青森挽歌」（大正十二年八月）に「ヘッケル博士！　わたくしがそのありがたい証明の任にあたってもよろしうございます」と書いている。

この時代はまた、第一次世界大戦の勃発と終結を間に挟んでいた時代で、この大戦の帰趨を占った隈本有尚の孝星学予言が適中し、一大予言ブームを現出していた。

十四歳のとき、単身名古屋から上京した松尾正直（のちの伊東ハンニ）は、苦学を経て、隈本や同郷の大先輩尾崎行雄らに寵愛され、大正六年、青年作家として華々しくデビューした。驚くべきことに、尋常小学校すら満足に出ていなかった正直は、短期間のうちに五冊もの本を出す。尾崎は、正直の処女作『苦学十年』の序文に「青年の意気頗る衰ふるも、時にこの書の著者のごとき、敢為勇猛の士あり、苦学十年の実験を掲げ、これ等の箴言を具体化して示す。一読憤然として起つもの必ず尠なからざらむ」と書いた。

正直の「青年文明論」は、倉田や出のような帝大エリートたちの贅沢な悩みの吐露とは違って、維新から五十年、すでに硬直化していた社会体制そのものの打破を訴えるものだった。

6　純粋経験と禅

そして昭和に入ると、「西田博士は、教育上の業績からいっても、学問上の功績からいっても、日本の哲学界における無二の存在である。もちろん西田博士の不朽の功績は西洋哲学輸入後、日本において初めて独創的な体系を樹てられたことである。『西田哲学』という言葉は決して誇張ではなく、ここに一つの新しい哲学が創設されたのであり、また実に一つの学派が作られたのである。そのいわゆる場所の論理或いは絶対無の論理はカントやヘーゲルの論理を超えたものであり、西洋論理の東洋的転廻ともいうべく、これによって同時に東洋的直観と西洋的思惟との結合が可能にされた。西田哲学は西洋哲学の日本の歴史における最大の出来事として評価されるに止まらず、直接に東洋思想の歴史に定位して評価さるべきものであって、東洋思想の研究者によっても深く顧みられねばならぬものである」（三木清「日本哲学の樹立者　西田幾多郎博士」）とまで絶賛され、神棚に祭られることになるのである。

だが、はたして『善の研究』は、本当に西田の独創的な哲学体系なのだろうか？

以下、この神話を検証してみることにする。

まず最初は、キーワードの《純粋経験》からである。これはどこから来たのだろうか？

西田は『善の研究』の最初の章「純粋経験」の冒頭にこう記している。

経験するというのは事実その儘《まま》に知るの意である。全く自己の細工を棄てゝ、事実に従うて知るのである。純粋というのは、普通に経験といって居る者もその実は何等かの思想を交えて居るから、毫《ごう》も思慮分別を加えない、真に経験その儘の状態をいうのである。例えば、色を見、音を聞く刹那、未だこれが外物の作用であるとか、我がこれを感じて居るとかいうような考のないのみならず、この色、この音は何であるという判断すら加わらない前をいうのである。それで純粋経験は直接経験と同一である。

この一節はあまりにも有名である。西田研究者たちは、この「純粋経験」の出典を、長い間、ウィリアム・ジェームズやエルンスト・マッハの著作のなかに探してきた。

しかし、その努力もまったくの徒労に終わった。

西田の弟子の一人下村寅太郎は、「マッハ、ジェームズは『善の研究』が出来た当時の流行思想であったのでもあろうが、もちろんこれらの実証主義や経験主義には先生の要求される様な性格や充分の具体性をもっていない」と書いた。

また、下村の弟子の竹内良知も、『善の研究』の成立までを克明に調べ挙げ、徹底的な批判的検証を行なった『西田幾多郎』で、「その用語がエルンスト・マッハなりウィリアム・ジェームズなりから得られたものであったにしても、西田がそれで表わそうとしたものは、マッハからでないことはもちろん、西田が強い共感をいだいていたジェームズから由来したものでもなかった。西田の把握した『純粋経験』は、西欧的経験論の伝統にもとづくマッハやジェームズの『純粋経験』とはまったく内容を異にする概念であった」と言っている。

西田自身も、『善の研究』の序で「純粋経験を唯一の実在として説明して見たいというのは、余が大分前から有っていた考であった。初はマッハなどを読んで見たが、どうも満足はできなかった」と書いている。

シュタイナーも、このマッハについて、「エルンスト・マッハの哲学にみられる見解、ないしは最近この分野に出現している見解は、確かに原子論的構想から脱却する第一歩である。しかし原子論的な構想が現代の思考方法にあまりにも深く根を下ろしているために、マッハ等の見解は原子論から脱却することによって、反って一切の実在性を喪失している。マッハは感覚的知覚の経済的統括としての概念については論じているが、精神的実在の世界に生きているものについては、もはや問題としていない」(『シュタイナー自伝Ⅱ』)と言っている。

西田がマッハに違和感を感じたのもここだったのだろう。

しかし『善の研究』には、シュタイナーがいう精神性とは異質の、「直接経験の状態において主客相没し天地唯一の現実、疑わんと欲して疑う能わざるところに真理の確信がある」といったようなヴェーダーンタ的一元論(帰一論的悟り)の匂いがする。

このことから、高山岩男らとともに西田四天王と呼ばれた西谷啓治は、「純粋経験という立場に伴う固有なむつかしさ、すなわちそれが真に理解されるためには或る程度の〈自己化〉あるいはAneignung、本書(『善の研究』)の言葉でいえば〈自得〉を必要とするということである」と書いている。しかし、これでは『禅の研究』になってしまう。

こうして西田研究者たちは、純粋経験の出典が見つからない焦りと、この匂いに誘われて、禅の神秘の森に入りこむのである。

その結果、(純粋経験が)「西田自身の参禅体験によって得られた心的境涯を表しているもの」(新田義弘)や「打坐の工夫の裡から生れたものでなかろうか」(下村)とか、「『善の研究』における〈純粋経験〉の立場は、西田がひたすら〈打坐〉の行をとおして体得した〈見性〉という身心脱落の経験を現実そのものの根底原理とみなし、そこからものを見、ものを考えようとする立場であった」(竹内)とかいう落とし所に納得してしまうのである。

たしかに西田は、明治三十年ころから金沢の洗心庵に雪門禅師を訪ね、禅の修行を始めている。その後、京都妙心寺で参禅。明治三十二年、雪門老師より寸志居士の号を受ける。そして明治三十六年八月三日には、西田は京都大徳寺の孤蓬庵でようやく公案を透過し、「見性」に達する。だが西田は、この日の日記に「晩に独参無字を許さる。されど余甚悦ばず」と記している。また二十三日の日記には「余は禅を学の為になすは誤なり。余が心のため生命のためになすべし」と書いている。この禅体験と『善の研究』を結びつけるにはあまりにも無理がある。

なぜならば、この『善の研究』は、広告文にもあるように、あくまでも西欧倫理学的な意味における「善の根本的研究」であり、禅体験にとっては、こうした立場は、「善悪を思わず、是非を管《くわん》すること莫《なか》れ」（道元「普勧坐禅儀」）とあるように、まったく無意味なものだからである。

また道元は「身心自然に脱落して本来の面目現前せん」とも言っている。この道元が如浄禅師に「身心脱落とは如何」と問うたとき、師は「身心脱落とは坐禅なり、祇管に坐禅するとき五欲を離れ五蓋を除くなり」と答えたという。

竹内は（「五欲（感覚的欲望）と五蓋（煩悩）を除く」）「〈見性〉という身心脱落」から「ものを見、ものを考えようとした」というが、脱落は不立文字（脱認識）の世界であり、ここから考える（哲学する）ことなどできようはずがないのである。

見たり考えたりするためには、主体の「私」（自我）がなければならない。禅の見性は、言うまでもなく「無我」である。

そして、この禅と『善の研究』に散りばめられているシュタイナーの『自由の哲学』などからの剽窃文を無理に結びつけようとすると、竹内のように「『善の研究』は禅体験と理論的な西欧近代哲学とを媒介するところに成立したものであるが、それは禅そのものではなく、かえって人格性の根拠の哲学的自覚として、まさに哲学であった。それは、いわば禅を止揚した観念論的な哲学であった」と言わざるをえないのである。

そしてこうしたもの言いもまた、身心一如的イメージを越えるものではなく、たんなる言葉遊びにすぎないのである。

今日においては、前出の西田の乃木殉死論文で明らかになったように、このような「『善の研究』と禅体験との関係」といったような議論は、すべて無効なのである。

7 ドイツロマン派

そうすると、『善の研究』とは一体何なのであろうか。

竹内良知はこう書いている。

『直接経験の状態に於いて主客相没し天地唯一の現実、疑わんと欲して疑う能わざるところの真理の確信がある』と西田は書いているが、彼が『純粋経験』の分裂をも、主観と客観との対立から統一への行程をも論理的に説明することができなかったかぎり、彼においては、具体的な真理とは情意的体験における主観的確信にすぎないものであった。こうして、『善の研究』においては、理性は真の内容を認識しえないものであって、絶対真理にかんしてもっぱら信念にたよるほかないという非合理主義が鳴りひびいているのである。

こうして『善の研究』の『理想主義』はフィヒテの主意主義とシェリングの神秘主義とをかさねあわせたような性格をもっている。

これについてはすでに高橋里美が「意味の起源は到底説明されず、随ってこれに対する事実としての純粋経験の本来も説明できず、……、これ氏の純粋経験の根本に横たわる矛盾ではなかろうか」と批判している。

しかし、この非合理性と矛盾こそが、かえって怒涛の近代化（日本喪失）の渦中にあって、倉田百三においてみられたように、アイデンティテイの確立に苦闘していた知的青年層の心を捉えたのである。

そしてこの、理性ではなく、感情を認識の器官にするのがロマン主義なのである。認識は理性（思考）だけによるのではない。だから倉田は、西田を「ロマンチークの形而上学者である」と呼んだのである。

だがこの西田ロマン派説は、西田本人にとってはいささか不本意だったようだ。

西田は、ゲーテ百年祭の年（昭和七年、一九三二）、同じ京大の成瀬無極らが創始した日本ゲーテ協会（西田は顧問）の『ゲーテ年鑑』に「ゲーテの背景」という文を寄せているが、そのなかでこう書いている。

時は永遠の過去より流れ来り永遠の未来に流れ去ると考えることができる、時は永遠の内に生まれ永遠の内に消え去るといってよい。

時を包み時を消すと考えられるところに、永遠の内容として人格的なものが見られるのである。

ゲーテの他方面なるにかかわらず、彼が最も偉大なる叙情詩家であった所以も職としてこれによるのでなければならない。

彼は古典的精神に触れて純化せられたのであろう。しかし彼の心の底にあるものはエードスの明るさではなくしてゲミュートの深さである。彼の心の底はどこまでもイデア的に直観することのできないゲミュートがあった。単なるゲミュートは神秘主義に陥るでもあろう。しかしゲーテはノヴァーリスではない。ゲーテにおいてはエードスがゲミュートでありゲミュートがエードスである。

しかし歴史が永遠の今の限定として、過去も現在において、未来も現在において消されると考えられるとき、すべてが来る所なくして来り去る所なくして去る、有るものは有るがままに永遠である。我々の孚《はぐく》まれた東洋文化の底にはかかる思想の流れが流れているのである。

エードスはプラトンのイデア、ゲミュートはドイツ語で感情を意味している。

西田は「ゲーテはノヴァーリスではない」とは言っているが、「彼の心の底にあるものはエードスの明るさではなくしてゲミュートの深さである。彼の心の底はどこまでもイデア的に直観することのできないゲミュートがあった」と言うとき、それもまたロマン派的な感情なのである。

そしてここに時代があるのである。

西田の弟子の高山岩男は、西田のこのゲーテ解釈を「ヨーロッパ人のもちえない味い方」で「ゲーテの詩のうちに東洋的心境に通うものを感取した」とし、「ゲーテの背後に統一的なイデーを探り出すものは、未だゲーテを知るものではない」「絶対無の直観的に凝結するもの、それがゲーテの芸術である」と言っている。

このゲーテ百年祭には、『ゲーテ年鑑』以外にも、岩波書店から『ゲーテ研究』が出版され、ゲーテの認識論関係のものとしては、アインシュタインの弟子で日本最初の理論物理学者であった石原純（一八八一〜一九四七）が「自然科学者としてのゲーテ」を、桑木厳翼が「ゲーテと哲学」を、谷川徹三が「ゲーテとスピノチスムス」を書いている。桑木と谷川はゲーテの《対象的思惟》に言及しているが、西田はこの対象的思惟についてまったく触れていない。

石原は、昭和四年、大村書店版ゲーテ全集で色彩論など自然科学論集を日本で最初に訳出している。

そしてこの時を境に、「ゲーテと亜細亜」（岩波『ゲーテ研究』）、「ゲーテ及びゲオルゲの東洋」「ゲーテと大乗仏教」（『ゲーテ年鑑』三号、五号）など、ゲーテの東洋化を謀る動きが目立ってくる。

これには明らかにドイツにおけるナチスの台頭が影響している。西田ら京都学派は、ジャーナリスティックだという指摘がなされているが、これも時流への機敏な対応なのであろう。ゲーテ百年祭の二年前（一九三〇）、ドイツではヒトラーの『我が闘争』と並んでナチスの聖書と呼ばれていたアルフレート・ローゼンベルクの『二十世紀の神話』が爆発的に売れていた。このなかでローゼンベルクは、エックハルトとゲーテをドイツ（アーリア）精神を代表するものとして描き出している。

この危険な匂いを嗅ぎとったのであろう。昭和八年、戸坂潤が「〈無の論理〉は論理であるか」と、西田「東洋（独創）説」に根底的な疑問を投げかける。

戸坂は言う。


多くの西田哲学信奉者は、この哲学をわが国独特の独創哲学だと考えている。ある人はこれを禅に結びつけることさえ試みている。一般に汎神論が、超越神その他に対して、東洋的なものだということになっている処から、これを汎神論だとして説明することも出来るだろう。西田哲学が東洋的だという主張は不充分にしかなり立たない。西田哲学の方法、方法が使われる認識目的から見たやり口、それは、近来確立された結果から見ると、神秘的、宗教的形而上学的、等々の一切の臭味にも拘わらず、意外にもロマンティークのもの（ドイツロマン派哲学）ではないかと考える。

存在をば無の場所における一般者の自己限定として考えるこの「無の論理」から見れば、思弁的・宗教的・道徳的・深刻をもって鳴っている西田哲学は、意外にも、至極陰影明朗な・芸術的な・人本的でヘドニッシュでさえある処の、特色を示すということに気づかねばならぬ。元来西田博士が世界について有っているイメージはそういう種類のものではなかっただろうか。事実をいえば、恐らくこうした特色が、西田哲学をあれほど有名にし又あれほど人気を集めたと考える他はない。そうでなければあんな難解な哲学が、あれほど多数の素人のファンを有つ筈はあるまい。西田博士という詩人の描く意味の影像は、その要点〳〵がある時代の世人の日常的感能とよく合致して行ったので、そういう読者はスッカリ有頂天になって了ったのである。そういう読者とはしかし何であったか。しばらく前までわが国を風靡していたロマン的な読者なのである。この種類の読者にあっては、意味の深長さは賞嘆に値しても、客観的現実事物の物質的必然性は一向心を動かすに足りないものである。

まったくよくものが見えた人である。この西田現象の分析とロマン派批判は、シュタイナーのニーチェについての分析や感情の神秘主義批判と通じるものがある。

8　失われた故郷への回帰

この「無」の場所こそが「すべてのものの帰るべき」故郷なのであり、それはゲミュート（感情）だった。「無の論理」とはこの原郷への回帰願望なのである。

そしてこの回帰願望は、開国による急激な近代化によって生じた、引力に対する斥力のようなものであり、これが戦前期の時代の暗流となっていたのである。

江藤淳は、日本人の多くが無意識の内に安住している反近代（非成熟）の心理を『成熟と喪失――〝母〟の崩壊』で次のように描いている。

なぜなら「成熟」するとはなにかを獲得することではなく、喪失を確認することだからである。だから実は、母と息子の肉感的な結びつきに頼っている者に「成熟」がないように、母に拒まれた心の傷を「母なし仔牛」に託してうたう孤独なカウボーイにも「成熟」はない。拒否された傷に託して抒情する者には「成熟」などはない。抒情は純潔を誇りたい気持から、死ぬために大草原を行く「母なし仔牛」の群に、その仔牛のやさしい瞳とやわらかな毛並みに自分の投影を見ようとするナルシシズムから生まれるからである。いいかえればそれは、母が自分の手で断ち切ってしまった幼児的な世界の破片を、自分の掌のなかにいつまでも握りしめていたいという願望から生まれる。

この抒情は西田の叙情にも通じる。西田の《永遠の今》はナルシシズムだった。

『成熟と喪失』は、全共闘運動と呼ばれた学生たちの反乱が最高潮に達した一九六八年の前年に書かれている。

この時代を象徴する本の一冊には「近代の技術的合理主義は自らのうちに自己の否定をはぐくみ、それと断絶した地点に熱情的背叛としての狂気――祝祭としての叛乱――をみる。近代を峻拒する叛乱論の試み」というコピーが叩きこまれていた。

この運動は過激派（ラジカリズム）と呼ばれていたが、ラジカルとは根源を意味し、それは根源（回帰）主義でもあり、それは自己否定という言葉によって象徴されていた。

この時代、吉本隆明、埴谷雄高とならぶイデオローグの一人であった谷川雁はこう謳っていた。

（「原点が存在する」）

「段々と降りてゆく」よりほかないのだ。飛躍は主観的には生まれない。下部へ、下部へ、根へ、花咲かぬ処へ、暗黒のみちるところへ、そこに万有の母がある。存在の原点がある。初発のエネルギイがある。メフィストにとってさえそれは「異端の民」だ。そこは「別の地獄」

だ。一気にはゆけぬ。

この反乱の終焉から二十年後、幼女連続誘拐殺害犯の宮崎勤は、今田勇子名の手紙を社会に送りつけ、そのなかで子を失った母の悲しみを切々と訴えた。

宮崎はまた、『時間』という題を付けた短編小説のなかで、心のなかに作られたブラックホールを通って、汚れをまだ知らない幼児の世界に戻る自分を描いていた。宮崎が着いた所は《永遠の今》だった。

そして宮崎は、この永遠の今に居続けるために、幼女を次々と誘拐していったのである。

西田幾多郎と宮崎勤はまったく同じ精神世界にいた。この回帰する精神は、第二次世界大戦の東亜協同体の理念（東洋モンロー主義）となり、そしてそれは、敗戦から二十数年後、全共闘運動のバリケード（籠城）としてメタモルフォーゼし、さらに二十年後、それは宮崎勤のオタク（引きこもり）世界を出現させたのである。

9　ゲーテの世界観

そしてこの回帰する精神の故郷はドイツロマン派にある。このロマン派は、ゲーテ（一七四九〜一八三二）やシラーなどの古典派とほぼ同時期に登場しているが、ゲーテがロマン派を嫌っていたことはよく知られている。

ゲーテは『エッカーマンとの対話』で次のように語っている。

私は古典的なものを健全だと、ロマン的なものを病的だと呼びたい。その場合、ニーベルンゲンもホメロスも古典的ということになる。なぜなら、両者とも健全で力強いからである。近代の大半がロマン的であるのは、それが新しいからでなく、無力で、虚弱で、病的であるからだ。古代のものが古典的であるのは、それが古いからではなく、強力で、新鮮で、陽気で、健全であるからだ。

さらに、芸術史家ズルピーツ・ボワスレーとの会話では「詩人（ゲーテ）はノヴァーリスやシェリング、また最近の時勢のことなどにふれ、『私たち老人にとっては、このように周囲の世界が腐敗し、元素に戻っていくのを見ると、頭が変になってくる』と言った」。

では西田の立場は、ゲーテではなく、ロマン派なのだろうか。ことはそう単純ではない。『善の研究』には、序文に「思索などする奴は緑の野にあって枯草を食う動物のごとしとメフィストに嘲らる、かも知らぬが」とあったり、「ゲーテが欲せざる天の星は美しといった様に」とか、「ゲーテは生物の研究に潜心し、今日の進化論の先駆者であった」など、ゲーテがよく出てくる。

「実在の分化発展」もゲーテの植物変態論（メタモルフォーゼ）からの借用である。『善の研究』には、これ以外にも多くのゲーテが隠れている。

西田は「自然」の章で次のように書いている。

ゲーテは生物の研究に潜心し、今日の進化論の先駆者であった。氏の説によると自然現象の背後には本源的現象 Urphänomen なる者がある。詩人はこれを直覚するのである。種々の動物植物はこの本源的現象たる本源的動物、本源的植物の変化せる者であるという。現に今日の動植物の中に一定不変の典型がある。氏はこの説に基づいて、凡て生物は進化し来ったものであることを論じたのである。

このゲーテを進化論の先駆者に祭り上げたのはヘッケルである。

続けて西田はこう書いている。

自然とは、具体的実在より主観的方面、すなわち統一作用を除き去ったものである。それゆえに自然には自己がない。自然は唯必然の法則によって外より動かされるのである。自己より自動的に働くことができないのである。それで自然現象の連結統一は精神現象においての様に内面的統一ではなく、単に時間空間上における偶然的連結である。いわゆる帰納法によって得たる自然法なる者は、ある両現象が不変的連続に起るから、一《ひとつ》は他の原因であると仮定したままであって、如何に自然科学が進歩しても、我々はこれ以上の説明を得ることはできぬ。

これとシュタイナーの『ゲーテ的世界観の認識論要綱』の「自然認識」の章の言葉と比べてみてほしい。

シュタイナーはこう言っている。

自然の作用の内で最も単純な作用とは、その過程が単に外的に作用し合う諸要素の結果にすぎないときであろう。この場合、作用あるいは二つの対象の間の関係は、何らかの内的な力を持つ存在ないし、その能力と特性の効果を外に向かって発揮する個性の影響を受けていない。このような作用は、ある事物がその過程の内である特定の作用を別の事物に及ぼすこと、そして自らの状態を他に転移することによってのみ引き起こされたものである。一方の物の状態は、他方の物の状態の結果として現れる。帰納法的な方法ではそれは決して見出せない。

精神が作用しない、無機的な感覚世界（自然）は、それがどの点においても完結したものとしては現われないし、全体としての個が現われることもない。

よく似ているであろう。本章の始めに、『善の研究』に対するシュタイナーの影響を示唆しておいたが、それは『自由の哲学』だけではなかったのである。

ここで西田は「ある両現象が……」と言っているが、どういうわけか、それについての記述がない。その両現象とは、シュタイナーのテキストの「このような作用は、ある事物が……」以下のことなのであるが、西田はそれを端折っているのである。この「端折り」は西田に特徴的なことである。

そして、この帰納法によって見出されない「それ」とは、ゲーテが植物や動物の理念的原型として考えた原植物や原動物のことであり、ゲーテは、色彩論で色彩知覚の多様性の背後には「光」と「暗黒」という根源現象（Urphänomen）があるとした。

シュタイナーは、この「根源現象は客観的な自然法則と同一である」と言っている。

またゲーテは「植物が発芽しても、又は花咲き実を結んでも、ただ同一器官が多様なる規定をなし、又屡《しば》々変化せられたる形態をとって、自然の指令を果たすのみである。茎においては葉として拡張して最高度に複雑な形態をとったのと同一の器官が、今や蕚《がく》となって収縮し、花弁となって拡張し、生殖器官となって収縮し、つまりは果実となって最後に拡張せんとするのである」（「植物変化を説明しようとする試み」）と言っている。

そして西田は、この同一器官（原型 Typus）の拡張と収縮の繰り返し（メタモルフォーゼ）を、人間の認識過程に転用したのである。

西田は『善の研究』（「神と世界」）で、「元来、実在の分化とその統一とは一あって二あるべきものでない。一方において統一ということは、一方において分化ということを意味している。例えば樹において花はよく花たり葉はよく葉たるのが樹の本質を現わすのである。右のごとき区別は単に我々の思想上のことであって直接なる事実上の事ではないのである。ゲーテが自然は核も殻も持たぬ、すべてが同時に核であり殻であるといった様に、具体的真実即ち直接経験の事実においては分化と統一とは唯一の活動である」と書いている。

『善の研究』の根幹は、このゲーテとゲーテについてのシュタイナーの解釈によって形成されている。

そして、この「実在の分化と統一」という認識法は晩年になっても変わらない。

一例を示すと、昭和十五年（一九四〇）の『日本文化の問題』という講演に「全体的一と個物的多との矛盾的自己同一として、何処までも時間的に、何処までも空間的なる歴史的世界の種的生命は、全体的一と個物的多との矛盾的自己同一でなければならない」という文章があるが、メタモルフォーゼは、ここでは収縮（全体的一）→拡散（個物的多）→収縮（時間的）→拡散（空間的）となっている。西田の他の「哲学論文」もすべてこのパターンの繰り返しである。

そしてこのゲーテのメタモルフォーゼ論は、第一次世界大戦末期のロシア革命（帝政の崩壊）を受けて、O・シュペングラーの『西洋の没落』（一九一七）となって現われたのである。

昭和の戦争の時代、西田の弟子の高坂正顕は「歴史は集中と拡散、内面化と外面化の弁証法的総合である。ゲーテの所謂 Systole と Diastole（心臓の収縮と拡張）、Vetselbstung と Entselbstung

（集我と放我）の総合である」（『歴史哲学と政治哲学』）と書いている。

この時代「膨張の日本」が叫ばれていたが、深奥において進行していたのは収縮のプロセスだった。

10　対象的思惟と純粋経験

しかし『善の研究』へのゲーテの影響はメタモルフォーゼ論だけではない。『善の研究』の「思惟」の章に次のような文言がある。

我々が全く自己を棄てゝ、思惟の対象すなわち問題と純一となった時、さらに適当にいえば自己をその中に没した時、始めて思惟の活動を見るのである。思惟には自ら思惟の法則があって自ら活動するのである。

これと次の文章を比較してもらいたい。

私の思惟が対象から分離しないこと、対象の諸々の要素即ち諸々の直観が思惟の中に入込み、思惟によって十分に隅々まで満たされていること、私の直観はそのまま思惟であり、私の思惟は即ち直観であることを宣明せんとしている。

これもまたそっくりであろう。

これは、ゲーテが、人類学者のハインロートがゲーテ的思惟（思考）はその「対象的」思惟たる点にあると述べたとき、それに心から同意するとして述べた言葉であり、シュタイナーの編集による『ゲーテ自然科学論文集』第二巻に載っている。

このゲーテの言葉は、シュタイナーの『ゲーテの世界観』（一八九六）にも引用されているし、ヘルマン・ジーベック（一八四二〜一九二〇）の『思想家ゲーテ（Goethe als Denker）』（一九〇二）にも載っている。

ジーベックは、ヘルバルト門下で、バーゼル大学などの教授を歴任し、古代哲学や心理学史、美学や宗教哲学を得意とする著名な学者で、『ギリシア哲学研究』（一八七三）、『アリストテレス』（一八九九）などの著作がある。

この『思想家ゲーテ』は、ジーベックの最後の著作で、シュタイナーの『ゲーテの世界観』からの引用が幾つもなされているが、そのゲーテ解釈はきわめてロマン主義的なものである。

西田の蔵書にはジーベックの『心理学史』が残されていた。結論から先にいうと、西田はこの『思想家ゲーテ』も読んでいたのである。（第三章「そっくりさん」参照）

では、このゲーテの対象的思惟とはどんなものなのだろうか。

これについては、シラー（一七五九〜一八〇五）がゲーテへの手紙（一七九四年八月二十四日）で次のように詳細に解説している。

かくして私は、大体あなたの精神の歩みを批判してきました。私のいうことが間違っていないかどうかは、あなたご自身がよく知っています。しかしあなたがご自分で気付いていないと思われることは、（天才は最も大きな秘密であるからですが）あなたの哲学的本能と、思弁的理性の最も純粋な結果との美しき一致です。最初一寸みただけでは、統一から出発する思弁的精神と多様さから出発する直観的精神との対立ほど、大きなものはなかろうと思われます。しかし前者思弁的精神が純粋な忠実な感覚をもって経験を探索し、後者直観的精神が独立自由な思索力をもって法則を探索するならば、両者が途中でお互いに落ち合わないわけにはいきません。もとより、直観的精神は、ただ個々のものに関心し、思弁的精神は、類に関心するのでありま す。しかし直観的精神が、天才的であって経験のうちに必然なるもの、性質を探求する時、この精神は、個別にではあるが、それを類の性質でもって生みだす事でありましょう。また思弁的精神が天才的であって、自性を超越しつゝも、なお経験を手離すことがない時には、この精神は、類にはちがいないが、その類を、生命力と、現実客観との確固たる関係をかりて、生み出すことでありましょう。

このシラーの言う「哲学的本能と、思弁的理性の最も純粋な結果との美しき一致」が、西田流の表現によると、「エードスがゲーミュートでありゲミュートがエードス」ということになるのである。

そして「ゲーテが夢の中で直覚的に詩を作ったというごときは、その（純粋経験）の一例である」という言葉からも分かるように、西田はこの対象的思惟と純粋経験を同じことだと誤解しているのである。意識にとって、純粋経験を「往」とすれば、対象的思惟は「還」なのである。

11 ジェームズの影響？

そして昭和九年十月、ジーベックの『思想家ゲーテ』が『ゲーテの世界観』と題して出版される。ゲーテの認識論の最初の邦訳である。

訳者の橋本文夫は、序に「本書の特色は、ゲーテの認識論・自然観・宗教観・人生観等に亙って、この天才的詩人の人格的立場より来る統一性を克明に描き出している点にある。すなわち、ゲーテ的世界観の全貌をこれら個々の領域を通じて髣髴たらしめんとする努力にある。ゲーテにおける芸術と認識との統一は、その世界観の隅々まで浸透している」と書いている。

翌年十二月、植物変態論など自然科学論集の一部が、改造社版『ゲーテ全集』十六巻として刊行される。

このジーベックの訳書の出版は、西田にかなりの動揺を与えたであろう。なぜならば、『善の研究』の第四編「宗教」とジーベックの『ゲーテの世界観』の第三章「神と世界、宗教」がそっくりだからである。

また第三編「善」も、昭和五年に出た河合栄治郎の『トーマス・ヒル・グリーンの思想体系』（日本評論社）と比べてみれば、容易にその類似性に気がつく。その結果、「似ている！」という噂が広まっても何ら不思議ではない。

西田は、この疑惑に答えるように、『善の研究』の改版（昭和十一年十月）のさい、次のように書いている。

西田は、戸坂ら唯物論者の批判に対しては、「今日からみれば、この書の立場は意識の立場であり、心理主義とも考えられるであろう。然非難《しか》せられても致し方はない。しかしこの書を書いた時代においても、わたしの考えの奥底に潜むものは単にそれだけではなかったと思う」と弁解しているが、純粋経験の源泉やその由来については、「何の影響によったかは知らない」ととぼけ、「まだ高等学校の学生であったころ、金沢の街を歩きながら、夢みるごとくかかる考えに耽ったことが今も思い出される。そのころの考えがこの書の基ともなったかと思う」と、逆に白を切っている。

だが西田は、高山が「『善の研究』の中の〝純粋経験〟というのは、ウィリアム・ジエームズの心理学からの借用だと自分でいっておられますが、先生はあの早期にすでに換骨奪胎、形而上的な体験に化されています」（『西田哲学とは何か』）と書いているように、弟子たちには、言葉はジェームズだが、中身は違うという趣旨の話をしていたのである。

高坂も「西田哲学の出発点の一つには、ジェームズがあったのである。ジェームズが我国の学界に残した影響は、——もしかかるものを求めるなら、——それは却ってただ先生の『善の研究』においてのみ認められるのである」と書いている。

これを、西田は、「知らない」と言ったのである。

そして下村は、西田のこの言葉を真に受け、「いわば直覚的な直接的把握であったのであり、端的にいって一つの啓示であったというべきかもしれない。打坐の工夫はむしろそれの再認、自覚的な把握への努力であったともいえる。そのことが先生の透関を困難ならしめた理由であったかも知れない」と、さらに神秘化してしまう。

12　西田式読書術

これでは、「西田哲学」が難解になるわけだ。

しかしこの難解さを解く鍵は、もっと他の、形而下の場所にあるのである。西田の信頼が厚く、若くして『西田哲学』（昭和十年）を書いた高山岩男は、次のような興味深い証言をしている。

（前出書）

先生はまことに先生らしい読書論をもっておられた。ちょっと奇想天外の読書論で、驚いた記憶がある。（先生が）口を開いて言われるには――本物の哲学者には必ず独自な考え方がある。書物を読むというのは、その骨《こつ》をつかむことだ。少し読んで行って、独得の考え方のないような本なら、下らぬ本だから止めてしまうがいい。ところが独得の考えのある本なら、その骨がわかってしまえば、何も最後のページまで読む必要はない、というのである。

たしかに驚くべき読書術である。つまり西田は、その本を論理的に理解しようとはせずに、勘（骨）で「読んで」いるのだ。

これについて、西田弁護団長下村はこう強弁している。

色々な思想家が屡々《しば》引用されているが、先生（西田）の場合には、自分で同感するもの、或は自己の思想を表現するのに適切な場合に限りその思想家の言葉をかりるというにすぎない。屡々先生の引用文は歴史的な意味からづれていると言われるが、常に西田先生を通して謂《い》わば西田化されているのである。だからこれは西田哲学の理解にとっては必ずしも重要な問題ではない。

これじゃ、信者以外のものには理解できないわけだ。この「西田化」を読み解くには、やっぱり啓示が必要なのだろう。

ようするにこれは、「いいとこ取り」（一知半解なつまみ食い）にすぎないのである。

また高山は「先生の論文には読者というものが殆ど念頭にない。先生自身がモノローグをやっているような書き方である。思索の結論が体系的に纏められて書かれるのでなく、楽屋裏の思索研究の跡がそのまま書かれるという調子である」とも言っている。

このモノローグは、前に述べたオタク性とも通底する。

だから西田は、高山が田辺元に懇請されて書いた『西田哲学』が出ると、「自分はどうも人に分かるように書けないので外殻だけでもあのように書いてくれると助かる」（鈴木大拙への手紙）と言ったのである。

シュタイナーは「我々がどんな原理を提出するにしても、それがどこかで我々が観察したものであることを実証するか、あるいは他の誰でもが追思考できるような明確な思想の形でそれを言い表わさなければならない」（『自由の哲学』）と言っている。

しかし『善の研究』にかぎらず、西田のどの著述に対してもこの追思考はできない。

つまりそれは、西田が最後まで一貫して考え抜くということをせず、途中で「似てる」「同じ」と直感して、他の論理や概念に八艘飛びしてしまうからである。そして、それを続けているうちに、自分でもどこから来てどこにいるのかも分からなくなってしまうのである。

そうすると、気合術の浜口熊獄よろしく「エィッ!」とやり、「皆同じ」ということになるのである。思考が続かないのだ。

このことは、次の高山の証言からもうかがい知ることができる。

月曜講義の幾回目だったか(先生は)ローマ文化の所でローマ法の問題に触れ、ストア学派やローマ法の基礎にある「自然法」は中国古代の「天命」に当たるもの、東洋の天命や天道はこれを西洋に求めれば「自然法」に当たるのではないかという説明を致したのに、たまたま出席の法学部の佐々木惣一先生が、そういう説明はよくない、ローマの自然法と中国の天とは何の関係もない、それを本質上同じとか類比的に似ているとかいう風な考えは誤解を起すだけだ、という批判をなすったのです。私は全く驚き、私も中国の天とストア、ローマの自然法とは直接関係は何もないとは思うが、それでは比較研究ということは成り立たず、全く無意味な業になるのではないでしょうかと反問したのですが、先生は平然としてそうだといわれるのです。

「本質上同じ」「似ている」。そう、これが西田の「直観」の正体なのである。

ではなぜ、「最初の著書である『善の研究』は、先生としては珍しく纏まった論述であるが、それ以後の著書論文は甚だ纏まりがなく、読者を困惑させること夥《おびただ》しい」(高山)のか?

理由は簡単である。『善の研究』が西田の他の著作に比べて「まだ」読めるのは、すでに明らかになったように、他の哲学者たちの（あまり巧くない）翻訳の「切り貼り」（剽窃）だからである。

だから、一つのセンテンスだけを見れば論理的に書かれているが、それら全体を俯瞰する整合性（論理的一貫性）がないため、意味不明（つまり難解）になってしまうのである。

13　隠された秘密

さて前出の下村の言葉（P117）であるが、これは、戦後（昭和二十二年）に出た『若き西田幾多郎先生』のなかの「『善の研究』欄中」の序説中にある。

この欄中に下村は「言うまでもなく独創的な哲学者というものは、その人に独自な考え方、自己自身の考え方を持っている。自分自身の考え方をもたない者は類型的な思想家である。プラトンやアリストテレスの哲学は単にある個人の哲学たるに止らず、哲学思想の〈模範〉〈典型〉の意義をもっている。かゝる模範的或は典型的なものがあるか否かが独創的であるか否かということになるのである。『善の研究』を読んで強く感じる印象は、始から終まで独特な考え方で一貫されているということである」「それゆえ同じく（マッハ、ジェームズの）経験主義の傾向に属しながら『善の研究』の経験主義が〈この時代の経験主義〉を超え、これを克服したのはこの点にある」と書いていた。

これ以外にも、この本では西田の独創性がくどいほど強調されている。

しかし、この「『善の研究』欄中」は、昭和四十年（一九六五）に出された新版『西田幾多郎人と思想』には「旧版には先生の処女作にして最初の体系書たる『善の研究』のアナリシスを添えたが、これを削除した」とし、掲載されていない。

下村は「これ（旧版）が執筆された時は全集（昭和二十二年より刊行開始）の完成以前に属し」と書いているが、どうもこの削除は西田幾多郎全集の刊行と関係がありそうなのである。

なぜならば、この最初の全集の編集にあたって、西田家に残されていた膨大なノートや草稿が見つかったからである。しかしなぜかこの草稿類は全集にはまったく収録されなかった。

これが第二版全集第十六巻に「英国倫理学史」「心理学講義」「倫理学草案」「純粋経験に関する草稿」を収録し《初期草稿》として公にされたのは、約二十年後の昭和四十一年のことである。しかも「本巻所蔵のものの外、多分講義の準備のためと思われる外国哲学書の抜粋のノートが多量にあった」（下村）にもかかわらず、それらはそのタイトルすら公表されていない。

山内得立は、この《初期草稿》の後記で「『純粋経験に関する断章』はこれまでどこにも発表せられなかった西田先生の遺稿であり、しかも恐らくは先生の若き日の研究ノートと覚しきものである。今これを世に出すことが果たして先生の意に副うかどうかが第一に憂慮せられる点である。この諸篇が京都の遺宅に保存せられていることは既に知られていたが、余りに断章的であり或は備忘録でさえあるように見えて全集第一版には之を採録することを躊躇せしめた」と書いている。

これを学問的姿勢と言えるだろうか？　日本を代表する哲学者の全集ならば、校本宮澤賢治全集のようにテキストの徹底的な検証を行うべきであろう。

そしてこの《初期草稿》を見てわかることは、それらのすべてが外国哲学（倫理学）書の翻訳抜粋だということである。この点で西田は同時代の哲学紹介者たちと何ら変わりはない。

これらの草稿やノートを見た下村や山内たちは、すぐに、そのなかに西田の『善の研究』の独創性を否定する決定的な材料を見つけたのであろう。

それが「先生の意に副うかどうか」「躊躇せしめた」として、秘匿されてきた理由なのであろう。故人の意を諮《はか》るのは、生きている人間たちである。

この《初期草稿》の一年半後に出た西谷啓治編『西田幾多郎』（現代日本思想体系22）に、下村と高山そして高坂ら西田門下生による「西田哲学の展開」と題された鼎談が載っているが、この初期草稿についてはまったく触れられていない。

最後に。高山は「昭和以後の論文は繰返しが多い」と言っているが、この西田の繰り返しの多さは、ニーチェの「永劫回帰」を彷彿とさせる。

おそらく精神を病んでいたのであろう。ニーチェのように、はっきり発病しなかったのは、東西の自我性（フィヒテ）の違いであろう。

しかし、だれも「王様は裸だ！」とは言わなかった。

第三章　『善の研究』解体学

1　「そっくりさん」

前章において、『善の研究』が、実は西田の独創ではなく、ゲーテやシュタイナーのゲーテ論や『自由の哲学』、そしてジーベックやグリーンからの「いいとこ取り」であることを一部明らかにしてきた。『善の研究』における著述方法は一つである。

本章では、さらにそれを立証していく。

まずは第三編「善」とグリーンの関係である。これについては、すでに、竹内良知が『西田幾多郎』で「第三編『善』の中心をなす〈自己実現説〉は、その骨子においては、かつて西田が書いた『グリーン倫理学』——T・H・グリーンの《Prolegomena to Ethics》の要約——とほとんど本質的な相違をもっていない」と、その独創性に疑問を投げかけている。この本は「下村寅太郎先生にささげる」となっている。

このグリーンの倫理学は、明治三十五年に、西晋一郎によって『グリーン氏倫理学』として訳出されている。竹内が言うように、これと西田の「善」の部分を対照してみると、たしかに第二章の自己実現説までは、「善」第九章から十三章までの部分がそれと確認できる。訳語もほとんど変わらない。

この西晋一郎（一八七三～一九四三）と西田の関係については、面白いエピソードが残されている。西は日本を代表する東洋倫理学者で、山口高等中学校時代、隈本から倫理学を学んだことがあり、その後東京帝大に進み、広島の高等師範学校で教授を務めていた。

大正四年、玉川学園の創立者小原國芳は『善の研究』に感銘を受けて、この広島高師から京都帝大哲学科に進学する。この時の広島高師の校長は北条時敬だった。

小原は西田と面会したときの思い出をこう述懐している。（『教育とわが生涯』）

京大に入学して、一番はじめにたずねたかったのは西田幾多郎。高師時代に読んだ『善の研究』の印象が鮮烈だった。

きめられた面会日に、友人の松原寛平と二人でたずねた。

風ぼうが、広島高師の西晋一郎に似ている。思わず「西先生によく似ていらっしゃいますね」と言ってしまった。

天下の西田を前に若僧がずいぶん失礼なあいさつだが、この種の直情径行の失敗談は小原には枚挙のいとまがない。

はたして西田はしばらく黙然、ややあって、おもむろに、

「西ももっと本を読まねばいかぬね」

そのゆう揚せまらぬ態度に、さすが大哲学者と、変なところで感心した。

このころの西田はほとんど無名だった。西へのライバル心があったのであろう。話を『善の研究』に戻すと、「善」の前半部分（第一章「行為上」から第八章「倫理学の諸説四」まで）は、グリーンというよりか、シュタイナーの『自由の哲学』からの引用が多いと言えるだろう。

たとえば「個人主義」であるが、西田は「善行為の目的（善の内容）」で、「しかし余がここに個人的善というのは私利私欲ということとは異なっている。個人主義と利己主義とは厳しく区別しおかねばならぬ。利己主義とは自己の快楽を目的とした、つまり我儘《わがまま》ということである」「個人主義はこれと正反対である」「一社会の中にいる個人が各充分に活動してその天分を発揮してこそ、始めて社会が進歩するのである。個人を無視した社会は決して健全なる社会といわれぬ」「真性の個人主義は決して非難すべきでない」と書いている。

「真個の善は社会善なり」というグリーンは、こうした「始めに個人ありき」の個人主義の立場はとっていない。この社会善はグリーンのいう共同善であり、この共同善は『グリーン倫理学』の第三章「道義的理想の本質及び開展」から記述されており、これは彼の倫理学の自己実現説と並ぶ二大支柱であるが、西田はこの後半についてまったく言及していない。これも例の「端折り」

であろう。

しかしこういう西田も、最初の「倫理学草案（一）」では、グリーンの影響濃く、「この説の綱領は人性は社会より独立し（独立的実在を有し）、個人が凡ての価値を定むる基礎であり、吾人の意志の目的は個人の快楽若しくは人格の完成にありというのであって、社会は個人的目的を完成するために存在する者であるという」と書いていた。

それが「倫理学草案（二）」になると、個人主義という言葉は登場しないが、「凡ての人の自由なる人格より成立せぬ社会は遂には必ず活動と進歩を欠く様になる」というように変わっていく。そしてそれが『善の研究』では前出のようなものになるのである。

これはシュタイナーが『自由の哲学』の「自由の理念」と「生命の価値」で「人間が、権威による倫理から、倫理的洞察による行為へと進歩するならば、人間は倫理生活に必要な事柄を探し出して、その事柄の認識から自分の行動を起こすように自分を規定するだろう」と言っている「倫理的個人主義」と同種のものといえる。

次は第四編「宗教」であるが、これはジーベックの『ゲーテの世界観』の第三章「神と世界、宗教」と基本的認識（ゲーテ的汎神論）においてまったく同じである。

西田の「宗教」の目次は「宗教的要求」「宗教の本質」「神」「神と世界」「知と愛」となっているが、ジーベックの「神と世界、宗教」のそれは、「神の不可認識性」「信仰、不信仰、迷信」「汎神論と摂理信仰」「敬虔の本質と特徴」と続いている。

内容を見てみると、西田は「宗教の本質」でこう書いている。

我々が神意として知るべき者は自然の理法あるのみである、この外に天啓というべき者はない。もちろん神は不可測であるから、我々の知る所はその一部にすぎぬであろう。

我々の神とは天地これによりて位し万物これによりて育する宇宙の内面的統一でなければならぬ、この外に神というべきものはない。

また我々はこの自然の根底において、また自己の根底において直に神を見ればこそ神において無限の暖さを感じ、我は神において生くという宗教の真髄に達することもできるのである。

神に対する真の敬愛の念はたゞこの中より出でくることができる。

この「我々の神とは天地……」以下は、本書第一章冒頭のゲーテの詩（P14）とほとんど同じである。

これに対してジーベックは、「神の不可認識性」で次のように言っている。

神は、ゲーテから見れば、「かくも屡《しばしば》その名を呼ばれながら、本質上依然として未知」のものである。

「絶えず神性は根源現象の背後にあり、根源現象は神から出発する。人間は、自然的並びに

道徳的の根源現象に啓示せられた神性に触れんがために、最高の理性に達し得る能力を持たねばならない」(ゲーテ)

ゲーテにおいては人間の認識は、自然の根本本質に達する場合と同じく、象徴的方法をもって、神に達する。蓋《がい》し、実に自然こそは、神が生成とその合法則性とを介して類型的の形式及び過程として意識に対して対象的・直観的に現われる領域であり、神の限りなき生命の充実の至る所における本質的な教示である。それゆえ、自然においては、結局「何処へ行っても我々は我が心の内に生きる」という言葉が当てはまる。

よく似ているであろう。

2 「純粋経験」はどこから?

次は第一編「純粋経験」に戻る。

『善の研究』冒頭の「純粋経験」についてのあの言葉(P94)はどこから来たのだろうか?

それと次の文章を比べて見てほしい。

姿、力、色、音などの無限の多様性が私たちの目の前に現われると、それをすぐに悟性によって秩序づけようとする衝動が私たちの内に生じる。私たちに現われてくるすべての個々の事象の相互関係を、私たちは悟性で解明しようとする。（…）しかしこのようにして成立するものは、もはや純粋経験ではない。それはすでに、経験と思考の両者の所産である。

　私たちが自己を全く放棄して現実に向かうとき、現実が私たちに現われてくるそのありようが純粋経験である。


「そっくり」だろう。これは、シュタイナーの『ゲーテ的世界観の認識論要綱』の経験の章の「経験という概念を確定する」という項の最初の部分の言葉である。西田も「経験するというのは……」と経験の概念の確定から書き始めている。

　西田のものとシュタイナーのこの文章との違いは、前後が入れ替わったぐらいである。

　上山春平は「このような経験のとらえ方は、ジェイムズやマッハの経験主義よりはむしろドイツ観念論に近いように見える」と言っているが、正鵠を射ている。

　この『ゲーテ的世界観の認識論要綱』は、キルシュナー版『ドイツ国民文学』叢書中の『ゲーテ自然科学論集』（全五巻）の解説として、一八八六年に書かれている。ゲーテに心酔していた西田も当然これを読んでいただろう。

　そうでないと、これから対比的に例示する両者の本の内容のあまりの類似性を説明することはできないのである。

しかし西田がゲーテの自然科学論全体、たとえば形態学や色彩論などを研究した形跡はない。あくまでこの認識論だけなのである。それはこの認識論をゲーテ本体からではなく、解説書から得たからであろう。

ではまず始めに、《初期草稿》に収録されている純粋経験という言葉が初めて出てくる「倫理学草案（二）」の「倫理学の地位」を見てみる。

西田は「かゝる独断を去り純粋経験（pure experience）の本に立ち返りて考えて見ると、吾人の主観的活動という者が直接に与えられたる動かすべからざる事実であって客観的世界の分離以前に基礎をもったものである」と書いている。

ここでは純粋経験は英語で表示されている。

西田は、明治三十九年七月、鈴木大拙あての手紙に「近来　W. James 氏などの Pure experience の説は余程面白いと思う」と書いている。この草案はこのころ書かれたのであろう。

しかし、このジェームズの純粋経験の概念内容は、上山も言っているように、また下村や竹内なども指摘しているように、『善の研究』の純粋経験のそれとは一致しない。

3　純粋経験と直接経験

次は《初期草稿》中、「純粋経験の断章」と題された断片の「一」を見てみる。

これの書き出しは、前出の「純粋経験」と似ておりその下書きと思われる。

そして、この純粋経験の部分が雑誌に掲載されたのが、明治四十年八月のことだから、この断片はその少し前に書かれたということになる。

しかし、この断片では純粋経験ではなく直接経験という言葉が使われており、その内容もより説明的（翻訳的）である。

西田は『善の研究』で「純粋経験は直接経験と同一である」と書いているが、シュタイナーも『ゲーテ的世界観の認識論要綱』の「経験の内容とは何か」で、「直接迫ってくる現実の形式（経験）」「直接経験の確かさ」「直接経験だけが疑問の余地のない知識を与えてくれる」と言い、純粋経験を直接経験と同じものとしている。

そして西田の断片では、この直接経験はドイツ語で Unmittelbare Erfahrung と記されている。欄外に「我々には意識せない精神作用がある（元良氏）。自己の癖は自覚せぬが働いてをる（福来）」との記述あり。無意識や神秘的なものに関心を持っていたことをうかがわせる。

このことから分かるのは、西田は純粋経験（reine Erfahrung）あるいは直接経験の概念内容をドイツ語の文献で知ったということである。

ジェームズはアメリカ人である。それでは、オーストリア人のマッハなのだろうか。しかし、マッハは『感覚の分析』（一八八六）では直接経験や純粋経験という言葉は使っていない。

この直接経験と純粋経験は、言葉だけではなくその内容においても、明らかにシュタイナーから借用したものである。

これらの断片が最初から公表されていれば、戦後の、「ジェームズではないのか、マッハではないのか」といったような無駄な「研究」はなされずに済んだであろう。

西田が何時だれからこのシュタイナーの純粋経験を知ったのかということについて、第二章ではドイツ人教師ヴォルファールトらを示唆しておいたが、ドイツ語の純粋経験の登場が隈本の帰朝後ということになると、桑木厳翼や中島徳蔵らを通して、隈本から入手したということも考えられる。

次に、この断片とシュタイナーの『ゲーテ的世界観の認識論要綱』とを比較してみる。（以下の引用において、特別の表記がない場合は、西田のものは断片「直接経験」を、シュタイナーのものは『ゲーテ的世界観の認識論要綱』を指す）

〈西田〉
（ニ）直接経験はいつでも種別的である。直接経験では別に性質の差あるのみであって、他と（の）関係より起る形式的差別はない。
（ホ）直接経験はいつでも一である。種別的であるが故に常に一でなければならぬ。
〈シュタイナー〉

（純粋経験は）全く脈絡のない部分部分の集合体である。そこに現われては消えていく対象の一つ一つは相互に全く何の関係も持っていない。

（純粋経験の）平面は、多種多様な現象世界を具象化するものでなく、思考が働きかける以前に私たちがこの世界について持っている一様な全体像を具象化している。

〈西田〉

（ト）直接経験は全く我々に与えられた者であって、我々のいかんともすることができないという辺よりみれば所動的である。

〈シュタイナー〉

（経験世界の）総てが私たちにまず現われてくる姿は、それですでに所与である。その姿が発生する過程に私たちは全く参加していない。

〈西田〉（「（ヌ）直覚と思惟」）

　直覚は原文であり、思惟は注釈である。

〈シュタイナー〉（「思考と知覚」）

　思考は、経験の身振りを解釈する通訳である。

この思惟と思考の原語はドイツ語のデンケン（Denken）である。

さらに西田は、「（リ）直接経験と無意識」の項でこう書いている。

> 直接経験は人為以上である。真の自然である。物その物である。故に誤ることはない。

これもどこかで見た文言である。そう、これはゲーテの有名な言葉「感覚は誤たない。判断が誤つのである」（『箴言と省察』）とよく似ている。

また西田は「知覚と概念との関係」という断片でこう書いている。

> 所謂 intellectuelle Anschauung と sinnliche Anschauung とは別種となすべきや将同種なるや。知らるゝ Object の方にては大差あれども知るという作用に至ては同一ならんか。知るということには二種あり。unmittelbar すると mittelbar に知ると是れなり。

これは知的直観と感性的直観、すなわち思考と知覚という二種類の認識（「知るという作用」）についてのものであるが、シュタイナーは「思考と知覚」で、「現実の中には感覚に映る質の他に、思考によって把握される要素がなければならない。思考は人間の器官の一つとして、感覚が提供する以上のものを観察する課題を担っている。単なる感覚存在が決して経験しない現実の一面が、思考によって把握できる」と言っている。

断片には、これ以外にも幾つか類似箇所があるが、これ以上は行わず、『善の研究』と『ゲーテ的世界観の認識論要綱』との比較検討に移る。

4　純粋経験と思惟（思考）

まずは章立てであるが、第四編についてはすでに言及している。『善の研究』では、第一編と第二編は、「純粋経験」「思惟」に始まり「真実在」「自然」「精神」と続いている。

これに対して、『ゲーテ的世界観の認識論要綱』も「経験」「思考」「学問」「自然認識」「精神科学」と、かなり似ている。

次に本題に入るが、この二つの著作はあまりにも類似箇所が多いので、ここでは幾つかのテーマに絞り、特徴的なもののみを取り上げ、西田のように「繰り返す」ことはしない。

もちろん、「これだけか」と訝《いぶか》る人もいるだろう。そうした人には、この作業をさらに徹底することをお勧めする。一冊の本をものすることができるだろう。（次の『自由の哲学』の場合も同じ）

最初に「純粋経験と思惟」の関係から見てみる。（以下の引用で、特に断らない場合は、西田のものは『善の研究』から、シュタイナーのものは『ゲーテ的世界観の認識論要綱』からのものである）

〈西田〉（第一編 純粋経験「思惟」）

我々の意識の原始的状態又は発達せる意識でもその直接の状態は、いつでも純粋経験の状態であることは誰しも許す所であろう。反省的思惟の作用は次位的にこれより生じた者である。しからば何ゆえにこのごとき作用が生ずるのであるかというに、前にいった様に意識は元来一の体系である、自ら己を発展完成するのがその自然の状態である。

真の純粋経験とは単に所動的ではなく、反って構成的で一般的方面を有って居る、すなわち思惟を含んで居るといってよい。

〈シュタイナー〉（「思考は経験の中のより高次の経験である」）

関連の全くない経験の混沌の内で、私たちをこの無関連さから抜け出させてくれる要素もまた、先ず経験できる事実として見いだされる。それは思考である。

私は思考を、それが直接の経験として現われるその形のままで把えるだけでよい。そのときすでに思考は、法則性を持った規定として現われるのである。

思考が現われたその瞬間、法則性を持った諸関連はその思考の内にすでに含まれている。

〈西田〉（同「思惟」）

純粋経験と思惟とは元来同一事実の見方を異にした者である。

純粋経験は直ちに思惟であるといってもよい。

〈シュタイナー〉（「経験という概念を確定する」）

思考がまず経験になる必要がある。

思考の本性は経験そのものの中で見いだされる。

〈西田〉（同「思惟」）

純粋経験は体系的発展であるから、その根底に働きつゝある統一力は直ちに概念の一般性その者でなければならぬ、経験の発展は直ちに思惟の進行となる。

〈シュタイナー〉（「思考」）

世界を観察するまず第一の段階においては、現実の総体は関連のない集合体として私たちに現われてくる。思考はこのカオスの一部である。この多様性の中を歩きつくしてみると、ある部分が発見される。その部分は、すでにその最初の登場の形式において、その他の部分が後に獲得するべき特性を持っている。この部分とは思考である。

〈西田〉（同「思惟」）

知覚のごとき者のみでなく、関係の意識をも経験と名づくることができるならば、純理的判断の本にも純粋経験の事実があるということができるのである。

〈シュタイナー〉（「経験という概念を確定する」）

思考さえもまず最初は私たちにとって経験の対象である。

私たちは経験される事象の中で、思考自体を経験の一つとして求めなければならない。

〈西田〉（同「思惟」）

思惟というのは心理学から見れば、表象間の関係を定めこれを統一する作用である。その最も単一なる形は判断であって、すなわち二つの表象の関係を定め、これを結合するのである。しかし我々は判断において二つの独立なる表象を結合するのではなく、反ってある一つの全き表象を分析するのである。例えば「馬が走る」という判断は、「走る馬」という一表象を分析して生じるのである。それで、判断の背後にはいつでも純粋経験の事実がある。判断において主客両表象の結合は、実にこれによりてできるのである。

〈シュタイナー〉（「世界の把握に奉仕する思考」）

観察と思考とは、人間が意識する限りでのあらゆる精神的努力の二つの出発点である。

馬についての我々の思考と、馬という対象とは、我々にとって別々なものとして現われてくる二つの事柄である。そしてこの対象は、ただ観察を通してだけ我々に捉えられる。我々がある馬をただ凝視するだけで、馬の概念を作り上げることは殆ど不可能なように、単なる思考によってそれに相当する対象を生み出すことは、我々にはできないのである。

〈西田〉（同「思惟」）

思惟は単に個人的意識の上の事実ではなくして客観的意味を有っている。連想とか記憶とかいうのは単に個人的意識内の関係統一であるが、思惟だけは超個人的で一般的であるともいえる。

〈シュタイナー〉（「知覚としての世界」「認識の世界」）

我々の思考は、我々の感覚や感情のように個別的なものではなく、普遍的なものである。記憶表象を生み出す能力は、私と結びついたままである。思考は主観と客観の彼岸にある。

5　自由と善行為

次は、シュタイナーの『自由の哲学』と『善の研究』との比較である。
西田は自己の哲学的立場についてこう言っている。（「意識現象が唯一の実在である」）

凡ての独断を排除し、最も疑なき直接の知識より出立せんとする極めて批判的の考と、直接経験の事実以外に実在を仮定する考とは、どうしても両立することはできぬ。ロック、カントのごとき大哲学者でもこの両主義の矛盾を免れない。余は凡ての仮定的思想を棄て、厳密に前の主義を取ろうと思うのである。哲学史上において見ればバークレー、フィヒテのごときはこの主義をとった人と思う。

西田がいうこの「批判的の考」とは、「世界は私の表象である」という批判的観念論の立場である。

シュタイナーは『自由の哲学』第四章「知覚内容としての世界」で、バークレーの批判的観念論とカントの素朴実在論との比較検討を行い、次章「世界の認識」で、「批判的観念論の正しさと、その証明の説得力とは別のことである」と書いている。

次は、西田の自由観とシュタイナーのそれを比べてみる。

〈西田〉（第一編「意志」）

普通には欲求の外に超然たる自己があって自由に動機を決定するようにいうのであるが、かくのごとき神秘力のないのはいうまでもなく、もしかかる超然的自己の決定が存するならば、それは偶然の決定であって、自由の決定とは思われぬのである。

〈シュタイナー〉（「自由の理念」）

行為のその他の部分は、それが自然の拘束力から発したのであろうと、道徳的規範の強制から行われるのであろうと、いずれも自由でないと感じられるのである。

〈西田〉（同「意志」）

我々は普通に意志は自由であるといって居る。しかし所謂自由とは如何なることをいうのであろうか。元来我々の欲求は我々に与えられた者であって、自由にこれを生ずることはできない。ただある与えられた最深の動機に従うて働いた時には、自己が能動であって自由であったと感ぜられるのである。

これに反し、かかる動機に反して働いた時は強迫を感ずるのである。これが自由の真意義である。

〈シュタイナー〉（「自由の理念」）

人間が自由であるのは、自分が自分自身にしか従わない限りであり、自由でないのは、自分が自ら屈服する限りである。

我々の中の誰が、自分は自分のあらゆる行動において本当に自由である、などと言えようか。しかし我々の誰の中にも、さらに深いあるものが宿っていて、そこにおいてこそ自由な人間は自分の自由を表明するのである。

これもまったく同じといってよいだろう。グリーンの場合は、こうした個から発する自由ではなく、社会的自由である。

シュタイナーは、この「深いあるもの」（西田の「最奥の動機」）について、「我々が直観の影響を受けて行動する時には、我々の行動の機動力となるのは、純粋な思考なのである」と言っている。

そして、西田の自由はさらに進化する。

〈西田〉（第三編「意志の自由」）

真実にいえば、意識は決して他より支配される者ではない、常に他を支配して居るのである。故に我々の行為は必然の法則により生じたるにせよ、我々はこれを知るが故にこの行為の中に窘《きん》束せられて居らぬ。

理由なくして働くから自由であるのではない、よく理由を知るが故に自由である。

〈シュタイナー〉（「人間の意識的行動」）

人間が自分の行動の意識を持っているばかりでなく、彼をそのように導いている原因についても意識を持ちうるのだ。

私が自分の意識によって洞察した後ではじめて自分に作用させる動機（自由な意志）と、私が従ってはいるがそれについて明白に知らないでいる動機との区別は、全く顧慮されないままになっている。

私の意識的な動機と無意識的な原動力との間に区別があるとすれば、意識的な動機の方は、盲目的な衝動から発した行動とは違った風に判断されるべき行動を惹き起こすことになろう。

この、ミルの「……からの自由」や大拙の「あるがままの自由」とは異なり、「理由（行為の動機）を知るが故に自由である」という自由観は、シュタイナー独自のものである。

そして次は、この自由な動機の発現である「善行為」である。

〈西田〉（同「善行為の動機」）

善行為とは凡《すべ》て自己の内面的必然より起る行為でなければならぬ。（……）この点より見て善行為は必ず愛であるということができる。

〈シュタイナー〉（「自由の理念」）

私は自分の行動が善いか悪いかを知性によって吟味しないで、それを愛しているから実行に移すだけなのである。愛着に浸っている私の直観が、正しいあり方で、直観的に体験される世界の連関の内部に見出されれば、その行動は「善い」のであり、そうでなければ「悪い」のである。

〈西田〉（同「完全なる善行」）

我々の真の自己は宇宙の本体である、真の自己を知れば啻《ただ》に人類一般の善と合するばかりでなく、宇宙の本体と融合し神意と冥合するのである。

〈シュタイナー〉（「一元論の帰結」）

思考は我々の個々の存在を宇宙の生命の中に組み入れる。思考内容に満たされて現実のうちに生きることとは、同時に神において生きることである。

これも、まったく同じと言ってよいだろう。

6　唯一実在と思考

続けて「唯一実在」と思考の関係を見てみる。西田はここで思考を「理」としている。

〈西田〉（第二編「唯一実在」）

理その者は創作物であって、我々はこれになりきりこれに即して働くことができるが、これを意識の対象として見ることのできないものである。

〈シュタイナー〉（「世界の把握に奉仕する思考」）

考える人が思考をしている間はそれを忘れているということは、思考の本性である。思考とは我々の普段の精神生活の中に観察されない要素である。我々が日常の精神生活で思考を観察しない理由というのは、思考が我々自身の活動に基づいているということに他ならない。

〈西田〉（同「唯一実在」）

人は皆宇宙に一定不変の理なる者あって、万物はこれによりて成立すると信じている。この理とは万物の統一力であって兼ねて又意識内面の統一力である。理は物や心によって所持せられるのではなく、理が物心を成立せしむるのである。

理は何人が考えても同一であるように、我々の意識の根底には普遍的なる者がある。我々はこれによりて互いに相理会し相交通することができる。

〈シュタイナー〉（「一元論の帰結」）

一元論は共通な神的生命を、現実そのものの中に見出す。他の人間の理念的内容は私の理念的内容であり、私はそれを自分が知覚するかぎりでは別なものと見なすが、思考するかぎりではもはやそのようには見なさない。

どんな人間もその思考によって、理念世界の一部しか包含しない。そしてそのかぎりでは個人〳〵は、その思考の事実上の内容によっても互いに区別される。

しかしこれらの内容は、すべての人間の思考内容を包含するそれ自体で完結した全体の中にある。したがって、あらゆる人間を貫いている共通の根源的存在を、人間はその思考において把握するのである。

〈西田〉（同「唯一実在」）

いわゆる客観的世界も意識も同一の理によって成立するものである。これゆえに人は自己の中にある理によって宇宙成立の原理を理会することができるのである。

〈シュタイナー〉（「世界の把握に奉仕する思考」）

主観も客観も、すでに思考によって形成された概念である。

世界内のあらゆる事象を考察するに当たっては、思考すること以上に根源的な出発点はありえないのである。思考の中にこそ、それ自身によって成り立つような原理を我々は持っている。

〈西田〉（同「唯一実在」）

もし我々の意識の統一と異なった世界があるとするも、このごとき世界は我々と全然没交渉の世界である。いやしくも我々の知り得る、理会し得る世界は我々の意識と同一の統一力の下に立たねばならぬ。

〈シュタイナー〉「認識には限界が存在するか」）

もしも人間とは違った知性が存在していて、その知覚も我々のそれとは違った形態をとっているとしたら、私にとって重要な意味を持つのは、そのような知性から知覚と概念を通じて私に到達するものは何か、ということでしかない。
違った性格の存在者なら、違った性格の認識をするであろう。だが我々自身の本性によって提起された問題に答えるには、我々の認識で十分なのである。

認識には限界がないと言うシュタイナーが「我々の認識で十分なのである」と言ったのは、この思考こそがすべてを認識し人間を自由にすると考えているからである。

シュタイナーは言う。(「世界の把握に奉仕する思考」)

他のものが把握されうる以前に、思考が把握されなければならない、ということは否定しえないことである。このことを否定する者は、自分が人間として、創造の鎖の中の最初の部分ではなくて、最後の部分であることを無視する者である。それゆえにこそ、概念を通じて世界を説明するためには、時間的に最初にあった存在の要素からではなく、我々に最も近いもの、最も親密なものとして与えられているものから出発しなければならないのである。我々は考察を始めるために、一足飛びに世の始まりに身を移すことはできない。世界進化が到達したこのような絶対的終局点が、思考なのである。

しかし西田は、これを反転し、思考を純粋経験に置き換え、「時間的に最初にあった存在の要素から」世界を説明するために「一足飛びに世の始まりに身を移」したのである。

これについては竹内良知の以下の言葉が事態を明瞭に表わしている。「〈何処までも直接的な、最も根本的な立場〉からものを見、ものを考えるという彼（西田）の立場は、こうして、ヘーゲルが当時のドイツにおいておこなわれていた〈知的直観〉の哲学を批判していったように、じっさいには思惟の媒介作用を拒否して〈思惟の怠惰〉という〈暖い褥《しとね》〉のうえにあぐらをかき、理性よりも情意的なものを優位におく非合理主義にすぎないものであった」。

そして結論である。西田幾多郎の『善の研究』は、日本独自の哲学などではなく、ゲーテとシュタイナーのゲーテ論や『自由の哲学』、そしてジーベックとグリーンからの剽窃のパッチワークだったのである。

7 『自覚に於ける直観と反省』

西田幾多郎は、この『善の研究』のあと、第二作『自覚に於ける直観と反省』を、大正元年から雑誌『芸文』に連載し、同六年にこれを単行本として出している。これは唯一と言ってよい書き下ろし論文で、西田の意気込みが感ぜられる。

ここでは『自覚に於ける直観と反省』とシュタイナーの『自由の哲学』との関係を示唆するに止める。

西田は、その序で、この著述の内容を概括してこう書いている。

余の自覚というのは心理学者の所謂自覚というごときものではない、先験的自我の自覚である。

フィヒテに新しい意味を与ふることによって、現今のカント学派とベルグソンとを深き根底から結合することができると思うた。

経験自身が思惟と同じく独立の自覚的体系であるということに帰した。

経験の体系をも思惟の体系と同じく自覚的体系と見做し、すべての体験を同一の体系として意味と実在との内面的結合を企てる。

精神現象と物体現象とを各自独立の実在とは見ないで、具体的経験の相関的なる両方面と考えるのであった。

創造的体系における主観客観の対立及び相互の関係を論じて見ようと試みた。

真の主観はかえって客観の構成要素であると考えた。

真の主観は反省することはできぬ、反省せられたものは既に動的主観ではないということである。

余は当時未だこの書の終において明にしたごとき絶対自由の意志の立場というごときものを意識していなかった。

所謂内容ある経験すなわち知覚的経験をも、すべて思惟体系と同じき自覚的体系と考え、同一原理によってすべての経験を統一して、精神現象と物体現象との意味及び関係を根本的に明にし、この書の目的であった価値と存在、意味と事実との結合を論ずる基礎を作ろうとした。それ自身に目的を有するものが真の具体的実在であって、物体よりも生物、生物よりも精神が一層具体的なる実在である、物体現象は精神現象の射影であって、物体界は精神発展の手段であると考えた。

西田はこれを「この書は余の思索における悪戦苦闘のドッキュメントである」「刀折れ矢竭きて降を神秘の軍門に請うという譏を免れないかも知れない」という言葉で結んでいる。

また西田は、この書で「フィヒテに新しい意味を与ふることによって、現今のカント派とベルグソンとを深き根底から結合」しようとしたと言っているが、シュタイナーは、『神智学』の冒頭に、このフィヒテが『知識学』についての講演で述べた、「この学説はひとつのまったく新しい内的感覚器官を前提としております。この器官によって、通常の人間にとっては全然存在していないひとつの新しい世界が与えられるのです」という言葉を引用している。「降を神秘の軍門に請う」には、こうした意味合いがあったのであろう。

上山春平は、これを「〈純粋経験〉は直観的な概念であるが、〈自覚〉の方は、直観と反省の統一としてとらえられる」「つまり、『善の研究』と『自覚に於ける直観と反省』とのあいだには、直観を基礎とする立場から、直観と反省の統一としての自覚を基礎とする立場への移行があった」と集約している。

西田は、この『自覚に於ける直観と反省』において、『善の研究』ではまだ中途半端な引用でしかなかったシュタイナーの『自由の哲学』の「西田化」を試みたのである。

シュタイナーは『自由の哲学』で、認識とは知覚と概念によってなされ、この両者を統一するのが思考であり、この思考こそが神や自然という超越的存在から人間を解放し、自由な存在にすると言っている。未完成ながら、『自覚に於ける直観と反省』の構造も似ている。

高山は、この『自覚に於ける直観と反省』は「いわゆる玄人の書で、その道の者には頭の下がる強靭な思索である」と言っているが、この『自覚に於ける直観と反省』の直観を『自由の哲学』の知覚に、反省を思考に、そして自覚を認識に置き換えてみれば、それは「認識における知覚と思考」になり、素人にも理解できるものに変わるのである。

第四章　ゲーテを超えて

1　ゲーテの限界

さて、ここまで『善の研究』へのシュタイナーやゲーテなどの影響を明らかにしてきた。ここでは、純粋経験とともに『善の研究』の根幹を形成しているゲーテの対象的思惟についてさらに深く検討してみる。

この対象的思惟（思考）について、シュタイナーは、前出のシュトゥトガルトでの講演でこう述べている。

ハインロートが対象的思考と正当にも名づけたものは、つまり対象の内部に魂の内容が入り込むことである。

ゲーテは、かれの特別な魂の力によって植物世界の探求に偉業を成し遂げたといえる。ゲーテの魂の性質は、かれの意識に現われた一切を一種の内的な彫塑力で把握したことが、その最も性格的な特徴であることがわかる。

私には、ゲーテが植物世界に眼を向けたとき、この彫刻家的な心的機制により、あらゆる方向へ形成された彫刻的感覚によって、植物世界を観察したように思われるのだ。

ゲーテは、陶土で彫像を作るかわりに、つまり彫刻的感覚が内部に形成したものを陶土に刻みこむかわりに、植物に目を向けたとき、植物が、植物の生命から生まれるものを、かれの魂の彫刻として開示したのである。

これは、私には、ゲーテの心理の一部であり、おそらく最も重要な部分であるように思われる。

ゲーテは、いたるところで彫刻家だったのだが、彫刻的な造形力を陶土に形作ることはしなかった。かれは、しかし、あくまで自然と一体になる内奥の衝迫を有していたので、かれの内部の奥深くあったもの、すなわち彫刻的な感覚を、外部のどこで満足させられると感じていたのか。自然が最も純粋に彫刻家として働くところ、つまり植物界でであった。

かれは、自らの形態学によってメタモルフォーゼを観たのであった。だから、植物世界に対するかれの観照は、生動する内的な彫刻なのである。

それは、人智学用語でいえば、ゲーテが植物にあって、かれの彫刻的な感覚で観たものは、植物のエーテル体と呼びたければ呼べるものだ。

つまりゲーテのこの観照は、シラーも言っているように、天才〈すなわち「ゲーテの特別な魂の力」）によってのみ可能なものなのであって、これを他の人間が「ゲーテはこう言っている」というふうに、実際の観照とその結果の叙述なしに一般化することはできないのである。さらにこのゲーテ的観照は植物の場合にのみ有効と言えるのである。

そして、このシュタイナーによって解釈されたゲーテの世界観は、シュタイナーも「私の見解からすれば、ゲーテの思考方法には限界があるとか、彼の思考方法には閉じられたままになっている認識の領域があると憚ることなく私は言ってきた」（『ゲーテの世界観』）と言っているように、シュタイナーの世界観や認識法ではないのである。

またマルクスは、こうしたゲーテを「自然熱狂者」と痛罵したが、ゲオルク・ルカーチは、「ゲーテの自然哲学研究は、単に機械論的な見方に対する自然の弁証法的観察方法のための闘争の重要な核が秘んでいた」と評価し、ゲーテを「ダーウィンの先駆者」としている。

シュタイナーの講演は続く。

それに対して、ヘッケルは、ゲーテが植物界に発見したのは姿形だが、自分が見出したのは、動物存在の魂だ、といっている。ヘッケルは、動物から動物へ追跡したが、姿形の追跡は続けず、動物存在の姿での《動物‐魂》を探索した。ヘッケルは、ゲーテより素朴な形式だが、彫刻的な感覚（インスピラツィオーン）によって動物のアストラル体を観た。

これこそが、ヘッケルを、特に特徴的な精神として近代の自然科学的な世界観内部に現出させたものなのである。

ヘッケルの一元論は、内的な真実性を感じさせ、植物以上のもので動物や人間に外的に現われているものを求めるだけでなく、それを、動物や人間の内部、すなわち根源的な本質のなかにも、今日、感覚的な認識同様に厳密に訓練された脱感覚的な認識を通じて求めるように導き得るものを、認めさせるのである。

要するに、ここに、人間に値する世界観を求めるきわめて深い欲求から、近代の探求精神に通じる一つの道が存在する。ニーチェが基本的には決して消化できず、そのために、かれを、あのような心を打つが破滅的な魂の悲劇に追いやったものを肯定的に受容する道がある。

ゲーテは植物の生命（エーテル体）を観、ヘッケルはその一段上の動物の魂（アストラル体）を観た。そしてシュタイナーは、ゲーテのこの観照法は「西洋の思想の根底に流れるプラトン主義の残滓であるキリスト教的な見方に対する異議」だったと言う。

シュタイナーは言う。「プラトンは、イデア世界の光に照らされないかぎり、人間の直観にとって、感覚世界は仮象になるという認識を強調するだけでなく、彼はこの事実を表明することによって、感覚世界それ自体は人間が度外視されるならば仮象の世界であって、イデアの中にのみ真の現実が見出されるという見解を強調することを努めた」（『ゲーテの世界観』）と。

だからゲーテの世界観は、一般的には、体験主義（感覚主義）として理解されている。そして、ゲーテのこの感覚主義について、シュタイナーは「ゲーテは最も人間的な体験をすることができなかったために、自然を直観するために不可欠であった人倫的な世界秩序についての究極的な思想に到達することはできなかった」「最も内的な人間の本性について考察し、自己を観察するための器官がゲーテには欠けている」「最高の直観であるイデア世界そのものの直観を彼は見出すことはできなかった」「ゲーテは自己認識に対して忌避する気持ちをもっていたために、彼は自由の直観にまで到達することがなかった」(前出書)と。

しかし、とシュタイナーは言う。

人格の心理学的な考察が問題となるところでは、理念を神秘的な曖昧さの中にとどめておくのが、我々の時代の嗜好である。そのような事がらに関しての思想的な明快さは今では冷めた悟性の知恵として軽蔑される。一面的に偏った精神的な生の神秘的な深淵について、あるいは、人格の内部のデモーニッシュな力について語る時、それによって人は深遠なことを考えているように思う。このような間違った神秘的な心理への熱狂は、私には皮相なことに思えるということを私は告白しなければならない。(前出書)

このデモーニッシュな(神秘的な)心理への熱狂を、西田は「ゲーテの背景」で「イデア的に直観することのできないゲミュートがあった」と言ったのである。

ジーベックの『ゲーテの世界観』を「ゲーテ論として非常にすぐれていると思われる」と言っている高橋巖は、『ヨーロッパの闇と光』(「感覚の優位」――ハインリヒ・フォン・シュタイン)で次のように書いている。

感情の学たる美学の扱う感情とは、日常意識とは次元を異にする意識の「知られざる深み」なのだ。この深みが意識される時、人は必然的に美的なる意識をもつ。それは時として大海の奥底から大波が立ち起こるように意識の表面に現われてくるので、これに比べると爾余の意識は水面のさざ波のように見える。

美意識のもっとも根源的な事実は「印象そのものに留まっている状態」である。目的のない、概念的思惟によって導かれぬ状態こそもっとも根源的な状態なのである。

ここにも根源主義が露出している。この本の帯コピーには、「近代が失った感覚の優位を呼び戻す!」とある。これはシュタイナーのいうイデアの世界とはまったく逆さまの世界であり、感情の神秘主義そのものである。

この高橋のような「間違った神秘的な心理への熱狂」について、シュタイナーはこう言っている。

そのような熱狂はイデア世界の内容によって何の感情も呼び覚まされることのないような人に見られる現象である。彼らはこの内容の深淵に降りていくことができないし、彼らはそこから溢れ出てくる暖かさを感じることもしない。それ故に、彼らはこの暖かさを不明瞭なものの中に求める。純粋な思想世界の明るい表面の中で生きることに精通している者は、その中に、他ではどこにも感じることのできないものを感じとる。

心理学の中の間違った神秘主義を愛する者はおそらく、私の考察方法を冷たいと見なすであろう。(『ゲーテの世界観』第一版への序)

高橋巖もこうした一人である。だがこれにもめげず、シュタイナーをも神秘の熱狂で包み込もうとする高橋は、「現代の秘教——ルドルフ・シュタイナー」(前出書)でこう書いている。

私が主張してきた浪漫主義は徹頭徹尾固体主義の上に立っている。

感覚によって何かを知覚するときと、概念によって何かを思惟するときとの心の舞台におけるこの決定的な差を、われわれは一度明瞭に体験しておく必要がある。

私がローマやフィレンツェで感じた浄福感としばらく学問に没頭している時にもつ充足感との間の或る微妙な相違が私には長らく謎だったが、その理由は他のところには求めえないであろう。私が知的態度をとるかぎり、私の「私」は表象生活の犠牲になっている。

高橋はシュタイナーを逆立ちして読んでいる。しかしこれはゲーテが抱えていた矛盾でもあった。

ゲーテ研究者吹田順助は「ゲーテの成長期に当るところの啓蒙思潮は、精神史的にみると、功罪相半ばしている」「合理主義、普遍主義の支配下にあって、他方、非合理主義、固体主義の思想傾向がいわば一つの暗流として動いていた」（『ゲーテと東洋』）と言っている。

西田の弟子務台理作も、「十九世紀初頭の独逸浪漫派が好んで用いたように、索引と反発とのいわば同時存在の概念である。索引しながら反発し、反発しながら索引するというごとき関係を、人は自分自身の中に、また二つのたましいの中に見出すことが出来ないであろうか。しかもこの極性の矛盾的相互限定によってそこに生命の高昇が生れ出る。収斂と拡散、緊張と弛緩、ディオニソス的とアポロ的なものとの、矛盾的相互限定を通して、人間存在は鍛われ、高昇するのである。そしてこのような極性的限定を喜んで人間に課するものがデモーニッシュなものといわれぬであろうか」（『社会存在論』）と書いている。

高橋巖は、近代によって隠されてしまったこの暗流（ディオニュソス）の復活を祈念し、こう書いている。（前出書「廃墟」）

一体人間とはこんなものなのか。こんな意識を担うために、われわれのこの精巧極まりない肉体は、先祖から伝えられ、周囲のこまやかな配慮の下にはぐくまれ、そして今こんなにも消耗してしまったのか。一体どこに人間の尊厳があるのか。

しかし、こうしてエキセントリックに、いくら意識（思考）を卑下し肉体を賛美したところで、高橋の「こんな考え」でさえ、シュタイナーが「どんな哲学者も、自分の基本原理について論じ始めるかぎり、概念的形態と思考を用いなければならない。このことによって哲学者は、自分の活動のためにはすでに思考を前提にしていることを、間接的に認めているのである」と言っているように、肉体ではなく、「消耗し」「尊厳を失った」思考の産物なのである。

2 ゲーテを超えて

そして、高橋の師ジーベックは、ゲーテのロマン主義化を謀ったのである。ジーベックは言う。（『ゲーテの世界観』第一章の二「直観と概念。〈対象的思惟〉、自然認識に於ける象徴性」）

ゲーテの精神的全本質、殊に哲学の問題と動向とに対するその関心における真の源泉は、「絶えざる綜合判断と分析判断との中に神的生命の感ぜられる様な深い静かな直観」に対する暗示によって示されている。

ゲーテの人格における核心とも見るべき天才性は、彼の中に直観の能力と概念的思惟の能力とが両つながら顕然として相輸《ゆず》らず、極めて均整的な調和を為して存在しているという点に基づいている。その中、直観の能力は空想や情緒に富んだ直感の基礎をなし、これに反して概念的思惟の能力は抽象によって推移する論弁的反省の基礎である。相対立した認識の両機能は、通常一方が他方を圧倒するか、或は両者の交互作用が往々にして却って相互妨害になるにもかかわらず、ゲーテにおいては両者が統一的な精神能力即ち不可分の全体的な能力を為しているのである。

思惟は本来彼にあっては感覚的直観から精神的直観へと導く手段に過ぎない。従ってゲーテは純粋に哲学的な問題においても常にその問題の最後の抽象的な言表わしには頓着せず、その代りこの問題となっている事情を一定の自然や人生の分野において具体的な形で直観的に把え、且つそれを科学か詩によって眼前に髣髴たらしめずんば止まなかったのである。

この第二段落までは、シラーやシュタイナーと同じ理解と言えるが、「思惟（思考）は本来彼にあっては感覚的直観から精神的直観へと導く手段に過ぎない」と言うとき、逸脱が始まる。ジーベックの認識の道はシュタイナーの『自由の哲学』と正反対の方向へと進んでいく。ジーベックは、ゲーテの「人間が生まれたのは、世界の問題を解くためでなく、問題がいづこ

に初まるかを知って、然る後に理解し得べき世界の限界内に留まるためである」という句を引いて、次のように言う。（前出箇所）

我々は認識において、丁度実践におけると同様に、「ある種の中庸」を教えられる。思惟をもっても行動をもっても我々は始と終とには到達しない。しかし近づき得べからざるものへの接近を我々は次の思想によって実現する。すなわち、「全体の基礎に一つの理念がある。この理念に従って神は自然において、自然は神において、永遠より永遠へと創造し活動することが出来る。直観・考察・熟慮は我々をかの神秘に近づける。我々は僭越にも敢えて理念をすら得んとする。我々はつつましやかにかの太初に類似と思われる概念を造る」。しかし我々が識る所は（永遠にして唯一な）理念の表示に過ぎない。

こうした引用法について、シュタイナーは「私が言うであろう多くの事がらに、それに矛盾するようなゲーテの文章を対置することができることは私には分かっている」「エッカーマンとの会話からは、けっして、植物の変態（メタモルフォーゼ）を書いたりできないようなゲーテ像を構築することができるであろう」と言っている。すべては引用者の側にあるのだ。

ジーベックは続ける。（前出書「認識と詩作との統一点及び目標点としての生命」）

ゲーテの認識論の特異性として今まで述べた事も、なおこれからの説明によって彼独特の自然と人間の本質観として明らかになる事も、すべて、根本においては、ゲーテ的世界観の内容的にも方法的にも基本的なただ一つの看点によって制約されている。

その看点は、実際上の叡智にせよ、理論上の叡智にせよ、一切の叡智の出発点と目標点とは人間生命の性質と価値との問題にあるという確信に存する。

現実界の中で詩人が先ず第一に注目すべき方面は、学者や思想家に対しても基準と方向を与えるものと考えられる。

世界の客観的真理内容が結局ただ一つでしかあり得ないならば、それは畢竟、詩人と思想家との異なった関心を共通に満足させる様な風に究明され、言表わされねばならない。

そしてその根底は、世界の生起の中の至上至高の領域の考察、すなわち、人間生命の、そしてさらに普遍的生命一般の根本形式と正常形態との直観的認識である。

生命を支配する形式と規範とを出発点として反省的に考察すれば、生活のすべての他の内容の理解もまた開かれるに違いない。

ジーベックは、植物の世界の観照にのみ用いることができたゲーテの対象的思惟を、人間世界の客観的真理を認識するものへと普遍化してしまっている。

こうした生命主義について、シュタイナーは「生命力などに関するあらゆるディレッタントな饒舌」（講演）と唾棄し、「素朴な人間は、自分の思考の観念的な証拠に加えて、さらに感覚の現実的な証拠を要求する。このような要求にこそ、啓示信仰の原始的な諸形態が成立する根拠がある。素朴な意識は、感覚的な知覚が捉らえうるような手段を通じて告示することを要求している。神は体現されなければならない」（『自由の哲学』）と言っている。

ヘムレーベンは言う。「シュタイナーは、ゲーテに〈帰り〉たくはなかったし、ゲーテ主義者にも〈帰り〉たくはなかった。彼らゲーテ主義者は、十九世紀後半――二十世紀前半の、機械論者や唯物論者の〝凱旋行進〟を阻むことができなかった」と。

3　ファンタジー

そして、この対象的思惟はさらにファンタジーへと飛翔していくのである。

高橋は言う。（前出書「対象的思惟――ゲーテ」）

かくしてゲーテは或る非常に注目すべき確信に到達した。現象界のすべての事物の変化、発展と、人間のファンタジーのそれとの間に深い関係があることが次第に明らかになってきたのである。人間の内部が対象的思惟によって、ひとつの舞台に作り上げられるとき、ここでは自然の事物が、概念的に把握されたときには見ることのできなかった理念的な側面をあらわす。

だからその際人間が事物について語る、というよりは、自然が人間の中で自分自身について語っているのである。なぜなら人間も一個の自然なのだからである。

対象の法則性と主観の内部におけるファンタジーとの融合・呼応が常にこの思惟の前提なのだ。したがって一つの対象の本質が対象的思惟によって把握されたときには、人はこの対象と自己との内的関連を、「愛」を感じることができる。

こうした類いのレトリックには何の意味もない。前項でも言ったが、高橋がなさなければならないのは、「ゲーテが……」ではなく、ゲーテの原植物のように、自分の観照像を具体的に示さなければならないのである。

このファンタジーは、一九七〇年代から八〇年代にかけて、ミヒャエル・エンデの『モモ』や『はてしない物語』の世界的ブームのなかで、広く普及した言葉である。エンデは、これを「遊びのルール」と呼んだ。

このファンタジーについて、拡張された芸術概念としての社会彫刻を展開していたヨーゼフ・ボイス(一九二一~八六)は、エンデとの「政治と芸術」をめぐる対話(一九八五年二月)においてこう発言した。

多くの人は、芸術は、気ままさを自由に発揮することだと解しています。おお、芸術よ!

私はここでなら、望むことは、何でもできる！　と。

芸術のもとで意識的に活動し、真の質に達しようとする人々は、次のことを認識すべきでしょう。

つまり、まさに芸術においては、可能なことはほとんど存在せず、唯一可能なのは、もっぱら人類の進化に沿って伸びた、特定の方向をもつ線上で、全くぶれのない、緻密な造形行為を行うことなのです。

……私はファンタジーに反対しているのではありません。もっとも、私自身は、ファンタジーという言葉を用いません。なぜなら私は、人がこの言葉を用いれば、いかに多くの不健全さも生じさせてしまうものでありうるかを、予感しているからです。

それで私は、多様な可能性をもった人間思考をとり上げ、それについて語るわけなのです。私は、人間思考の、知的であると同時に、身体と結びついた形態から出発して、さらには、身体とは全く結びつきをなくし、知的な基盤から、イントゥイチオーンの領域、それから、もっと高次の領域にまで達するような思考形態へ到ろうとしているのです。

その種の経験をしている時に起こることが、ファンタジーの概念と、何かしら真の関わりをもつためには、ぜひとも、その思考が形を成しながら、人間の魂の営みの中に介入し、人間の心情＝感覚世界を、必然性を帯びた形式のうちに表現し、恣意を排除することが必要なのです。

このような前提を優先しない限りは、私は、ファンタジーという言葉を用いたくありません。

高橋の古い芸術観（ファンタジー主義）に対する批判はこれで十分だろう。ボイスがこう言ったのは、このファンタジーが本来非思考的なものであり、シュタイナーも、「素朴な人間は、認識作用すらも、感覚過程に類似した過程として思い浮かべている」と言っているからである。

4　身心一如論を超えて

こうした誤解は『タオ自然学』の著者フリチョフ・カプラにおいてもみられる。

カプラは「科学的な実験と瞑想による観察、科学的な理論と神秘家の多様な心像や教説や比喩とを比較し」「物理学と神秘主義のすべての類似性を、知的なレベルよりもずっと深いレベルで体験した」といい、その結果、「物理学と神秘主義には平行関係がある」という結論に達したという。（『空像としての世界』）

そしてカプラによれば、「アインシュタインは公式化する前に相対論を体験している。ボーアは公式化する前に量子力学を体験している」とまで言っている。

この深いレベルでの体験とは、高橋の言う「印象そのものに留まっている状態」であり、カプラはその混沌のなかで、イメージと思考内容を取り違えているだけなのである。

日本でも、これを真似た発言をしている人物がいる。森章吾は「日本語では〈人智学〉という訳語が一般的ですが、本書では〈アントロポゾフィー〉というカタカナ表記に統一しました。――sophie の部分を、訳者が〈学〉以上のものとして体験しているからです」と言っている。

「〈学〉以上のものとして体験」？　精神世界は「体験する」ことなどできないのだ。

シュタイナーが言うように、相対論や量子論に到達した数学的認識は、瞑想や心像というような感覚過程ではないのである。

石原純は「すべての自然感覚的認識はそれが正当な一義的な自然法則に由来することが出来るときにのみ、完全に普遍的な意味を有し得るのであります」「自然法則は数学的に精確な論理関係を待って始めて完成されるのであります。自然科学と数学とはこゝに最も密接な関係をもっているのです。もと自然科学は経験的なものであるに反して数学は超経験的な形式科学なのでありますす」（『相対性原理』序論）と言っている。

この序論は、シュタイナーの『自由の哲学』の認識論と驚くほどよく似ている。

バグワン・シュリ・ラジニーシ（和尚）もまた、精神（思考）と宗教（瞑想）とを対比させて、「瞑想は（思考の）弛緩であり、集中ではない」と言っている。

私たちの感覚体験は、仮に、太古の時代のように、宇宙をマクロコスモスというように体験できはしても、純粋に思考過程である相対論や量子論を体験することなどできないのである。

「似ている」などというのは、たんに言葉のレトリックにすぎない。

なぜならば、彼らは、「なぜ、道教《タオ》などの神秘主義からは、西欧近代が生み出した科学や哲学、民主主義のような社会体制や経済、文化が生み出されなかったのか?」という根本的な問いを回避しているからである。

そしてこうした誤解は、次のようなチンプンカンプンを登場させるのである。

北海道「ひびきの村」でシュタイナー教育をやっている大村祐子は「『わたしたちが自己を全く放棄して現実に向かうとき、現実が私たちに顕してくれるそのありようが《純粋経験》である。』ゲーテはこのようなことばで《純粋経験》を表現しています。花を観察する訓練はこの《純粋経験》を〈思考〉に導いてくれました。つまり、わたしたちは花の変容を体験することができたのです。そしてその体験こそが真の思考なのです」(『わたしの話を聞いてくれますか』)と書いている。

すでに見てきたように、対象的思惟と純粋経験とはまったく別のものであり、またゲーテは純粋経験という言葉は使っていない。そして、花をいくら観察しても、シュタイナーが言う(感覚から)自由な思考が生まれることはないのである。

こうした思考に対する無理解は「哲学についての文章」を書いているものにとっても、あまり事情は変わらない。

たとえば最近のベストセラー『14歳からの哲学』で、池田晶子は「自由になるためには、人は、自分で考えなければならないんだ。あらゆる思い込みから自分を解放した精神とは、捉われのない精神だ。自由とは、精神に捉われがないということだ。さて、徹底的に考えぬいた君は、完全に自由だ。いや、本来すべての人は完全に自由なんだ」と言っている。

そして、「〈社会〉というのは、明らかにひとつの〈観念〉であって、決して物のように自分の外に存在している何かじゃない。だって、何かを思ったり考えたりしているのは自分でしかないのだから、どうしてそれが〈自分の外〉に存在しているはずがあるだろう。世のすべては人々の観念が作り出しているもの、その意味では、すべては幻想といっていい。社会がそうなら、国家というものもそうなんだ。〈日本〉という国が、国旗や国家や国土以外のものとして存在しているのを、君は見たことがあるかい。結局のところ、〈社会〉というのは、複数の人の集まりという単純な定義以上のものではない」とも言っている。

今どきこんなレベルのものに、たとえ「14歳から」と言っているにしても、哲学などと冠するのには恐れいった。

池田は「捉われのない精神」「社会や国家はすべて幻想」などと言っているが、これはようするに、前者が禅で、後者がマルクス主義（吉本隆明『共同幻想論』）という、とっくに破綻した唯物論にすぎないのだ。

池田には、この本には「考えるための教科書」と副題が付けられているが、《考えること》の根本の意味がまったく分かっていない。

私たちの考えが他者に理解されたり、ある人が考えたことから他の人々が新しいものを作っていけるのは、思考が、大地や空気や水のように、共通性を持った実体だからである。そしてこの思考が発展していくということは、それが歴史的なものだからである。

そしてこの「自分」（主体）や「物」（客体）もまた、すでに第二章で明らかになっているように、思考の産物なのである。

だから私たちは、古代の住居跡や土器などの生活用品から、その当時の人々の社会や生活、文化など精神生活を取り出す（想像する）ことができるのである。

禅とマルクス主義を《六本木ヒルズ系》に焼き直したこの本の実態は「考えないための教科書」であり、入口が危ないのだ。

シュタイナーはこうした誤解と混同について、次のように説明している。（『自由の哲学』「世界の把握に奉仕する思考」一九一八年再版への補足」）

「思想像をもつ」ことと、思考によって思想を練りあげることとを、混同してはならない。思想像というのは、丁度漠然とした示唆が心の中に浮かんでくるように、夢想的に浮かぶことがある。だがこれは思考ではない。

5　世界の根底へ

そして、シュタイナーは「講演」をこう締めくくった。

私が一八九七年に、現代の自然科学的一元論の思考方法の始祖の一人であるチャールズ・ライエルの生誕百年にあたって、かれについて書いたとき、私の心の眼にはヘッケルの姿もまざまざと映じていた。私の脳裏には、ライエルからヘッケルの系譜に見出し得る自然への没入を、それが続けられねばならない方向で続けることができる集いが映じたのだった。

したがって、私は、まさにヘッケルの一元論で始まった道を求めるこの観念の集いのために、正しく理解されるならば、今や、この一元論によって、まずは何をおいても、ひとつの塁壁を越えたことを暗示する言葉を書いたのだった。

そして、人間の発展が滅亡の力とではなく、上昇の力とかかわろうと思うならば、この塁壁を越えて、それ以前の時代にはもはや戻ってはならない。

実際、この一元論によって前進せねばならず、決して、この一元論によって、旧世界観にあって克服されたものへの逆行を許してはならないのである。

したがって、私は、それに対して、「われわれは、かれ」、つまりヘッケルが、「われわれを導く先の少なからぬ箇所を、必ずしも無視しようと思わない」、そのようなことは、人智学が芽生えた魂をもつ何人にも不可能である――「かれは、われわれが、取ろうとする方向を示しているからである。かれは、ライエルとダーウィンから舵を受け取ったのだが、かれらは、この上ない適任者に舵を任せたといえよう。そして、われわれの集いは、帆をあげて、急速に前進するのだ……」

　実際、この集いが、真正な自然研究により養われた厳密な学問的な精神を受け入れ、脱感覚的な次元に存在し、かつ脱感覚的な研究によってのみ極めることのできる世界の根底にあるものの内部に突き進まんことを！

　そして、この「世界の根底にあるものの内部に突き進」んでいるのが現代の自然科学者たちなのである。

　現代の最も人気のある理論物理学者スティーブン・ホーキングは、「宇宙の起源について討論を始める場合、そこにはまずまちがいなく宗教的意味合いがこめられていると思う。宗教的な響きがあるにちがいない。だけどほとんどの科学者は、宗教的な面は避けたがっていると思うね」と語っている。

「オカルト」と誤解されるのを恐れているのだろう。しかし科学の最先端はここまで来ているのである。しかしこれは回帰ではない。

シュタイナーは『自由の哲学』に「一元論の帰結」としてこう書いている。

　二元論は神的な根源存在を、すべての人間を貫いてそのすべての中に生きているようなものとして規定する。

一元論は共通な神的生命を、現実そのものの中に見出す。思考内容に満たされて現実のうちに生きることは、同時に神において生きることである。単に推論されるだけで体験されえない彼岸的世界とは、此岸的世界がその存立の根拠をそれ自身の中に持っていないと信ずる誤解に基づくものである。

抽象的な推論によって仮定された神は、彼岸に移しおかれた人間にすぎない。

6　人間原理の宇宙論

晩年のシュタイナーは「自分の本で最後まで残るものがあれば、それは『自由の哲学』だろう」とまで言っていたが、今、この思考が、コペルニクスの地動説の登場以来、宇宙の中心から放逐されていた人間を、再びその中心に据え直そうとしているのである。

一九六一年、宇宙論学者ロバート・デッキーは「宇宙に生命が誕生したのは、決して偶然ではない。宇宙が誕生し、物理定数が決定された地点で、生命が生み出される舞台はすでに作られていたのだ。その生命が、私たちのように知性を獲得することになるのも、同様に決められていた。(そして人間が誕生したのも)それは、宇宙が知的存在を求めていたからだ」という説を発表した。

この説は「人間原理(人間主義)の宇宙論」と呼ばれるようになる。

そして一九七四年になると、今度は、イギリスのブランドン・カーターが、デッキーのこの考えをさらに拡張して、「そもそも宇宙は、人間を生むためにデザインされていたのである」と、より積極的な必然説を唱えた。

現代物理学は、創造主の領域に踏みこんだのである。

これに対してシュタイナーは、神智学者たちを前に「コペルニクスの宇宙説（地動説）は、単なる物質的な見方をしていたからこそ、以前とは別の見方になったのです」「プトレマイオス説（天動説）は単なる物質上の宇宙説を述べているのではなく、惑星の軌道が高次の存在たちの支配権の境界なのだということを知っていた時代の霊的観察に基づいているのです」「いつか将来、この宇宙説がふたたび正しいとされるときが来るでしょう」と語ったことがある。

この時シュタイナーは、天動説の復活を信じていたのだろうか？　もちろん、そんなことはない。シュタイナーは、相手が神智学者たちだから、このような「比喩的」表現をしたのである。

それゆえ、シュタイナーが語ったこの「霊的宇宙論」は、東洋密教の曼陀羅が「宇宙の真理を視覚的に表現した」（松長有慶『密教・コスモスとマンダラ』）ものであるように、感覚的（すなわち霊的）な次元に留まっている。哲学者のエルンスト・ブロッホはこれを類推的（パラケルスス的）と揶揄した。

このプトレマイオス説と関連するのだが、理論物理学者ウェルナー・ハイゼンベルクが、若き日の恩師や同僚たちとの物理学の諸問題についての会話を記しているなかに、興味深いものがある。（『部分と全体』）

物理学者のラポルテは、パウリに、「ニュートンがプトレマイオスより特にすぐれたものを作ったとは考えられない。彼は惑星運動について他の数学的表現を与えただけだ」と言った。それに対して、パウリは、次のように反論した。

僕はニュートンの天文学は本質的にプトレマイオスのそれとは違っているものと信ずるよ。つまりニュートンは問題の立て方を変えたのさ。彼は運動を問題にしたのではなく、まず第一に運動の原因を問題にしたのだ。彼はその原因を力の中に見出し、さらに惑星系の中での力は運動よりも単純であることを発見した。彼はそれを万有引力の法則で記述した。

今日われわれが、ニュートン以来、惑星の運動を理解するようになったと言うときには、正確な観測による非常に複雑な運動を非常に簡単なもの、つまり重力に帰せしめることによって惑星の運動を説明できるということを意味するのだ。

プトレマイオスではこの複雑さを大円と小円の重ね合わせによって実際に記述することができたが、それでも複雑な運動を経験的な事実として、そのままうのみにしなければならなかった。

その他にもニュートンは、惑星の運動の際にも、投げられた石とか、振り子の振動とか、コマのダンスのような運動と本質的には同じことが起こるのだということも示した。ニュートンの力学は一連のこれらの異なった現象を同じ土台の上に、つまりよく知られた法則、〝質量×

加速度＝力〟に帰することができることから、惑星系についてのこの説明の方がプトレマイオスのそれよりもはるかにすぐれているのだ。

ここで、パウリが言いたかったのは、プトレマイオスによる惑星運動の可視的な観察の記述（経験）と、ニュートンの、運動よりもその原因に着目した万有引力の発見（思考）とでは、明らかに認識上の質的な違いがあるということである。

つまり、ニュートンの万有引力の法則は、認識の位置を地球（プトレマイオス）から地球外（コペルニクス）に移す（「考え方を変える」）ことによって、可能になったのである。このことによって、人類の認識の階程は一段上がったのである。

ゲーテは『色彩論』で、「すべての発見と論証のなかで、コペルニクスの学説ほど人間精神に大きな影響を与えたものはないであろう。世界が円いと認識され、それ自体で閉ざされるや、それは宇宙の中心であるという前代未聞の特権を放棄せざるをえなかった。この学説はそれを受け入れる者を、これまでは未知で予想すらされなかった自由な思考と偉大な信念へと勇気づけ鼓舞したからである」と言っている。

ハイゼンベルクによれば、こうした感覚的・宗教的なきわめて広大な自然経験の領域を統一的に把握し、これによって単純な理解を可能にするのが、数学的な表現（記述）、すなわち抽象化なのである。

そしてこの抽象化こそが、シュタイナーが「数学とオカルティズム」で言っているように、オカルティストたちが羨望する超（脱）感覚的世界への入口なのである。

高橋巖は「ドイツの物理学者ハンゼンベルクは以前からゲーテの自然観に関心をもち、ゲーテの色彩論についての論文も書いているが、一貫してこの立場を、つまり反ゲーテ的立場を貫いている。だから彼はゲーテの原現象やイデーを自然科学的に表象された基本構造という概念と同一視し、生物一般のイデーを糸状の分子、核酸の二重鎖の構造と考え、全世界の基本構造を〈数学によって公式化される〉と考えている。そこでは数量的関係のみが意味をもち、質的体験は拒否されているのだ」（前出書「廃墟」）と批判している。

高橋は続けてこうも言っている。「ハイゼンベルクが日本での講演の中でゲーテの〈イデー〉を論じたとき、彼が決してゲーテ的方法の本質にふれていなかったことがわかる。なぜなら原型もしくはイデーは決して〈核酸の二重構造〉のようなものではありえないからである。かりにもし、そのようなものでありえたとしたら、確かに現代の自然科学は、ハイゼンベルクのいうように、ゲーテを克服しはじめたことになるのであろうが、核酸の構造というようなものは、イデーではなく、単なる、原型のもっとも原始的な現象の姿であるにすぎないのだ」（同「対象的思惟――ゲーテ」）と。

今で言えばＤＮＡの二重らせん構造とでも言うのであろう。そしてたしかに数学的記述はもとより『二重らせんの私』（柳澤桂子）ではファンタジーが湧かず、高橋が言うような「質的体験」

をすることはないだろう。

それは、この質的体験なるものは、シュタイナーが『自由の哲学』で言っているように、たんなる好悪のような個人的な表象感情でしかないからである。

それに対して、理念《イデー》の世界は、目や耳といった身体感覚によっては見ることも聴くこともできないのである。

だからシラーは、ゲーテが観た原植物に対して、「それは経験ではなく理念です」と言ったのである。理念の世界を観ることができるのは、体験ではなく思考だけである。

つまり感覚主義者高橋は、「核酸の構造というようなものは、イデーではなく、単なる、原型のもっとも原始的な現象の姿であるにすぎない」という発言からも明らかなように、現代物理学の到達した世界像のなかに、分子や数量という表面的なモノしか見ていないのである。

見なければならないのは、この表面ではなく、この原始的（あるいは単純な）モノ（分子や数量）によって、「神が造ったとしか考えられない」ような複雑精巧きわまりない世界を構成している見えない世界なのである。これがイデーの世界であり、それは人間に認識されることによってのみ現出するのである。

そして、現代物理学はこのイデーの世界を見出したのである。

ホーキングは、自然界（宇宙）にはきわめて微妙なバランスが存在することを、カーターらとともに発見した。

ホーキングは、たとえば、原子核のなかのクォークや、中性子、陽子に働く強い力がほんのわずか弱かったならば、安定した元素は水素だけで、それ以外の元素は何も存在しえなかったし、その反対に、ほんの少し強かったら、星や銀河は、たとえ生成したとしてもまったく異なる経過をたどってできたことだろうと言う。

また、もし重力定数が大きかったら、人類のような複雑な生命現象が発展する時間的余裕はほとんどなかったにちがいないとも、さらに、もし重力が現在あるよりも弱かったら、物質は星や銀河に凝縮しなかっただろうし、宇宙は冷たく、空っぽだったろうと言う。

そして、ホーキングは「宇宙の成長過程は銀河が形成されるのにちょうど適した割合で進んできた」と指摘する。

なぜならば、「事実、我々の宇宙のように銀河や星をもった宇宙は、実際のところかなり起こりにくいことだ。出現しうる可能性のあった定数や法則のことを考えると、我々の宇宙のように生命を生み出した宇宙以外の宇宙が生成された確立の方がずっと大きかったと言える」からである。

その結果、ホーキングは「この原理は、言いかえれば、〝物事がそうなっているのは我々が存在するからだ〟ということだ」と結論する。

さらにこれは、ホイラーによって、観察者がいなければ素粒子物理も存在しないという「観察者存在」の原理と呼ばれる。湯川秀樹も、「『自然とは何か』という問と、『自然を知るということはどういうことか』という問とが相互に密接な関係を持っているのは極めて当然のことである」と言っている。

つまり、私たちは観察者自身が参加する方式の宇宙に住んでいるのであり、自然の法則は、ゲーテが言うようにあらかじめあったものを「発見」している（P165）のではなく、人間の思考によって新たに「創造」されているのである。

この立場はシュタイナーの思考一元論とまったく同じである。

この観点から、私たち人間は、その本質（思考）において宇宙そのものであり、人間の意識の進化によって宇宙（世界）もまた変貌するのであって、人間抜きの世界などあり得ないのである。

第五章　精神科学と社会問題

1　二つの魂

話は十九世紀末のドイツに戻る。

一八九七年、『ゲーテの世界観』を上梓し、ワイマールでの生活に見切りをつけたシュタイナーは、ベルリンへ移って、アンナ・オイニケと結婚する。ここでシュタイナーは、ゲーテの精神的後継者と目されていたヘルマン・グリムを通してベルリン大学での職を得ようとしたが失敗する。

そこでシュタイナーは、財政難から持ち主が点々としていた雑誌『文芸』を買収し、それを保守的な文芸協会への革命的反対派である自由文芸協会の機関誌として売り込む。シュタイナーは、学究生活から、雑誌編集者というボヘミアン的環境に身を転じることになる。

こうしたことから、シュタイナーは、個人主義的無政府主義者ジョン・マッケイらと知己になり、マッケイの人柄に大いに影響を受ける。マッケイは『唯一者とその所有』で知られるシュティルナーの著作を編集刊行していた。

だがシュタイナーは、「シュティルナーは一八四四年に、人間は己れを真実に理解するならば、己れ自身の中にのみ、自らの活動の根拠となるものを見ることができるという見解を擁護する発言をしている。彼の場合はしかしこの認識が最も内面的な体験の直観の中から出てきたものでなく、世界の強大な支配的な力のあらゆる桎梏に対立する自由と独立不羈の感情から出てきている。シュティルナーはただ自由を要求するにとどまっている」（『ゲーテの世界観』）と、その個人主義（個体主義）の限界を指摘している。

その同じ年、シュタイナーは、『文芸』に掲載した「自由と社会」というエッセイにこう書いている。

人類は初期の文化段階においては社会的紐帯《ちゅう》の確立を目指した。そこではまず集団の利益のために個人のそれは犠牲にされた。その後の発展過程で個人は集団の利益から解き放たれ、各人の能力や必要が自由に追求されることになる。

シュタイナーはこれを《人類発展の社会学的根本法則》と呼んだ。

フランシス・フクヤマは、この「歴史を前進させるエネルギー」は《気概》であるという。この《気概》とは、プラトン（『国家』）が挙げた人間の魂の三つの部分の内のテューモス（他の二つは理性と欲望）にあたるという。

またこの《気概》とは「認知への欲望」であり、「まさにそのような戦いの目標が生物学によって定められたものではないという理由でヘーゲルは、そこに人間の自由というものの燭光を見た」(『歴史の終わり』)という。

そしてこれはまた、シュタイナーが「もし、彼(ヘッケル)が、かつて少しでも哲学を研究することがあったなら、疑いなく、彼の系統発生的な研究から極めて高度な唯心論的結論を引き出していただろう」と言っていたことと関係してくる。

この「唯心論的」とは、いわゆる霊的ということではなく、「歴史は全く人間本性の上に打ち立てられねばならない。人間本性の意志、人間本性の傾向を把握する必要がある」(『ゲーテ的世界観の認識論要綱』)という《人間中心主義》なのである。

さて『文芸』であるが、これには詩人のライアナ・マリア・リルケも投稿していて、シュタイナーとの間でモノローグをめぐるやり取りをしている。

そして、ヘッケルの『世界の謎』が出版された一八九九年、シュタイナーは、社会民主主義者ヴィルヘルム・リープクネヒトの創設した労働者教養学校の講師を勤めることになる。反体制派として認知されたのである。

この労働者教養学校には女性革命家として名高かったローザ・ルクセンブルク(一八七〇~一九一九)もいた。

ローザはその過激な主張とは裏腹に、教養と優しさを兼ね備えた女性だった。

のちにローザは、第一次世界大戦中に収監されていたウロンケ監獄から、ソーニャ（カール・リープクネヒト夫人）に宛てた手紙に「いまのいま、あなたとご一緒にいられたらね、あなたを、また以前のように笑わせてあげることもできるでしょうし、ほら、カール（ヴィルヘルムの息子）が引っぱられてからのこと、二人して——まだ覚えていらっしゃるかしら？　——カエ・フェルステンホーフで、あまりにはしゃぎすぎて、まわりのひとたちをびっくりさせてしまったことがあったでしょう、あんなふうにもういちどなれるのでしょうにね。あの頃は、なにはともあれ、すばらしかったわね！」「小説には、わたしは傾向を求めません。ただ問題になるのはそのものの芸術的価値如何のみです。この観点に立つ限り、『世界同胞』では、ゴールズワージーはあまりにも機智を弄しすぎているということが、感興をそぐのです」と書いている。

シュタイナーは、この学校で、唯物論的世界観とはまったく関係なく、独自の（人間中心主義的）観点から人類の発展史について講義した。一九〇一年一月には、これに加えて「話し方コース」も担当した。

この時代のシュタイナーは、「私は、成熟した男女の労働者に教えるという、素晴らしい使命に直面していました」と回顧したように、まったくのプロレタリア的環境のなかに生きていた。

一九〇一年六月、シュタイナーは、ベルリンの大競技場で、七千人もの植字工や印刷工を前に、グーテンベルク五百年記念祭の祝辞を拡声器なしで述べた。

シュタイナーは、この当時の労働者の状況について、「当時、かなり多くいた偏見のない人々が、関心を持って労働運動を追求し、理解を持ってプロレタリア問題に取り組んでいたら、この運動は、まったく違った展開を見せただろう」と語っている。

これと平行して、シュタイナーは、ジョルダーノ・ブルーノ同盟やブロックドルフ伯爵夫妻の神智学文庫で、しばしば、『一元論と神智学』やニーチェについての講演などをしていたが、一九〇三年には、ブラヴァツキー夫人の設立した神智学協会のドイツ支部事務総長に就任する。シュタイナーは、ファウストが「ああ、自分の胸には二つの魂が住んでいる。その二つは、互いに相手から離れようとしている」と叫んだように、産業革命から生まれた労働者階級の《新しい魂》と、旧世界に固執する神智学者たちの《古い魂》の間で、矛盾した側面を見せることになる。

2　二重性

この時代のシュタイナーについて、コリン・ウィルソンは次のように書いている。

これらの著作（『自由の哲学』や『ゲーテの世界観』など）を読んだあと、私は罪悪感に襲われた。ちょうど、誰かを詐欺師だと非難しておいて、あとになってからその人物が正直この上ないことが分った時のようだった。もちろん、シュタイナーが一九〇〇年頃を境に〝変節〟し、宗教的な救世主として報いが得られればいいと心に決めた可能性はある。しかし、初期の著作を読むかぎり、そのような可能性は考えられない。シュタイナーのような人物は自己欺瞞とは無縁なのである。

この自叙伝から察するところ、シュタイナーの人生において何か根本的な方向の転換があったらしいことも疑いの余地がない。シュタイナーは人間の進化についての新しい見方を世に問う準備をしていたのである。

それでは何がどう狂ってしまったのか。というのも、六十四歳という若さで死んだのはやはりどこかが間違っていたからだという気がしてならないからだ。(シュタイナーは常に健康そのものであり、ゲーテのように八十代まで生きられるだろうと思われた。)

私の考えでは、シュタイナーの最初の大きな誤りは、ブラヴァツキー夫人が設立した神智学協会のドイツ支部書記長になったことではないかと思う。知力の面ではシュタイナーは同協会の誰よりも遥かに抜きん出ていた。

しかし、神智学者たちと同じ色彩に染まらないようにするには遅すぎた。ブラヴァツキー夫人と同じ部類に入れられることはシュタイナーの名声に決して良い影響を及ぼさなかった。シュタイナーの大妥協は、神智学協会に加入することだった。このことで彼を責めることはほとんどできない。シュタイナーは目立たない学者だったので、連続講演の謝礼として労働者の一団から八マルク受けとると、悲痛なほどありがたがったくらいなのだ。と、急に、自分の言うことを一語のこさず熱心に聞いて理解してくれる聴衆が現われていた。

また、アルベルト・シュヴァイツァー（一八七五〜一九六五）は、この時代におけるシュタイナーとの出会いをこう述懐している。

私がルドルフ・シュタイナーと出会ったのは、シュトラースブルクにおける神智学集会の折のことであった。シュトラースブルクの友人たちを通じて面識を得ていたアニー・ベザントが、私とシュタイナーを引き合わせてくれた。ルドルフ・シュタイナーは当時神智学協会と関係を結んだところであったが、それはシュタイナーが彼らと確信を共にしていたという訳ではなく、この会員らの間では、彼の告げていた霊的な諸事実に関心が寄せられ、この事実の理解を窺うことが出来たからであった。ドイツ語も話す私は、このオーストリーの客人の相手をする様に頼まれ、これを喜んで引きうけた。

話題がプラトンに及んだところで、私はずっと良くその話に加わることができた。だがここでもシュタイナーは、秘められた、未だに評価されていないプラトンに関する認識に注意を促して、私を驚嘆させた。

そして注目すべきことが起こった。二人のうちどちらであったか、もう覚えていないが、文化の精神的退廃をとりあげた。それがお互いに思いもよらぬことだったので、にわかに意気投合し、対話がたて続けに進んでいった。そして私たちが互いに、人道的理想に適った文化に尽力し、人間が真に思考する存在たらんと努める、といった意味における回復を、生涯の課題として企てていることを認め合ったのだ。

彼と面した時の、その驚異的な目差しを持つ容貌から受けた印象が、私は忘れ難い。

シュタイナーとシュヴァイツァーが出会ったのは、一九〇六年一月三日のことだった。

3　仏陀とソクラテス

この、シュヴァイツァーの「彼らと確信を共にしていたという訳ではなく」という証言は、ウィルソンの「どこかが間違っていた」「大妥協」という指摘とともに、シュタイナーの真意を読み取るためには非常に重要なものである。

このことを考える場合、次の、神智学協会から分離直後の講演(『マルコ伝』)が大きなヒントを与えてくれるだろう。

シュタイナーは言う。

キリスト・イエスは二つの態度を取っている。一つは親しい弟子（使徒たち）に対しての態度であり、もう一つは大衆に対しての態度である。

彼は比喩をもって大衆を教えた。大衆は古代の霊視能力の内の最後の一滴を持っているにすぎなかった。古代世界には、今日の学問、今日の日常的な思考作用、醒めた理性や判断力という種類のものは存在しなかった。

またキリストは、親しい弟子たちに対しては別の態度を取った。彼は弟子たちに比喩を解釈してやった。すなわち、人間の理性を用いて直接的に理解する際に、彼らがすぐに思いつけるように、彼らに話して聞かせたのである。

つまり彼は大衆に対しては、通俗的な仏陀と言ってもよい語りかけ方をしたのである。これに反し親しい弟子たちに対しては、高次のソクラテス、ないしは、精神的なるソクラテス（精神的にインスピレーションを受けたソクラテス）とでも言うべき語り方を採っている。

このキリストとはまさにシュタイナーのことだった。神智学協会に加入したシュタイナーは、ゲーテ学者や社会批評家時代のように、自分の見解をそのまま語ることは困難だった。なぜならば、そこには創業者のブラヴァツキーが残した霊的遺産が真実（教義）としてあったからである。だからシュタイナーは、このブラヴァツキー信奉者たちを前に、『精神科学の立場から見た子供の教育』で歯牙交替期から性的成熟期の子供には「蛹から蝶への脱皮」を比喩として語ることによって魂の不滅をイメージさせなければならないと言っているように、教義の言葉を「比喩」(営業的言辞)として用いて説明したのである。

しかし彼らは、これを、歯牙交替期以前の幼児のように、「事実」として受け入れてしまった。シュタイナーは、こうした二重苦を背負いながら、神智学協会内で後退戦を戦わなければならなかった。ウィルソンのいう若死の原因も、このストレスにあったのであろう。

シュタイナーは七千回近い講演を行なっているが、その大半は、ウィルソンが「〈キリストによる救済の思想なしに自由の観念(理念)を把握することなど、とうてい不可能だということが分かるはずです〉――これは『自由の哲学』を書いた人の言葉としては少々面食らわせる発言である」というような、オカルト業界的なものになっており、その一言半句には示唆に富むものも多いが、全体としては理性の拒絶を招くものになっている。

またシュタイナーは、仏陀(前五六六～前四八六)の教説をこう解釈している。

生は苦しみであり、人間は苦しみから解放されて、涅槃に向かって進んで行くことのできる手段を見出さなくてはいけないというのが、仏陀の口から流れ出た偉大な教えなのである。仏陀の説くところはすなわち、人間の魂のすべての努力は、再び生まれ変わってこの世に出て来ようという欲望から解放され、感覚によって捉えられるものへの執着から解放され、感覚によって捉えられるものと結びついているすべてのものから自我が自由となるために、自我の完成が追求され、自我は、神的霊的な根源と関連を持っているすべてのものと結びつく方向へと進んで行くようにならなくてはならないということである。

続けてシュタイナーは、「西洋における一つの流れが、ソクラテスから発していると言い切ることもできる」「西洋の文化発展の全体像を捉える者は、ソクラテス的要素と名づけることのできるものが、すべての西洋的なるものにとって決定的な意義を持っていることに思い至らざるを得ない」と言い、仏陀入滅後のソクラテス（前四六九〜三九九）登場の意味について語る。

この西洋におけるソクラテス的要素は、東洋における仏陀的要素以上に根強く世界史の荒波をくぐり抜けながら広がって行き、ソクラテスと仏陀はある意味で東西における平行現象であると言うことができる。

彼が弟子たちに対して取っていた教授法は精神的助産術と名づけられている。なぜかというと、彼は、弟子たちが認識し、学ばねばならないことを、弟子たち自身の魂の中から取り出そうとしたからである。

彼は弟子たちに向かって発問するさい、弟子たち自身の魂の内面に秘められている情調が揺り動かされるようにし、彼の方から弟子たちの中に何かを移し入れるのではなく、すべてを弟子たち自身から取り出すようにした。

ソクラテス的世界観ないし世界観照法の持っている一見突き放したような冷静な要素は、ソクラテスが、弟子たちの各自の独立性とその本来の理性に向かって真に訴えかけたところに起因する。

そして、このソクラテスと仏陀を比較して、シュタイナーはこう言った。

仏陀が菩提樹の根元で開いた悟りによって得たものを告知したのと反対に、また彼が霊的世界から受け取ったものを弟子たちの内部へ注ぎ込み、弟子たちの内部に仏陀が生きた通りのものが、数百年も生き続けていったのとは反対に、ソクラテスは、弟子たちの心の中にソクラテス的なものが生き続けるようには決して要求しなかった。

彼は弟子たちに対するとき決して自分の方から弟子たちの魂の中に何かが移行していくことを欲せず、彼らが持ち、彼らが自らの中から引き出したものを、彼ら自身に委ねることを欲したのであった。何ものもソクラテスから弟子たちの魂の中へと移行することはなかったのである。

これが仏陀とソクラテスとの間に見られる最大の相違である。ソクラテスの弟子たちの場合は、ソクラテスの精神的産婆術によって弟子たち自身の精神性が姿を現わすのであって、人々は自分の足で立ち、自分自身の内部に存在しているものを見つけ出すことが肝要なのであった。

この結果、シュタイナーは次のような結論に達する。

私たちはこの二人の人物を魂の前に呼び出す時、ここに人類進化における二つの正反対の極にある発展的潮流があると認めるほかはないであろう。この二つの潮流はある意味で再び合流するのであるが、しかしそれははるかかなたの最末端においてである。皆さんは、この二つの事実の相違を曖昧に考えてはいけない。皆さんはこの二つの事実をその相違性において明確に捉えるべきであり、その後に改めてどこにより高い統一があるかを示さなくてはならない。

しかし、このシュタイナーの言葉を真剣に受け止めた人智学協会員はほとんどいなかった。だからシュタイナーは、前出の「キリストの救済の思想なしに……」というふうに言わざるをえなかったのである。

4　精神科学と社会問題

そしてこの神智学協会での活動を始めたころ（一九〇二年）、シュタイナーは一人の日本人と出会う。隈本有尚である。

ちょうどその時、シュタイナーは個人誌『ルシファー』を創刊し、東洋的色彩の濃いこの神智学を西欧的な精神科学へ改変しようとして、『神智学』や『アーカーシャ年代記より』などの連載とともに、「ヘルダーと神智学」「神智学と近代自然科学」「神智学と近代生活」などのエッセイを積極的に掲載していた。一九〇三年10／11月号には「神智学と社会主義」を書いた。

さらに一九〇五年と翌六年には、『グノーシス』と合併し『ルシファー・グノーシス』と改題されたこの雑誌に、『神智学と社会問題』（のちに『精神科学と……』に改題、以下「精神科学と社会問題」とする）を載せている。

しかし、シュタイナーと労働者たちの蜜月は、これに警戒心を持った社会民主主義の指導部の策謀によって断ち切られることになる。

一九〇五年の初頭、労働者教養学校の総会でシュタイナーの信任投票が行われる。結果は「四票を除く全票が、私（シュタイナー）に授業を続けさせる方を支持した」が、それでもシュタイナーは解任される。

そして、その直後に、シュタイナーは『精神科学と社会問題』を書いたのである。この論文の始めにはこう書かれている。

今日、しっかりと眼を開いて周囲の世界を観察している人は、いわゆる「社会問題」と呼ばれるものが、至る所で激しく噴出しているのに気づいている。人生を真剣に考えるならば誰しも、何らかの仕方でこの問題について思いを巡らさずにはいられない。

したがってまた、最高の人間理解を自ら実現すべき課題として掲げる精神的態度が、社会問題に対して何らかの形で関与せざるをえないというのも、まことに当然のことである。

しかし、このような精神態度は、現代に対して精神科学的な見地に立とうとするのである。

我々のなすべきことは、単なる好奇心に駆られて「精神科学サークル」に閉じこもり、そこで彼岸の世界についての様々な「興味深い」認識を得ることではなく、「存在の永遠の法則」に照らして、自己の思考・感情・意志を鍛え、そして人生のただ中へと踏み入り、澄明な眼指しをもってこの人生を理解することである。

精神科学の教えは、生命に満ちた思考・判断・感情へ至るひとつの迂回路なのである。

精神科学の理念を体得するとは、社会的活動のための能力を高めることを意味する。


労働者との紐帯を断ち切られたシュタイナーは、こうした迂回路を通って、神智学者たちの目を社会問題に向けさせようとしたのである。

シュタイナーは、この時代を「世紀の転換が人類に新しい精神の光をもたらすに違いないという確信が、私の心をよぎった。私には、人間の思考と意志を霊から切り離そうとする機運が最高潮に達している、と思われた。人類発展の生成過程に激烈な変化が現われるのは、不可避であると思われた」(『シュタイナー自伝I』)と述懐している。

5　マルクス主義批判

シュタイナーが社会民主主義たちから忌避されたのは、ある意味で当然のことだった。なぜなら、シュタイナーは、『文芸』紙上で社会民主主義（マルクス主義）批判を果敢に展開していたからである。

「自由と社会」と同じ年の「社会問題」では、次のように書いている。

ダーウィン主義者たちが発見した法則、これはあくまでも動物や植物の世界を支配するのであり、人間界にあってはダーウィニズムの精神において考えられる法則を追求するのが筋ではないだろうか。つまり、私たちはダーウィニズムの精神に即して人類固有の発展法則を思考し探求しなければならないのだ。

思考する力のある人は社会民主主義の理想が実現すれば、すべての個人が抑圧されることを知っている。しかし個性は結局は抑圧できないのだから――なぜなら人類の進歩は個性の解放の道を辿ってきているのだから――社会民主主義の勝利の日は、同時に社会民主主義の没落の日になろう。

つまり、シュタイナーは、マルクス主義者が高唱していた「歴史の発展法則」は人類進化に対する「逆流」だと言ったのである。

これより半世紀以上も前に、詩人のハイネは日記にこう書いていた。

共産主義とは、現在のブルジョワ体制に代わって、プロレタリアートの支配を樹立しようとする恐るべき競争者の秘かな名である。両者の間では、しのぎを削る死闘が行われるだろう。どちらが勝利を収めるだろうか。誰も知らない。未来を見通しうるのは神々のみである。ただひとつ明白なことがある。現在はほとんど語られることもなく貧しい屋根裏部屋の中で無為に過ごしている共産主義は、たとえ一時的にもせよ、近代の悲劇の中で重大な役割を果すべく定められた「暗黒の英雄」なのだ。

そして一九一七年、レーニンとトロツキーに率いられたロシア社会民主党ボリシェビキがロシアの権力を握り、歴史の歯車はギシギシと音をたてながら逆流し始め、壮大な悲劇の幕が切って落とされたのである。

この劇の開演間もなく、シュタイナーは『社会問題の核心』（一九一九）でこう警告した。

精神生活をイデオロギーとして捉えるような社会体制というものは、明らかに人間社会の持つ無限の創造力を失わしめるような社会である。
私有財産制を根底から覆し、共有財産制の実現を求める動きが急激に高まってきている。そのような選択をするならば、社会の持つ創造力はまったく失われてしまうことを、身をもって体験することになろう。それを体験した後、また、新たな道を模索するのである。

このシュタイナーの予言を信じていたのだろう。「人生における最良の知見をルドルフ・シュタイナーに負っている」と表明したミヒャエル・エンデ（一九二九〜九五）は、このマルクス主義の運命について、世界的ベストセラーとなった『モモ』（一九七三）のなかで、次のように描いている。

「〈赤王〉とあだ名された世にも残虐な暴君）マルクセンティウス・コムヌスは晩年にいたって、ついに気が狂ってしまいました。とうじはもちろん、ごぞんじのように、こういう病気をなおせる医者はまだいませんでしたから、人びとはこの暴君をあばれたいだけあばれさせておくよりほかありませんでした。ところが、妄想にかられたマルクセンティウス・コムヌスは、こんどは、いまある世界など見すててしまって、完全に新しい世界をつくるほうがいいと思いつきました。
そこで彼は、これまでの地球とまったくおなじ大きさの新しい地球をつくれと命令しました。

しかもそこには、古い地球にあったものはすべて、建物も木も山も海も川も、そっくりおなじにつくらなくてはいけないというのです。とうじの人びとはひとりのこらず、このとてつもない大事業にかり出され、命令にそむけば死刑だとおどかされました。

まずはじめに、人びとは大きな大きな球をのせるための台をつくりました。その台のあとが、いまあなたがたが目のまえにしておられるこの廃墟なのです。（……）

新しい世界はあと石ひとつもってくれば、いよいよ完成でした。もちろん人間はそれまでにぜんぶ新しい地球にうつっていました。なにしろ古い地球はすっかり使いはたされて、なくなってしまったのですから。マルクセンティウス・コムヌスは、これだけの大事業のあげく、けっきょくはなにもかももとどおりだと知ると、上衣で顔をおおってすがたをくらましてしまいました。どこに行ったのかは、ついにわからずじまいです。

この部分は、当時の東独版では削除された。そしてこの話は、ソ連がアメリカのスペースシャトルそっくりのものを作ったが、結局飛ばせることはできず、それは今オーストラリアの公園で子供たちの遊具になっているということを思い出させる。

『モモ』から二十年後、現実にソ連東欧の共産主義は崩壊した。

この「これまでの地球とまったくおなじ大きさの新しい地球をつくれ」という命題は、西田幾多郎が純粋経験から総てを（西洋哲学がなしたように）説明しようとしたことと同義である。今日では中沢新一が「〈宗教的思考〉の3万年を語りつくす」として『カイエ・ソバージュ』（講談社）で行なっている。

シュタイナーの透視の卓越性とはこうしたところにあるのである。

6　神秘主義との対決

そして、この時代のシュタイナーは、もう一つの敵と対決しなければならなかった。神秘主義である。

このことについてシュタイナーは、『自伝I』にこう書いている。

私の人生の第一期が終わる頃、人間の魂を教導しようとするさまざまな試みに対して、明確な態度を取る必要が生じてきた。こうした魂教導の試みの一つに神秘主義があった。神秘主義は人類の精神発達上のさまざまな時代に現われ、東洋の叡智、新プラトン主義、中世キリスト教、カバラ等の姿で私の意識にのぼってはいたが、私個人の性向からして、私がこうした神秘主義と何らかの関わりを持つことは困難であった。

私から見ると神秘家は、精神的なものが顕現する理念の世界を正当に扱っていないように思われた。彼らが魂の満足を得んがために理念もろとも理念を欠く内面へ沈潜しようとするのは、彼らに精神性が欠如している証拠であると思われた。それは光への道ではなく、霊的な闇への道である。

シュタイナーがマルクス主義とともにこの神秘主義へも懐疑の目を向けていたのは、神秘主義者たちの霊的な闇の世界は、フロイトのいう無意識であり、革命家たちは、この無意識と意識の関係を、プロレタリアとブルジョアジーの関係に見立て、その無意識を解放する（激高状態を作り出す）ことによって、革命を成就しようとしていたことを知っていたからである。

事実、近代の革命家たちは、この霊的な闇への道を通って、貧しい屋根裏部屋に潜んでいた暗黒の英雄（無意識）を白日の下に解放したのである。フランス語の革命（レボルシオーン）とは「旋回して元に戻る」ことなのである。

シュタイナーは、この革命もまた、その「全人類の解放」というスローガンとは裏腹に、感情（個体主義）に根ざしたエゴイズムであることを見抜いていた。

7　社会の主法則

そしてシュタイナーは、この誤った社会変革の道を正し、資本主義のガンである利潤追求の原動力であるエゴイズムを克服するための方向性を、『精神科学と社会問題』で提起するのである。

シュタイナーは言う。

「共同労働から成り立っている人間社会の全体は、各人が自己の労働の成果を自己のものとして要求することが少なければ少ないほど健全である。つまり、各人が自分の挙げた成果のうちから、共働者に対して多くのものを与えれば与えるほど、そして自分の欲求が自分の行為によってではなく、他者の行為によって満たされれば満たされるほどその社会は健全である。」

この原則に反するならば、人間社会のどんな制度も、長い間にはどこかで不幸を生み出すことになろう。

この主法則は、ある自然法則が一定範囲の自然現象に対して妥当する場合と同じ厳密性と必然性をもって、社会生活に対しても完全に妥当するのである。

しかし、この法則を普遍的道徳的法則として掲げたり、あるいはこの法則を、各人は同胞に奉仕すべしといった心構えに置き換えるだけでは充分ではない。

この法則が本来の姿で真に生きるのは、各人が自己の労働の成果を自分自身のものとして決して要求せず、それをすべて全体のために役立てる制度を人類全体が創りあげることに成功した時である。

その場合、彼自身の生活は、彼の仲間の労働によって維持される。つまり肝心なのは、仲間のために働くということと、一定の収入を得るということはまったく別の事柄だからである。

シュタイナーは、これを「労働と収入の分離」と「他者のための労働」として集約し、この二つを合わせて《社会の主法則》と呼んだ。

そして、この社会の主法則によってのみ、マルクスが理想の社会（共産主義社会）の原則とした「能力に応じて働き、必要に応じて受け取る」ということが実現できるのである。

そして今日、この「労働と収入の分離」と「他者のための労働」というシュタイナーの社会の主法則を「あっけないほど簡単に」剽窃した本が現われた。社会学者（立命館大学助教授）立岩真也著『自由の平等』（二〇〇四、岩波書店）である。

三十年以上も前になるが、毎日広告賞か何かだったが、入選作品が盗作と指摘されたことがあった。外国のファッション誌のデザインそのままだったのである。審査員たちはその雑誌を見ていなかったのだ。

そして、これはすぐに入賞取り消しになったのだが、その時、出品者は驚くべき抗弁をしたのである。「たしかにそれはファッション誌のものである。しかし私はそれに、コピーするという自分の行為を付加したのであるから、これは盗作ではなく私の作品なのだ」と。

さて立岩の本であるが、書評が『読売新聞』（二〇〇四年三月二十一日）に載っている。評者の佐藤俊樹（東大助教授）は「この本の重要な指摘の一つは、〈できる〉と〈もつ〉をつなげる必要はない、ということだ」と書いている。「重要な指摘」というからには、これがオリジナルであるという評価であろう。佐藤はシュタイナーを知らないのだ。

この「できる」とは働く能力であり、「もつ」とは配分（収入）であり、そして両者は「つなげる必要はない」（すなわち「分離する」）というのである。ようするにこれは、《労働と収入の分離》そのものなのだ。

そして、この本のカバー袖にある「〈私が作ったものは私のもの〉を至上命題としない」という言葉も、前出のシュタイナーのもの（P206）とまったく同じである。

「一つ」どころか、この本の売りは《労働と収入の分離》以外ないのである。

またこの本の副題には「簡単で別な姿の世界」と付けられているが、それは、私が二十年前に雑誌『第三の道』や『西ドイツ緑の党とは何か』『エコロジー・ヒューマニズム』『ルドルフ・シュタイナーの社会変革構想』などで紹介した人智学の三層構造主義者たちの第三の道の社会像とその実践のイメージの枠を一歩も出るものではない。

しかしその後、シュタイナーや人智学を掲げるものたちのなかにこれを継承する動きはなかった。立岩は、ヨーロッパ人がアメリカを発見したように、この社会の主法則を「発見」したのである。

ここで行われている論証（既成の自由・平等観に対する「批判」）なるものは、「始めに結論ありき」のもので、使い古された議論の陳列台にすぎない。佐藤はこれを「一つ一つきちんと論じきる」と言っているが、それはたんなる「イチジクの葉」にすぎないし、仲間ぼめでしかないのである。この本からそれを取ったら、「簡単な」労働と収入の分離と他者のための労働しか残らない。

田中孝一さんのノーベル賞受賞のさいに、ドイツの会社が（田中さんが発見した蛋《たん》白質の分離法を元に）分離器を作ったのは自分たちだから、賞は自分たちが受けるべきだと主張したが、ノーベル賞委員会は「最初のオリジナルが受賞の対象である」として、この訴えを退けた。

立岩の場合は、人智学者たちのように、その具体的な姿を「目に見える形で」示していない。ただそこにあるのは空虚な思弁でしかない。

そしてそれは、いかにも岩波好みの「自由を重んじる〈機会の平等〉で掲げられていることは、平等を重んじる〈結果の平等〉で大体まかなえる」（佐藤）という代物である。

これは、いかにカモフラージュに自由という言葉が使われていても、「機会の均等は結果の平等」にみられるように、ソ連型悪平等主義の再版であり、ルイ・ブランの手口（第六章「世界史の謎」参照）とまったく同じものなのである。

この本の参考文献欄には、この社会の主法則の最初の提唱者であるシュタイナーの名や前出の本がない。あのシュタイナー・緑の党ブームのなかで、社会学を志していた立岩がそれをまったく知らなかったなどということはありえない。

西田のように「天啓」があったというのだろうか。

この本はまぎれもなく和辻哲郎と同じ《方法の剽窃》なのである。『広辞苑』には、この剽窃について「(「剽」は、かすめとる意) 他人の詩歌・文章などの文句または説をぬすみ取って、自分のものとして発表すること」とある。

さて話をシュタイナーに戻すと、こうした社会派シュタイナーは、神智学協会員たちには受け入れられなかった。そのため、これ以降、予告されていた社会問題に関する論文は『ルシファー・グノーシス』には掲載されることはなかった。

シュタイナーも、こう慨嘆せざるをえなかった。

精神科学の教えを学んでいる人の中には、自分の精神的欲求にのみかまけて、「より高次の生活」とか死後の魂の運命についてだけ関心を示す人々が確かに存在するからである。したがって、世間から遠ざかって孤独の中に閉じこもり、魂の裡にまどろんでいるより高次の能力を開発するよりも、公益的な活動や隣人愛や福祉の実践に従事する中で自己を発達させることのほうが、現代においては必要だといっても確かに間違いではないであろう。特に、前述した人々は普遍人間的な徳よりも、自分の魂の幸福を優先させる洗練されたエゴイストであるといってよかろう。(前出書)

こうした逆境のなか、学校問題や教育問題に関する講演を精力的にこなしていたシュタイナーは、一九〇七年、それを『神智学の立場から見た子供の教育』(のちに『精神科学の立場から……』

に改題、以下『子供の教育』とする）とまとめ、『ルシファー・グノーシス』に掲載した。

8　日本で最初のシュタイナー教育紹介

この『子供の教育』は、のちにシュタイナー教育の最重要文献とされるようになるが、その当時、英訳も出され、日本でも、長崎高商校長から朝鮮総督府京城中学校長に転身していた隈本有尚によって、大正元年（一九一二）十二月、丁酉誌に「宗教的、道徳的情操上見神派の心理学の応用」としてその概要が紹介された。

翌年二月、隈本は『性相』に「教育制度は画一ならざるべからず」を発表し、明治の忠孝修身教育の反動として登場し、この時代を風靡していたルソー流の自由主義教育観を痛烈に批判する。明治三十二年に出た『エミール抄』（山口・島崎訳）は三十六年には改訂四版に達していた。

この後、隈本は、大正二年十月、日本最初の西洋占星術紹介の書『欧式淘宮術独判断（一名天文心理の栞）』を刊行する。宣伝文には「本書は英国孝星学者リオ氏の考案に従い撰者多年の研究の結果に照らして孝星学の大体と急処とを尽くせり、特に年中生るゝ人物の模型を百四十四種に分ちてその性格の特徴命運の梗概を挙げたる」とある。

話を教育論議に戻すと、隈本は、「教育制度は……」でこう言っている。

近時国民の道徳の頽廃せるを慨嘆し、その病根を探りて教育制度にありとなし、今日の制度の画一なるはその主なる病根と認めて、画一制度を廃せんことを主張するもの多し。

余をもってこれを観れば、論者の主意のあるところを察するに苦しむなり。論者は教育制度の画一を廃止すれば、道徳は進歩するものと思うか。また教育を受け持つ教師が銘々勝手次第にその意の好むままに教授すれば、受くるものの品性は向上するものと思うか。論者よもやこのごとき意見は持たざるべし。

必ずや言わん。余をして学制を司らしめば、国民教育はこのごとくせんと、一個の主義方針を有するならん。主義も方針もなくして、ただ口先のみにて世事を論議するごときあらば、元来その人には世事を論ずる資格なきなり。


つまり、隈本は、批判者には必ずその背後に自分の主義や方針があるのだから、画一（管理）教育批判の場合も、批判者は「自由にしろ」と批判だけしていればよいというのではなく、それに代わる自分の人間観や教授法（対案）を示さなければならないと言っているのである。

そして、この朝鮮時代に、雑誌『朝鮮』に「朝鮮における我日本子弟教育上の感想」（明治四十三年六月号）など幾つかの教育に関する文章を発表していた隈本は、自らも範を示すために、丁酉誌に、前出の『子供の教育』の梗概を掲載したのである。

シュタイナーもこの『子供の教育』に次のように書いている。

多くの「現代的問題」「現代的要求」が生じて来る。どのような「問題」が今日世界を覆っているのかというならば、社会問題、女性問題、教育・学校問題、権利問題、健康問題等々……。これらの問題を解決しようとする試みが、様々な手段でなされている。

将来に何が起こるべきであるかを提議したいと考えている人間ならば、現実の表面だけを知って満足することは許されないだろう。そういう人は、現実の深部を探求しないわけにはいかないのである。

総体としての人間の生もまた、その未来の基盤を自らの中に持っている。しかし、この未来について何かを語るためには、人間の秘められた本性を突き止めねばならない。

人間本性の表層の下まで入り込み、人間本性の本質にまで肉薄するならば、いま述べた意味での人間の未来について何か言える可能性がある。現代の様々な改革は、人間の生のこのような深い探求を基盤にしてなされる時初めて実際に実りある、実際の役に立つ物になり得るだろう。

シュタイナーは、この『子供の教育』で「未来の基盤を自らの中に持っている」「人間の秘められた本性」として、子供の成長過程における、肉体の深部に潜むエーテル体（生命体）とアストラル体、そして自我の役割とその働きについて詳細に述べている。

またシュタイナーは、これら人間の各身体は自然の各界と密接な関係を持っていると言う。肉体は鉱物界と、エーテル体は植物界と、そしてアストラル体は動物界というように。つまり人間の身体は自然的歴史的な制約を受けているのである。（第九章「世界史と風土」参照）そして、子供の教育はこの制約のなかにおいてしか行うことができないのである。

そして、シュタイナーのこの教育に対する姿勢は、『子供の教育』に溯ること二十二年前、二十四歳のときに、週刊新聞『総ての階級のためのドイツ人読書室』に寄稿した「現代へのある自由な視座」で、「国家は人間を自由にはできない。それができるのは教育だけである。しかし国家は、だれもが自由を開花させることができる基盤を見出すことについて、配慮するだろう」（石井良訳）と書いていたように、生涯変わることはなかった。

これは、三十数年後の社会有機体の三層化をめざしたヴァルドルフ教育を先取りする考えとされている。

第六章　社会有機体の三層化と教育

1　時代の要請

時代はさらに進んで、二十世紀の十年代に入る。日本は明治から大正へ移っていく。それまで人智学協会というセクトの指導者にすぎなかったルドルフ・シュタイナーが、その名を一躍世界に知られるようになるのは、第一次世界大戦のさなか、ロシアにおける帝政の崩壊と史上初の社会主義政権の成立という、世界史の分岐点となる時代だった。

すでに敗北が決定的になったドイツでは、一九一八年十月、軍港キールで水兵たちの反乱が勃発し、それは皇帝ヴィルヘルム二世の退位を誘発し、その革命の蜂火は、燎原の火のごとく燃え広がり、各地で労働者の武装蜂起が頻発し、ワイマール共和国の登場を促していた。

この危急存亡の時代、ヨーロッパでは、バートランド・ラッセル（一八七二～一九七〇）が『社会改造の原理』（一九一六）を発表するなど、多くの知識人たちが、さまざまに社会の未来についての提言を発表していた。ラッセルの邦訳は大正八年（一九一九）十二月に刊行されたが、たった一ヶ月で五刷を重ねた。

時代が求めていたのは、すでにその矛盾を各所に露呈していた資本主義に対するたんなる批判や、それを克服すると称していた社会主義でもなく、この両者を越える新たなヴィジョンであった。

シュタイナーは、この時代の要請に応えるべく、一九一九年三月、ヘルマン・ヘッセら多数の著名人の賛同を得て、「ドイツ国民とその文化界へ」という社会有機体三層化のためのアピールを発表する。

この三層化の基本的考え方は、レーニン型の前衛党の指導による権力奪取でもなく、またローザ・ルクセンブルク型の大衆の自然的な蜂起による革命でもなく、既存の社会のなかに未来への萌芽となる形態を模範的に創り出し、社会全体の成熟を促すというものだった。

シュタイナーのこのアピールは大きな反響を呼び、同時に刊行した『現代と将来の生活にとって急務の社会問題の核心』(以下『社会問題の核心』とする)もベストセラーになった。

北一輝の『日本改造法案大綱』が革命の機運渦巻く上海で書かれたのも、この年のことである。これ以外にも、『新社会の原則』(杉森孝次郎)や『社会組織の根本原理』(川面凡児)、『日本改造論』(島田三郎)、『廿一世紀への道』(武藤貞一)など、改造ものが多数出される。

シュタイナーの『社会問題の核心』は、英訳がすぐに三冊も出され、日本でも、大正十一年(一九二二)三月、大隈重信を会長としていた大日本文明協会から『三重組織の国家』として出版され、これも夏には再版された。

そのアピール「ドイツ国民とその文化界へ」のなかで、シュタイナーはこう訴えた。

この悲劇的な誤謬の根源は、どこにあるのだろうか。この問いは、ドイツ国民の一人ひとりの心の中に、自己反省を呼び起こさねばならない。ドイツ国民の将来は、「どうして自分たちは過ちに陥ったのだろうか」という問いを、真剣に問うことができるかどうかにかかっている。この五十年間に姿を現わそうとしなかった洞察が、現在の不幸の中で立ち現われてこなければならない。現代のごく日常的な諸要求をめぐる卑小な思考に代わって、今や広大な人生観が現われ出なければならない。

時代の諸力は、今日一般に目指されているものとまったく違うものを目指す人類の社会機構が見出されることを要求している。社会的な共同体は、従来その大部分が、人類のさまざまな社会的本能によって形成されて来た。それらの持つ諸力に明確な意識を浸透させることが、現代の課題となるのである。

社会という有機体は、自然の有機体と同様に形作られている。そしてあたかも自然の有機体が、思索を行うのにその頭部を用い、決して胸部を用いることがないのと同じように、社会という有機体にとっても、機能の、組織による分担が必要なのであって、ある機構には、他の機構の課題を引き受けることはできない。しかし、それぞれは、その独立性を保ちつつ、他の諸機構と共同作業をしていかなければならないのである。

理想的な社会構造を作ろうという意志が生じなければならない。外側の世界に向かって立ち上がらなければならないのは、もはやこの世に存在しないドイツ国ではない。ドイツを打ち倒した人たちと交渉しようと欲すべきなのは、それぞれ代表者をもち、それぞれが独立の代表機関として機能する精神生活部門、政治生活部門、経済生活部門なのである。ドイツ国は、この三部門の独立を混乱させたことにより、自己を救いのない社会状態にしてしまったのであった。

もちろん、「自然有機体と同様……」といっても、適者生存や自然淘汰のような生物学的法則が社会有機体のなかにも働いていると言っているわけではない。それはただ機能分担という点において同じというだけのことである。

2 三層化とは何か

では、この三層化構想とはいかなるものであろうか。それは、それまで神智学（人智学）協会というきわめて限られた範囲内で開陳されてきたシュタイナーの人間の本性論や歴史観が、激動する時代の洗礼を受け、それまで封印されたままになっていた社会問題についての思索と結合され、新たに実を結んだものなのである。

シュタイナーは、ロシア革命の年に『魂の謎について』（一九一七）を刊行し、人間の心の主要な働きである思考・感情・意志のそれぞれが、三つに分けられた人体組織の各部分、すなわち思考は頭脳（神経）組織と、感情は呼吸のリズムや血液の循環組織と、意志は消化のような代謝組織と関係していることを明らかにする。そして人体のこれら三つの機能は、頭部・胸部・四肢の三部門によって代表される。

この『魂の謎について』には、フランツ・ブレンターノへの長い弔辞が収録されているが、若き日、シュタイナーはフッサール（のちの現象学者）とともにブレンターノに学んだことがあった。

これらの人体三分説は、『神智学』や『子供の教育』で言っていたガイスト（精神）、ゼーレ（心）、ライプ（身体）の三分説と比べると、はるかに現実的なものになっている。

そしてこのこと（非オカルト化）によって、初めて、シュタイナーのこの人間像は社会と結びつくことができるようになったのである。

シュタイナーは、この人体三分説をさらに発展させ、人間の身体と心に三つの働きがあるように、社会にも政治・経済・文化という相互に独立した三つの有機的な活動があるという、社会有機体三層化論に到達する。

この社会有機体は、人体のように動物とも共通している生物学的な法則性ではなく、「人類固有の発展法則」に基づいて活動する。この動物にはない人間固有のものとは《自我》と思考であり、この思考が「見えない（精神的な）有機体」である社会機構を造っているのである。

シュタイナーは「自然的有機体を考察するには十分に通用する方法論を単純に人間の社会生活組織に移して、社会問題の解明を試みるだけでは、決して問題解決の鍵は得られない」（『社会問題の核心』）と言っている。

そして、この文化・政治・経済の三つに分けられた社会有機体には、それぞれに固有の法則性がある。それが「自由・平等・友愛」なのである。こうして、精神（文化）生活には自由を、政治生活には平等を、経済生活には自由をという社会有機体三層化の理念が誕生したのである。

3　シュタイナーと政治

シュタイナーは、この理念を基に、バイエルン王室顧問オットー・レルヒェンフェルト伯爵やバーデン侯国皇子マックス・フォン・バーデン（のちの首相）らと会談し、危機の打開を試みようとするが失敗する。

深い失望感を味わったシュタイナーは、今度は、労働者たちに向けて三層化の理念を説いていく。

一九一八年十月のある日の講演で、シュタイナーは「精神科学から得られる成果を、精神文化のあらゆる分野に導入する」必要性を示唆し、その場合、特に政治の分野を強調し、「実際、この特別な構成体も例外ではない！　すべての分野に、時代を理解している人々によって、精神科学の成果が導入されねばならないだろう」と述べている。

そしてこの年の末の講演で、シュタイナーは、聴衆に、「今後二十年ないし三十年間のうちに実現がさし迫っている三層化運動のために、理性を働かせて活動するか、あるいは、そのようなことは混乱のなかで大変動や革命を通じて実現するだろうと考えるか」と、二者択一を突きつけた。

だがこの時のシュタイナーは、まだ、それを掲げて社会のなかで活動しようという決心はついていなかった。しかし、この講演の「雷鳴に撃たれた」幾人かの人々が、シュタイナーを訪れ、それらの人々と話し合いを持った結果、シュタイナーは社会有機体三層化運動をスタートさせることを決意する。

だが、人智学者たちの反応ははかばかしいものではなかった。

一九一九年一月二十五日、ドルナハで、そのための会議が、シュタイナーやエミール・モルト、ローマン・ボス、ハンス・キューンといった幹部たちの出席の下、開かれる。

以下はその時の会話の一部である。（ドルナハ遺稿管理所未公開記録より）

（シュタイナー博士が活動できるような連盟の設立をモルトが提案する）
シュタイナー「やはり後援が必要になりましょう。」
モルト「人智学協会は、それには不適当です。協会は政治に関わるべきではありませんから。」

シュタイナー「なぜですか？　だれがそのようなことを言うのですか？」
キューン、モルト、ボース（一斉に）「規約の草案にあります。」
シュタイナー「あの草案は一九一一年に起草されたもので、その上、戦争でとうに消滅したものです。人智学協会は政治に取り組んで一向に差し支えないのです。私自身、いつでも政治について語っています。」
キューン、モルト、ボース「ウンガー博士も、そうです。しかし、協会自体は、そうではありません。」
シュタイナー「なぜ、そうではないのですか。」
キューン、モルト、ボース「そうしなければ、政治化した協約――フリーメーソンのような状況が生まれる恐れがありましょう。」
シュタイナー「ドイツのフリーメーソンがそうした大きな政治構想に取り組むことになるのであれば、良いことでしょう。」
キューン、モルト、ボース「協会が政党として活動してよいというわけですか？」
シュタイナー「協会は結社ではなく、一つの集いにすぎないのです。個々人は完全に自由です。政党には、このような名称（人智学協会）を選ぶ必要はないのです。人智学者でない人々も会員として受け入れなければならないでしょう。」

さらに、この翌年の三月、シュタイナーは、シュトゥトガルトで行われた三層化連盟の学習の夕べで、「三層化の方向で考えを突き詰めると、適切な行動は、選挙に参加して選出され得るかぎり多くの人が選出されて、議会に入り、精神活動や経済活動に関するあらゆる問題の議事進行を阻止するだろう。これが、必然的に社会有機体の三層化となるだろう」と述べている。

シュタイナーは、この政治を「精神的な次元に移された近代戦争」と呼び、「三層化の意味で徹底的に考えた場合、選挙に参加することは至極当然のことだろう」と述べている。

しかし、人智学者たちの間からは、これに応えた行動は起きなかった。

シュタイナーは、この時の試みを「ミカエル思想がすでに強力なものになっていて、そのような衝迫が時代を形成する諸力から湧き出ることが感じられるほどかどうかの検証」と理解していた。

シュタイナーは言う。「それは、ミカエル思想が、何人かの人間の内部で十分に強力となったかどうか、人間の魂を検証することだった」と。

そして「この検証で得られたのは、否定的な答えであった。ミカエル思想は、少数の人間だけの内部でも、実際にその時代形成的な完全な力や力強さが感じられるほど十分に強力になっていない」と。

そしてシュタイナーは「彼ら（人智学者）は、その魂の観察力を何が起こるかということに向けてはいるが、自分の魂の活動を、時代を貫く衝迫と結びつけることをしない」と結論し、一九二三年末の一般人智学協会設立会議では、自らその規約に「協会はあらゆるセクト的な活動を拒否する。協会は、政治が協会の責務に属するとは見なさない」（協会規約第四条）と記した。

4　ヴァルドルフ学校の創設

こうした事態の進行のなか、ヴァルドルフ・アストリア煙草工場のオーナー・モルトから、従業員の子弟のための学校設立の協力要請を受けたシュタイナーは、社会有機体三層化実現のために、この学校の開設を指導し、自らこの運動の先頭に立った。

この種の企業内学校は、ユートピア社会主義者と呼ばれたイギリスの企業家ロバート・オーエンによって、すでに百年前に試みられていた。

シュタイナーは、この学校を、三層化のためのモデル事業体として設立したコメンデターク社とともに、運動の重要な構成部分と見なしていた。

そして一九一九年八月九日から十七日にかけて、シュタイナーは、この学校教育のための最初の連続講演を行う。それは『社会問題としての教育問題』と題され、この学校の教師志望者二十数名に対してなされた。この講演は、ヴァルドルフ教育の全体像を知る上で最も重要なものである。開校まで一ヶ月を切っていた。

現在のヴァルドルフ教育の基本文献とされている『教育の基礎としての一般人間学』や『教育

芸術——教育技術と教授学上の諸問題』『教育芸術——演習とカリキュラム』といった、一連の具体的な教育理論や教授法についての講演は、この講演の後行われたのである。

シュタイナーは、この『社会問題としての教育問題』で、ヴァルドルフ（シュタイナー）教育の精神的・文化史的・社会的背景について詳しく論じた。

その第一日目の講演内容は、全集版の目次では「現代の歴史的要求。東と西の対立。マーヤとイデオロギー。新しい自然観の非現実性。歴史的要求としての三層化。子供の教育。模倣・権威・愛と、精神生活・法生活・経済生活との関係」と整理されている。

シュタイナーは、まず最初にこう語りかけた。

「私たちにとって、将来の最も重要な課題は、子供たちが最善の形で社会的、民主主義的、そして自由な意識を持った成人になるように教育するためには、子供たちにどうすればよいのかということです」。

そして、この学校がヨーロッパの各地に出来始め、一九一三年から建設が続けられてきたゲーテアーヌムが完成した一九二二年、「ランバネレの聖者」と呼ばれ世界的名声を博していたアルベルト・シュヴァイツァーが、ドルナハにシュタイナーを訪ねた。

シュタイナーは、ちょうど居合わせたモルトに、「あなた、今日私のところにはアルベルト・シュヴァイツァーが居るのですよ！　それは実に偉大な人物です」と興奮ぎみに言った。十六年ぶりの再会だった。

シュタイナーは、この時の印象を、ある人物に、「シュヴァイツァーはきっと人智学へは進まないだろう」と話した。

後年、シュヴァイツァーもまた、「私たち二人の目的は同一のものであったが、私たち二人の道のりは外見上違っていた。ルドルフ・シュタイナーが霊の探求者として、行の問題や思考、あるいはキリスト体験に肉薄する神秘主義の道を行ったのに対して、私は思想家としての認識により、終末論的なイエスの教えの内容の内でキリスト・イエスに会おうと試みた。また私は、アフリカの黒人の間の日々の仕事の内でもキリスト・イエスに会う。この二重の体験から、私は生の倫理の基礎を取り出した。私の場合、この生の倫理に総てが懸かっている」と語った。

ゲーテアーヌムが放火によって消失するのは、この年の大晦日のことだった。ほとんどすべてが灰と化してしまったが、シュタイナーが彫ったキリストを模した「人間の典型」像だけが残った。

5　歴史的要求としての三層化

さて三層化であるが、シュタイナーは、そのヴァルドルフ教育の基礎としたこの社会有機体三層化論を、『社会問題としての教育問題』のなかでどのように語ったのだろうか。

シュタイナーは、この三層化論が善意の人々によって受け入れられ、遅くとも四十年後には実現されると期待していた。

シュタイナーは語る。


現代がかかえている様々な要求のなかに生きているものについては、まったく議論の余地はありません。歴史が要求していることだからです。歴史が要求していることの一つは社会主義でありますが、これは正しい意味で理解されなければなりません。歴史が要求しているもう一つのことは民主主義であり、さらに別の一つは自由主義、すなわち、自由であり、個人主義であります。この最後の要求は、現代人がほとんど注意を払うことのなかったものです。人類は、経済生活には社会主義を、国制および法制には民主主義を、精神生活には個人主義を、という三層化の意味での社会組織を打ち立てないかぎり、解決を見出すことはできないでしょう。

それこそが、人類の唯一の救済方法であり、現実に人類を救済する手段と見なければならないのです。（石井良）

今日においては、この社会三分説は、ドイツではハーバーマスやオッフェ、ルーマンといった著名な政治学や社会学の学者たちが、唯物論的な傾向ではあっても、採用している。日本の大学教科書でも通説として用いられている。

またアメリカにおいても、著名な社会学者ダニエル・ベルが『資本主義の文化的矛盾』の序文で、次のようにはっきりと書いている。

現代の社会科学では、ほとんどすべて、社会はひとつの統一されたシステムであるという前提のもとに成り立っている。

それらの理論によれば、社会はひとつの主要な原理を中心として構成されている。

だが、これに対して、わたしは、現代社会を解明する一番よい方法は、社会を三つの独立した領域が不安定な融合体をなしているものとみることだと信じている。その三つとは、社会構造（主として技術、経済の秩序）、政治形態、および文化である。

前著（『脱工業社会の到来』）で論じたとおり、脱工業化社会という概念は、厳密に、技術＝経済的な秩序における変化に限られるべきである。この社会構造における変化は、けっして政治形態や文化を決定づけはしない。

しかしながら、もしほんとうに社会を制御しているシステムがあるとすれば、それは現代の世界ではほとんどの場合、政治の秩序を抜かしては考えられないと思う。

この本で詳述する論点は、以上の三つの領域――経済と政治と文化――が、それぞれ独自の中軸的な原則によって支配されているということだ。すなわち、経済は機能性、政治は平等性、そして文化は自己実現（あるいは自己満足）を原則としている。

これらの原則は、相互に矛盾する要素を持っているから、この矛盾は時とともに次第に大きくなっていく傾向がある。事実、過去百五十年にわたって、この矛盾が、西欧社会の緊張と相克の原因になってきたことを見逃すことはできない。

これは、シュタイナーの名こそないが、社会を三分し、そのそれぞれが独自の原理を持ち、どれか一つが中心というのではなく均衡を保つという、三層化の考え方（P217〜218）そのままである。ベルがシュタイナーを読んだのは間違いない。

6　世界史の謎

そしてこの三層化は、シュタイナーが「歴史が要求している」「まったく議論の余地がない」「唯一の救済方法である」と強調しているように、その歴史観と密接に関連しているのである。シュタイナーは、この三層化運動の時代に、哲学人智学出版社から『自由の哲学』などとともに、ヘッケルに関する講演集を出している。

このヘッケルの『世界の謎』を「唯心論的」に模したのが、シュタイナーの最初のまとまった宇宙（と人間）進化論である『アーカーシャ年代記より』なのである。

『アーカーシャ年代記より』では、土星・太陽・月・地球という惑星進化に始まり、鉱物・植物・動物そして人間という地球進化を経て、さらに極北人期・極地人期・レムリア期・アトランティス期そして現代という人類進化までが、この進化を導いたとされる人間に先行するさまざまな霊や天使たち（造化力の化身）の活動も記しながら、重層的に描かれている。

このことから、シュタイナーによれば、現在の私たちは、インド、ペルシア、エジプト・カルデア、ローマ・ギリシアの各文化期を経てきた、アトランティス期後の第五発展期にいるということになる。

マリー・シュタイナーは、この『アーカーシャ年代記より』執筆時の事情について、次のように書いている。

西洋のために新たに造られ用語が、東洋の神秘主義から採った用語と並記されていることに、混乱を覚える人は少なくないかもしれない。それらの語は、世紀末のヨーロッパにおいては、神智学協会の文献を通して、一般的なものとなっていた。

シュタイナー博士が絶えず努力してきたのは、脱（超）感覚的なものを高度に繊細かつ精神的に概念化し、具体的に形象化する力を持つものへと、感覚知覚に適合された私たちの言語を造り直すということであった。

しかし、ここで奇妙なことに気づく。このシュタイナーの人類進化史には、世界四大文明の一つとされる古代中国文化が抜けているのである。もちろん日本も出てこない。

そう、シュタイナーの人類進化史は、実はインド・ヨーロッパ語族の歴史、すなわち西洋史なのである。

この時代に発行された『高等小学地理付図』（文部省編）を見ても、世界の人種は大きくアジア、ヨーロッパ、アメリカ、アフリカ、その他の五つに色分けされ、インドからヨーロッパまでの地域は、トルコとハンガリーを除いて、すべて赤色のヨーロッパ人種とされている。

この『アーカーシャ年代記』が書かれたのと同じころ、政治評論家の茅原崋山は『世界文明推移史論』（明治三十八年）で、「人類文明は、地球の回転に逆ふうて、東より西に推移す。これは歴史の神易である」と言い、日本の文明発展については、「我国の文明は、西南より来りて、東北に漸及したるものなり」「日本の文明は、東漸の歴史なり、その東漸の歴史なるは、アジアの文明が東漸の歴史なればなり」と言っている。

この東漸の文明の道は、インドから中国を経て日本に至り、さらに、それは日本列島を西南九州から東北へと進んだというのである。

シュタイナーも『民族魂の使命』で、「インド文化と中国文化が、アトランティス後の時代において衝突、対立したことも、理解できるでしょう。進化の可能性を持ったインド文化と、アトランティス時代にあったものをくりかえし、新しいものを拒んで硬直した中国文化です。あらゆる方向に築かれた中国の石塀（万里の長城）は、アトランティス後の時代に発展したものを遠ざけていますす」と言っている。

日本の文化はこの中国文化の東漸によって形成されたのである。それは、日本が約三百年間にわたって鎖国をしたことからも明らかであろう。

つまり、ヨーロッパと日本は、地理的にユーラシア大陸の西端と東端にあるというだけではなく、その文化内容もまったく正反対の方向へ進んだのである。

そして、社会有機体三層化論のキーワードである社会主義・民主主義・個人主義といった概念や自由・平等・友愛の理念もまた、ヨーロッパ近代社会の発展過程のなかから生じてきたものなのである。

さらに、フランス革命のこの三つの標語は、その順序が重要な意味を持っているのである。

そのことについて、アナーキストのプルードンは、マルクス主義者のルイ・ブランがその順序を「平等・友愛・自由」と逆転させたことに対して、「ルイ・ブランは、ちょうど僧侶が死後に天国を約束するように、結社（アソシエーション）のあとに自由を約束する。このような語順転換を行なう社会主義がいかなるものでありうるかは、想像におまかせしよう」と痛烈に批判して、「平等！　私はつねに、平等は自由の自然な果実であり、一方、少なくとも自由は、理論や強制の必要を持たないものである」と言っている。

プルードンにとって、自由・平等・友愛の順序は、人類発展の必然的な過程を表わしているのである。

そしてこのことはまた、シュタイナーの提唱する「子供の教育」にとっても決定的な意味を持っているのである。

7 子供の教育

シュタイナーは、『社会問題としての教育問題』で、子供の最初の発展期における「模倣」の重要性について次のように言っている。

人間（子供）は、社会有機体の発展のなかで正しい模倣をすることによって、初めて自由になることができるのです。

遠い過去の時代にあっては、人間の生活そのものが本能的でありましたから、親から子への伝承（模倣）もまた、本能的なものでした。

しかしこれからの社会にあっては、このようなわけにはいきません。私たち大人は、より理性的に生きる（子供が模倣してもよいことだけを行う）ことによって、子供にとってよき模範とならなければならないのです。

著名な歴史家E・H・カーは、この歴史と成長の関係についてこう言っている。（『歴史とは何か』）

私たちが生まれた途端に、世界は私たちに作用し始め、私たちを単なる生物的統一体から社会的統一体へと変えて行くのです。歴史時代にしろ、歴史以前にしろ、どの段階の人間でも一つの社会の中に生まれて来るもので、既に出生直後の時期からこの社会によって作り上げられるものであります。

人間の話す言葉は、個人の遺伝ではなく、彼が生い育った集団からの社会的獲得であります。言語と環境とは相共に彼の思想の性格を決定するのに寄与しますし、彼が幼時に抱く観念は他人から与えられるものです。

よく言われますように、社会から離れた個人が言語も精神も持たないというのは本当です。ロビンソン・クルーソー物語の魅力がいつまでも失われないのは、それが社会から独立な個人というものを想像しようと試みているからであります。

この生物的統一体から社会的統一体への進化を、マルクスは「必然の王国から自由の王国へ」と呼んだ。シュタイナー教育が母国語によって行なわれるのはこのことからである。

現代の三層化の代表的理論家ヴィルヘルム・シュムントもこう言っている。(『社会有機体三層化のための認識訓練』)

社会有機体は、生を享けて地上の生を得た人間の魂が互いに出会い、ふたたび地上を去るまで、一緒に社会全体を形成するよう求められる場と見ることができる。成長した人間は、社会有機体のなかに活動の場を見出すが、この活動は、協同して、互いのために行なうことができる点で、文化の発展の歩みのなかで社会的な性格をもつことになった。

さらにシュタイナーは、この子供の成長と自由・平等・友愛の進展との内的な関係について、次のように言っている。(前出講演)

誕生から七歳の歯牙交替期までの間の子供は、正しい仕方での模倣によってのみ、真の自由な意識を持った大人に育つことができるのです。この子供時代に、しっかりと模倣の力が植え付けられなければ、人間は、けっして自由な存在に育つことはないのです。

また、これに七歳から十四、五歳の性的成熟期に至る間においては、権威に対する尊敬の感情を育まなければならないのです。このことができて初めて、子供たちは大人になったときに、社会組織のなかで平等の権利意識を形成することができるのです。

それがロシアで計画されているような、「学校には(管理職の)校長はいらない。生徒は教師と対等の立場に立つべきであり、学校は同志的意識で運営されなければならない」というようなことになれば、それこそ真の社会主義(平等)の死滅になるのです。

さらに、十四、五歳から二十一歳までの性的成熟期の後に育まれる異性間の性愛の生活は、全人類への愛の意識へと発展することになるのであります。そしてこの時代に全人類への愛が培われないと、経済生活における友愛は輝かしいものになることはできないのです。

その結果、正しい形で愛の意識が発展させられなければ、自由も正しい形で生じず、模倣が正しく為されなければ、動物的な衝動に支配されるということになるのです。

人類の未来の繁栄は、この三層の教育を土台に築かれなければなりません。

この「真の社会主義（平等）の死滅」というシュタイナーの予言は、ソ連が、経済のみならず社会の総てに平等を強制しようとしたために、スターリンのような独裁者を生み、さらにそれを支えるノーメンクラツーラという特権階層をも生み出し、その結果、社会的創造力を枯渇させ崩壊し去ったことによって証明された。

これはすべて誤った社会観人間観の結果なのである。したがって、人類に幸せをもたらす社会を形成するためには、正しい人間観社会観に基づいて子供の教育が行われなければならない。そのためには、子供たちを導く大人の意識が決定的に重要になってくる。

このことについて、シュタイナーは『現代の教育はどうあるべきか』で次のように言っている。

子供はいかにして思考するようになるのでありましょうか。子供は模倣的存在として、徹頭徹尾、環境に身を委ねることによって思考するようになるのであります。子供は自己の環境において生起することや、環境において思考を発動させるもの、価値観、世界観に基づいて、生起する事柄を自己の深奥に浸潤するまで模倣するのであります。

そして、これを成すためには、大人に何が要求されているのであろうか。

シュタイナーは言う。（前出講演）

多くの人は、この社会有機体の三層化を理解できず、そんなことは出来っこない、難しすぎると言います。

今や、この要求を自由な精神から理解しなければならないのです。そしてそのためには、人々の意識が覚醒されなければなりません。だが、人々は、覚醒することを余り望まないのです。そしてこの覚醒がなされないというのは、このこと自体が難しいからではなく、たんに、現実を直視する意志と勇気に欠けているからにすぎないのです。

この「勇気の欠如」は、今日の日本においても一般的なものになっている。

そして、この「意識の覚醒」の意味について、シュタイナーはこう言っている。

人間が社会関係のなかで正しい考えを持つことができるようになるには、どのような制度が存在すべきかという疑問を、何よりもまず最優先して口に出すこと、そしてそれらの正しい社会的制度が考え出されるためには、どのような思想が存在していなければならないのか、を問うことなのです。

さらに、シュタイナーは「現実を手にいれようと思うならば」「人間が社会を作ったのか社会的環境が人間を作ったのか」と議論をするのは無駄なことで、「考えるということをしながら、絶えずあちらこちらで（円を描くように）踊らなければならない」と言う。

8 意識の覚醒？

だがこの意識の覚醒という言葉は、今日誤解されて用いられている。

たとえば、上田紀行はこの意識の覚醒を次のように言っている。（『覚醒のネットワーク』）

私たちの「生き生き」を取り戻すためにはその悪魔を祓ってあげなければなりません。グループの中で自分が癒され、元気になっていくとき、他の参加者との仲もとても良くなってくるというのは当然のことかもしれません。本当にそういう殻を脱ぎ捨ててひととひととが出会うとき、そこには暖かい、ひとのネットワークが生まれます。心理学者のマスローが「至高体験」と呼ぶこの体験はえも言われぬまさに至高の体験といってよいでしょう。自分の中の花がぱっと咲く体験、そして自分が世界と一体であり、そのネットワークが実感される瞬間です。

この「自我の殻を剥ぐ」至高体験なるものは、思考の停止と感情の高揚によってもたらされる。これは、シュタイナーによれば霊的な闇への道、つまり意識の眠りなのである。

そしてこの覚醒のネットワークはまた、『高等魔術の教義と儀式』で知られる魔術師エリファス・レヴィの言う「魔術の鎖」でもあるのである。

レヴィは言う。

魔術の鎖を作るとは、磁力の流れを生み出すということであり、この流れの強度はこの鎖が増加するにつれて増大する。（……）たび重なる儀式や意志の譲渡を通してひとつの人間集団内に伝播する熱狂が、磁力の流れを作りだし、かつこの流れによって自己自身を養い強化するのである。しかし、脆弱で不安定で軽薄な人たち、神経症的な人たち、あるいはヒステリーや幻覚に陥る傾向を有する人たちにとっては、この流れは極めて蠱惑《こわく》的で魅力的なのである。こうした人たちがやがて、放射された磁力の収集者（結節点）となり、磁力を再び放射するのだ。

こうした集団催眠的熱狂は、ナチズムの例を挙げるまでもなく、悪魔的（デモーニッシュ）なものである。そして、この「ネットワーク化」は、「ディープ」や「磁力」という言葉からも想像されるように、身体への意識の陥没、すなわち意識の退行現象なのである。

ミヒャエル・エンデは、『はてしない物語』で、こうしたネットワーク（エスカリーナの共同体）を「かれらのもとでは、一人一人の個人は問題ではないのだった。みなそっくり同じで区別がないのだから、かけがえのない個人はいない」と描いた。

9 女性性の問題

こうした個のない共同体は、シュタイナーが「自由と社会」で言った人類の初期の文化段階、バッハオーフェンの言う女権制社会ということができるだろう。平塚らいてうは「原始、女性は太陽であった」と言った。この時代、子供は母親の胸に抱かれ好感的な意識のなかに浸りきっている。

このことは、家庭や幼稚園などでの幼児教育のほとんどすべてが女性によって担われていることによっても分かるだろう。

桜井邦朋は「日本には、理屈、いい代えれば、論理的な思考を妙に卑《いや》しみ、さげすむ傾向が大人たちの中にある。〈へりくつ〉という言葉があるのがその証拠であろう」「子供たちに論理的思考能力が育たないことの責任は、子供たちと接触する時間が長い母親に、大きな責任がありそうな気がしてならない」（『「考え方」の風土』）と言っている。

そして、その好感的な意識が反感に転じ、思考（理性）が芽生え始めると、人類は、第二の、権威と信従による父権制社会へと移行するのである。小中高と上昇するにしたがって男性教員の比率が高まっていくのもこのことからなのである。

ノヴァーリスは、この女性性と男性性を対比して、こう描いている。

女性は本来の自然人である。まことの女性は自然の人々の理想である、まことの男性が芸術の人の理想であるように。

男性にあっては理性が、女性にあっては感情が（それらは積極的である）、指導的なものである。女性の道徳性は感情のうちに基礎づけられている。——男性のそれが理性のうちに基礎づけられているように。

男性は感覚的なものを理性的な形式のうちに、女性は理性的なものを感覚的形式のうちに、望み得る。

婦人の神秘主義の公準は普通のものである。すべてが婦人に、最初の、最もよき対象への絶対の愛を要求する。これらは、彼女らの精神の、自由な権力と自己創造力についてのいかなる卓見をも前提していない。（『断片』）

こうした男女観に反発する人も多いだろう。もちろんこうしたタイプの男性もいるし、そうでない女性もいる。

しかしまた、このノヴァーリスの女性観を立証する例も枚挙に暇がないのである。

たとえば大村祐子はこう言っている。


「〈宗教体験〉とは、ルドルフ・シュタイナーがくり返しくり返し、生きることの基調にするように示唆している《畏敬の念》、それを感じることだったのですね。真の〈宗教体験〉がルドルフ・シュタイナーの言っているものであるなら、わたしたちは〈宗教〉という観念の呪縛から解き放たれて、もっと自由に、歓びと安らぎをもって〈宗教〉を受け入れ、〈宗教〉について考え、話し、〈宗教体験〉を分かち合うことができるでしょう。その時こそ、わたしたちが真に〈自我〉を獲得し、真に〈自由〉になれる時だと信じています。」（大村、前出書）

まったく支離滅裂、ここには論理のかけらもない。とてもシュタイナーの『自由の哲学』を読んだとは思えない。

「〈宗教〉という観念の呪縛から解き放たれた」「真の〈宗教体験〉」とは、いったいどんなものなのだろうか？

また「〈宗教〉を受け入れ、〈宗教〉について考え、話し、〈宗教体験〉を分かち合うこと」によって得られる「真の〈自由〉」って、いったい何なのだろう？　これもまた「覚醒のネットワーク」や「魔術の鎖」なのだ。

ここには「私はシュタイナーを真理だと信じている」という信仰（模倣）感情以外何もない。しかしこうした模倣（憑依）感情からは、それがいかに「正しい」ものであっても、創造的なものは何も生まれないのである。

しかも、大村が正しいと信じている現在のシュタイナー教育は、シュタイナーが構想した自由・平等・友愛への教育からはるかに後退し、たんなる自由への教育を標榜するにすぎないものになってしまっているのである。

ヘムレーベンは書いている。「協会や大学は、すべてが新たな萌芽として可能性を内包しながら、しかしまだ何も目標に到達していない時にその指導者を失ってしまったのであった。しばしば〈弟子〉の力に余り、一つの世界を包み込むべきであった事業の計画は〈教師〉たちにとっては大きすぎた」「その答えは予期されていたものとは異なる結果を生じ来した」と。

ボイスも言っている。

私にとって疑問なのは、一九二一年以来ヴァルドルフ学校から輩出された有能な人々はどこに行ってしまったのか、ということです。ヴァルドルフ学校出身者で、そう、いわば勇気ある闘争活動に従事した人間は極めてまれです。驚くべきことだと思いませんか、なにしろドイツには相当数のヴァルドルフ学校があるのですから。結局は何かありうるべき形で出来上がっていないということです。なによりも、ヴァルドルフ学校は社会変革の全体的構想の一部に他ならないのです。ヴァルドルフ学校は自由学校ならぬ一つの私立学校と化したわけですが、それが自由を求めた学校運動の終着点などであるはずがありません！　理念は貫徹されていません。

第七章　東西世界の対立

1　東洋と西洋

ルドルフ・シュタイナーがヴァルドルフ学校教育を始めるにあたって、社会有機体三層化論の立場から、人間の心や身体と社会機構との関連性を基礎づけたことは前章で述べた。

しかしシュタイナーが三つに分けたのはそれらだけではない。シュタイナーは、人間の身体を肉体・エーテル体・アストラル体の三つに分けたように、人類をも東・中・西の三つの類型に、すなわち東のアジア人、中央の中欧人、西の米英人というように分け、さらに、ヨーロッパ内部も東のロシア、中央の独仏、西のイギリスというように分けた。

シュタイナーによれば、この三類型における東の人々は特に胸部（心臓）が活発に働いている人間で、それに対して、中央の人々は頭部人間、西の人々は四肢人間ということができるという。シュタイナーにとってこの三類型は、たんなる思いつきや便宜的なものではなく、それは事実として存在し、この違いの認識なしには、何事も解決しえないのである。

そして、シュタイナーにとって、とりわけ重要なのが東西の両極性であり、また東洋に発した宿命論が西洋をも侵食し、この宿命論の克服なしには、人間は自由になることができないということである。

だからシュタイナーは、『社会問題としての教育問題』の最初に、第二次世界大戦の予感を秘めながら、この文明間の対立を時代の最重要課題として語ったのである。

シュタイナーは言う。

この長い戦争（第一次世界大戦）に続いて、東洋と西洋、すなわちアジアと欧米の間で人類史上最大の精神的な戦いが起こるでしょう。

このように、東洋と西洋の間には重大な対立があるのです。

今、西洋（欧米）では精神生活をイデオロギーと考える人々が増えています。

このイデオロギーとは、東洋人の智恵であるマーヤ（幻）を正しく西欧語に翻訳したものであります。

東洋人は、西洋人が現実と考える外面的な感覚世界をマーヤと考え、西洋人は、東洋人が唯一の実在と考える内面世界をイデオロギーと考えているのです。

こうしたことが両者の魂に深く浸透し、その結果地上の人類は大きく二つの異質な世界に分裂しているのです。

西洋人にとって、この「人類史上最大の精神的な戦い」とは《内なる東洋》の克服なのである。そしてシュタイナーによれば、この東西分裂の根底には自由をめぐる立場の決定的な違いがあるのである。

シュタイナーは続ける。

西洋においては、魂の奥底から自由への要求が沸き上がってきていますが、その反対に東洋では、こうした西洋的自由は東洋人の持つどんな概念や感情とも結びつかないのです。東洋人は日常生活において体験することについては、余り深く考えないのです。

東洋人は、彼らが心地よいと感じている環境、すなわち内面世界に浸り切ることによって、それぞれの人種や民族の固有の自由（自然環境）のなかに生きているので、西洋人が考えるようには、自由について深く（理念的に）考えることはないのです。

人類の歴史的な文明進展の過程においては、東洋から西洋に近づくほど自由が段々と失われていったのです。つまり西洋人は自由を持たないがために、自由獲得への努力をしなければならないのです。

この違いもまた西漸の道と東漸の道の違いから生じたのである。シュタイナー教育は「自由への教育」を標榜しているが、その射程には東洋や日本は入っていない。東洋や日本にとってこうした西洋的自由は教育の目標たりえないのである。これは、教育の歴史性、すなわち文化の相違ということからすれば当然のことであり、医学や農業においても事情は同じである。

この、シュタイナーが特徴づけた、東洋人の「外面的な感覚世界をマーヤと考え」「日常生活において体験することについて、余り深く考えない」で「内面世界に浸り切る」という精神性は、幼児が母親の胸に抱かれ夢見ている状態とよく似ている。

この時、幼児は周囲の世界を無意識的に模倣している。これもまた、日本人（あるいは東洋人）の模倣癖と重なってくる。

このことを痛いほどに感じたのが明治の洋行者たちだった。

夏目漱石は、この日本人の模倣癖について、「人間というものには二通りの色合がある。このイミテーションとインデペンデントですが、片方はユニテー——人の真似をしたり、法則に囚われたりする人である。片方は自由、独立の経路を通って行く。これは人間のバライエテーを形作って居る。吾々日本人民は人真似をする国民として自ら許して居る。また事実そうなって居る。昔は支那の真似ばかりして居ったものが、今は西洋の真似ばかりして居るという有り様である」（「模倣と独立」）と嘆いている。

漱石は、日本人が欧米を模倣するのは欧米の方が優れているからだと言っているが、『それから』の代助に、日本を「牛と競争する蛙」に譬え、「もう君、腹が裂けるよ」と言わせている。

この西洋模倣からの脱出は《近代の超克》と呼ばれた。

だが中村光夫は、昭和十八年に出版された『近代の超克』（知的協力会議）に寄せた文章で、「西洋を否定するに西洋の概念を借りてくるなどはそれ自身不見識な矛盾であろう。現代文化の課題を『近代の超克』という言葉で表現したのは、ほかならぬ現代西欧の一部の思想家達だからである」と言っている。

中村はさらに、「西洋が西洋を模倣して変化するはずはない」とも言っているが、これは日本人が肝に銘ずべき言葉であろう。

現今大流《はや》りのポストモダンや反グローバリズムもまた、輸入品である。どうも西洋と日本とでは「段が違う」ようである。

また上松佑二は「東洋は初めと終りであり、その間を結ぶのが西洋である。西洋の目標は東洋であり、東洋が東洋たり得るのは西洋によってである。だから東洋と西洋とはともに真実在に至るための両の車輪のようなものなのだ」（『世界観としての建築――ルドルフ・シュタイナー論』）と書いているが、これは西洋も東洋も知らないものの言である。

2　宿命と自由

さらに続けて、シュタイナーは言う。（前出講演）

私たちが、東洋人と西洋人の心の根底にある衝動を純粋に理念的にはっきりと理解しようとするならば、両者の衝動がまったく別物であることが分かります。

しかしこの衝動には、東洋人と西洋人とに、同じ心理状態を生じさせる特徴というものもあるのです。

古《いにしえ》の時代においては、確かに、神秘的に世界をマーヤと感じたことは、大きな意味を持っていたのですが、意識が変わってしまった現在では、もはやそれは、何の意味も持っていないのです。それは、古の時代でこそ意味があったのです。

このように、マーヤという世界観が古くさくなってしまったために、すべてを受け身的に受け入れること、すなわち、宿命論が東洋に生じたのです。そして、この宿命論は西欧にも影響を及ぼしたのです。宿命論とは、人間の意志を働かさせず、まったくの受け身になることです。マルクスやエンゲルスによって、経済過程が唯一の実在とされ、精神生活はイデオロギーにすぎないとされたことが、それです。この考え方は、宿命論から出てきたのです。

マルクスは言いました。「資本は徐々に集中し、それがトラストや企業合同によって、幾つかの巨大グループに集約されると、資本の支配は必然的に労働者階級に移行する。これは歴史の法則である」と。

東洋は宿命論に到達し、西洋はこの宿命論から出発したのです。この世に生じることをそのままに受容することが東洋の原理となり、それがまた、西欧の原理にもなったのです。

東洋は霊的なものに身を委ね、西洋は経済的なものに身を委ねたのです。

これに対して、禅の鈴木大拙（一八七〇～一九六六）は、東洋の自由についてこう述べている。

自主、自由という自由ですね。この自由ということは、自分から出てくるということである。西洋のリバティーとか、フリーダムという言葉は、圧迫から離れるというような意味で、そこに消極性をもっている。多くの人は知らずにおるだろうが、自由という言葉は、圧迫性から解放されるという意味の自由ではなくして、おのずからそのものであるという、それをさして自由というのです。

そこに内面性があって、圧迫から離れるということではなくして、積極的で、自然性そのものになる。柳は緑、花は紅、松は松、竹は竹ということになる。その自然性というものを含めて、自由ということが出てくる。

それから、近ごろ西洋の言葉のネイチュア nature という文字を自然と訳しておるけれども、ネイチュアも自然という訳は当たらない。東洋の自然というのは、ものをそのものたらしめる、仏教でいう、真如、如々性ですね。

自然という言葉には東洋的な意味がよくはいっておる。東洋思想の特殊性ということは自然ということにあると言ってもよかろう。この言葉は、自然で、しかたがないという、受動性、感受性だけを持っておるのではなくして、そこに一つの働き出るものが自然のうちに出てくるのです。自由のうちに出てくるのですね。そいつを見なけりゃならぬ。(『東洋の心』「東洋思想の特殊性」)

まったくシュタイナーとは逆さまの自由論である。シュタイナーは「自然に耽溺している東洋には、自由を求める意識がない」と言い、反対に、大拙は「西洋の自由は消極的なもので、東洋の自然こそが真如(自由)である」と言う。

大拙は、シュタイナーの言う「宿命」を「東洋の自由」と言っているのである。そして、大拙の言うこの西洋の自由は、もちろん、ジョン・スチュワート・ミルの『自由論』における圧政や抑圧からの社会的自由ということを指している。

大拙によると、明治の始めにミルのこの"On Liberty"を翻訳するときに、そのリバティーに相当する語がなかったので、いろいろ考えた結果、禅の『臨済録』のなかにあった「自由」を採用したという。

つまり、まったく正反対の意味内容のものを訳語としたのである。

明治時代の辞典を見てみると、明治七年の『公益熟字典』には自由は「カッテ、自主も同」とあり、明治九年の『小学字引大全』には「キママ」とあり、明治十年の『文明いろは字引』には「ヲモウママ」とあり、明治三十一年の『ことばの泉』には「わが心のまま」とある。

そして日本にあっては、西洋化促進の過程において、自由はリバティーの意味を持つものへと変貌していったが、本来の「キママ」としての臨済の自由も残った。

つまり日本には二つの自由観があるのである。

そして、この自由の発祥地は、シュタイナーが言ったように、東洋なのである。

バートランド・ラッセルは、『自由への道』（一九一八）の「バクーニンと共産主義」の章で「無政府主義思想は紀元前三百年前ころに中国の哲学者荘子によってはっきりと述べられている」と言っている。

ミヒャエル・エンデもまた、この荘子の『胡蝶の夢』を、自身が影響を受けた本を挙げた『私の読本』（一九八三）のなかで、シュタイナーの『自由の哲学』を差し置いて、第一のものとして挙げている。

荘子は『胡蝶の夢』でこう謳っている。（『世界の名著』「老子・荘子」）


いつか荘周《わたし》は、夢のなかで胡蝶になっていた。そのとき私は喜々として胡蝶そのものであった。ただ楽しいばかりで、心のゆくままに飛びまわっていた。そして自分が荘周であることに気づかなかった。

ところが突然目がさめてみると、まぎれもなく荘周そのものであった。

いったい荘周が胡蝶の夢を見ていたのか、それとも胡蝶が荘周の夢を見ていたのか、私にはわからない。

けれども荘周と胡蝶とでは、確かに区別があるはずである。それにもかかわらず、その区別がつかないのは、なぜだろう。

ほかでもない。これが物の変化というものだからである。


このように、東洋と西洋は、地球の表と裏のように、逆さまなのである。

そして、この逆さま性が、日本の西洋文化移入における最大の利点（模倣）であるとともに、「同じになれない」というコンプレックスをもまた生じさせるのである。

3　日本人とヨーロッパ人

隈本有尚も、この対照性に気づいた一人だった。洋行から帰朝した後、隈本は、こうした問題意識から、日本人とヨーロッパ人の形相を比較して、『性相』（明治四十二年一月号）に「日本人と西洋人」と題した次のような一文を寄せている。

日本民族の鼻は比較的に高しと言うべからず。下顎もまた多くは突出なく平満の勢を示せり。（中略）眼睛すなわち虹彩の色沢においては一般に黒褐色を呈せり。ゆえに大体上より日本民族の形相を断ずれば、我より進んで活動し攻撃するよりは、むしろ防御の位置に立ちて向上し成功すべき傾向を有せり。

泰西（ヨーロッパ）白色人は鼻の高きと眉骨と下顎との隆張せると、虹彩の茶または緑色なるがその著しき特徴にして、（中略）総合してこれを言えば人間力なる根源地の過大に発達せるを表示せり。ゆえに泰西白色人は意力強く覇気盛んにして烈しき活動を有せり。

心性力の表象より比較すれば、両者互いに一長一短にして、容易に何れが優れりとも劣れりとも断言しがたしといえども、眉毛の眼に近きは実地的才幹に長ぜる表象にして、泰西白色人はこれに属し、その弊は物質を重んずるに過ぎて卑俗に陥る。

眉毛高き日本民族は理想に富み霊妙心を有せる表象にして、高尚はすなわち高尚なりといえども、その弊は空想に感溺す。

日本民族の豊隆にして力ある顴骨は防御の表象にして、泰西白色人の高き鼻は攻撃力の表象たり。日本民族の両耳と両眼とを鼻に照らせば、一般に相対応して共に尊崇性の機能を表象し、泰西白色人のそれとは全く反対せり。

これが日本人が権利よりもむしろ義務を重んじたる結果にして、すでに義務といえば服従を意味する。服従は尊崇性の発達より来り、尊崇性は上頂部に座す。

この「容易に何れが優れりとも劣れりとも断言しがたし」とは、やはり日本人としてのプライドであろう。

シュタイナーも、この頭骨の特徴の持つ意味についてこう言っている。「前世での自我が現世での頭骨形式を規定しています。私たちの頭骨の構造の中に、前世での個人がそれぞれに生き、そして働いたことの外的な彫塑表現が見られます。他の骨はすべて一般人間的なものを表しているのに対して、頭骨の外形は前世での在り様を表しています」。（『オカルト生理学』）

頭骨の外形が個人の前世の在り様の表われであるかどうかはともかく、それが民族や個人においてかなりの違いが見られるのは事実であろう。

そしてこの東西の違いは、身体全体にも特徴的に現われているという。

ヨガ団体竜王会の創始者三浦関造は、「日本人と西洋人の身体に表象された東西文明の運命」（『神性の体験と認識　日本より全人類へ』）で次のように言っている。


「日本人は小さい。肩がはって胸が平べったい。腹も小さい。鼻が低い。腰だけは強い」

「英米人は大きい。肩が下って、胸はまるい。腹が大きく、鼻が高い。腰だけは弱い」

日本人と英米人はアベコベである。右の条件を見ると、英米人の方が、日本人にまさっていると思わざるを得ぬ。（岡田式座禅法の創始者）岡田虎次郎さんは、英米人の方が、日本人より理想的な体型を有っているといって居られたさうだ。

4　右脳と左脳

また最近では、この東西の人間的文化的違いについて、右脳・左脳といった脳の働きの違いから説明したものがよく見られる。

たとえば、角田忠信著『日本人の脳』によると、聴覚や音声・言語に関する脳の働きについての各種の詳細な実験とその集約の結果から、次のように言うことができるという。

西欧語を母国語とする人々では言語半球（左脳）は音節を基本単位とし言語・論理を組み立てるが、情緒に関係すると考えられる人声（泣・笑・嘆・母音）は非言語音として論理脳からは区別される。

我々日本人にとって情緒を伴って聴かれる虫の音などの動物の啼声も明瞭に、機械音・ノイズとして論理的な脳からは区別される。このような左右の脳機能の分担は西欧哲学で認識過程をロゴス的（理性的——言語・計算）とパトス的（感性的）認知とに分ける考え方と合致する。

これと対照的に日本人にみられる特徴はロゴスとパトス的な認知機構が言語半球に共存し、然も同程度の優位性の偏移量（dB）をもっていることにある。

日本人にみられる脳の受容機構の特質は、日本人及び日本文化にみられる自然性、情緒性、論理のあいまいさ、また人間関係においてしばしば義理人情が論理に優先することなどの特徴と合致する。

西欧人は日本人に比べて論理的であり、感性よりも論理を重んじる態度や自然と対決する姿勢は脳の受容機構のパターンによって、説明できそうである。

西欧語パターンでは感性を含めて自然全般を対象とした科学的態度が生まれようが、日本語パターンからは人間や自然を対象とした学問は育ち難く、ものを扱う科学としての物理学・工学により大きな関心が向けられる傾向が生じるのではなかろうか？

明治以来の日本の急速な近代化や戦後の物理・工学における輝かしい貢献に比べて、人間を対象とした科学が育ち難い背景にはこのような日本人の精神構造が大きく影響しているように思える。

この「ロゴスとパトス的な認知機能が言語半球に共存」しているというのは、知・情・意の区別があいまいで、シュタイナー的な表現をすれば、ゼーレがガイストやライプと未分化にあるということになる。これもまた東漸の道によって生じたのである。

そして、このことが日本人を（環境）模倣へと突き動かしていると考えられるである。

またこのあいまいさは「感覚的に考える」（桜井、前出書）ということになるのであろう。桜井は「こうした世界では、思考が感覚的となり、散漫となることをまぬかれない。感覚的な思考の世界では、感情の起伏が大きくなる傾向があり、しばしば、その時の感情に溺れた行動を人にとらせたりするようになる」と言う。乃木将軍の殉死における西田幾多郎の場合もこれで説明ができるだろう。これは「『甘え』の構造」（土居健郎）にも通じているのだろう。

こうしたことは、日本では、欧米のような人間や社会を環境と考えるエコロジー・ヒューマニズムや社会エコロジーといったものがまったく定着せず、その反対に、エコロジーをたんにモノの問題としてだけ捉らえ、浄水機や無農薬野菜・無添加食品、そして気功などの健康ブームを現出させていることと対応しているのであろう。

しかし、桜井は「感覚的思考がのりこえられれば、日本語の方は変えなくても、必然的に日本語による立派な表現法が開発されて行くはずである」とも言う。

そのためには、シュタイナーが『自由の哲学』で言うように、脳機構にまったく依存しない「感覚（身体性）から自由な思考」を育まなければならないだろう。この脳の構造は思考によって変えることができるのである。

日本人における思考が脳機構に完全に制約されていたならば、湯川秀樹のノーベル物理学賞受賞もありえなかったのである。

だが、これとは正反対の可能性を指摘するものもいる。コリン・ウィルソンは『右脳の冒険』で、「左脳意識を超えて」「無意識的な右脳のエネルギーこそ、人間進化の鍵である」と言っている。しかしこれは、すでに見てきたように、霊的な闇への道なのである。

そして、なぜこのように東西人類における人体や脳の構成の違いということを強調してきたのかというと、これらの違いは悠久の人類進化の過程において形成されてきたものであり、この壁は一朝一夕には越えられないからである。

人間の肉体やエーテル体、アストラル体が、鉱物界や植物界、動物界と密接に結びついているということは、東洋と西洋という別々の地域に発展（生活）してきた人間の身体性や脳構造を、互いに異なったものにしているということなのである。この違いは言語や住居、食べ物など風俗・習慣の違いともなって現われている。

そしてこのことから分かるのは、前章の「子供の教育」においてシュタイナーが述べた教育法の有効範囲は、あくまでもドイツ、どんなに拡大してもヨーロッパ文化圏までのものということである。

5　世間と個人

そしてこの身体や脳の構造における違いは、「社会」の有り様をも異なったものに形成してきたのである。

このことについて、ドイツ中世史家の阿部謹也は、長年の日独文化の比較検討から、「日本には欧米のような個人や社会はなく、そこには世間があるだけである」と断言している。（『「世間」

とは何か』）

阿部は言う。

わが国の男性達はわが国独特の人間関係の中にあって必ずしも個性的に生きることができないのである。むしろ個性的に生きることに大きな妨げがあり、その枠をなしているのがわが国の世間なのである。

世間とは個人個人を結ぶ関係の環であり、会則や定款はないが、個人個人を強固な絆で結び付けている。しかし、個人が自分からすすんで世間をつくるわけではない。何となく、自分の位置がそこにあるものとして生きている。

欧米人は日本人のことを権威主義的であるとしばしばいう。権威主義的とは威張っているということではない。自分以外の権威に依存して生きていることをいうのである。たとえば皆と共に行動するとき、私達はできるだけ皆と合わせようとする。それはその限りでは協調的な行動なのであるが、時にはそれが没個性的で、権威主義的に見えるのである。

いわば世間は、学者の言葉を使えば「非言語系の知」の集積である。

明治十年（一八七七）頃に society の訳語として社会という言葉がつくられた。そして同十七年頃に individual の訳語として個人という言葉が定着した。それ以前にはわが国には社会という言葉も個人という言葉もなかったのである。

ということは、わが国にはそれ以前には、現在のような意味の社会という概念も個人という概念もなかったことを意味している。

この個人や社会がないわが国独特の人間関係としての「世間」は、前項の角田の言う日本人の脳の受容機構の特質（ロゴスとパトス的な認識機構が言語半球に共存しているということ）からも説明できるだろう。

そして心理学者の南博は、こうした権威主義的な心性は日本人の自我の特徴で「長いものには巻かれよ」ということだと言う。（『日本人の心理』）南は言う。

むかしから、「非理法権天」という文句がある。楠正成が旗印にしていた五字であり、戦争中、特攻隊の司令官が好んで口にし隊旗の印にもしたことばである。非とは、無理のことであり、理は道理、法は法式、権は権力、天は天道を意味している。

そうして、非は理に負け、理は法に負け、法は権に負け、権は天に負けることになっている。この五ヶ條を辨《わきま》えていないと、「物事の道理に心得違い」があると、徳川時代の武家の戒めにもある。

このように、権威、権力は、天道にこそ負けるが、人間社会では、法よりも、道理よりも強く、これに逆らうことは、心得違いだという考は、徳川時代から今日まで、形こそ変っているが、根強く、日本人の中に残ってきている。

「タテ社会の人間関係」（中根千枝）はこうして形成されたのだろう。

このことから、「日本の個人は、世間向きの顔や発言と自分の内面の想いを区別してふるまい、欧米人からみると、曖昧な存在としてみえる」（阿部）のである。

しかし日本人のこうした曖昧かつ権威主義的な心性に可能性はないのであろうか。

山崎正和はこの曖昧な日本的自我について、それは消費社会における「もうひとつの自我の可能性」であり、そこから、ヨーロッパ的な克己を求める硬質な自我とは別の「受動性を含む主体」としての《柔らかい個人主義》が誕生していると、積極的に評価している。だがこの「受動性を含む主体」という物言いそのものが正に日本的なのである。

山崎はこの「柔らかい個人主義」は「消費する自我」であり、この「消費する自我は内部に『他人』を含むものであって、それが現に満足してゐる自分を確認して、そのことによって二重に満足する存在であった」と言う。

しかしこれは、いかにもバブル時代の甘い香りがしすぎる。

これに対して、一九六〇年代末期の世界的学生反乱の時代に書かれた西尾幹二の『ヨーロッパの個人主義』は、かなり趣が異なり、深刻なテーマを提出している。

日本の西洋文化の受容の在り方に根本的疑念を呈する西尾は、日本が外来の多様な文化をすべて均質化（日本化）してしまうと述べたあと、こう言っている。

われわれはつねに複眼を要求される。

だからといって、それは日本対西洋という対立図式だけで事態をとらえればよいということを意味していない。われわれの意識はすでに半西洋化し、したがって西洋はすでに内部化しているのに、実際の西洋はわれわれの外にある。われわれはだから、最大限の想像力を発揮して、あるときは日本人以外のものの目で日本を見、また別のときは純粋に日本人として日本を見ることが必要となろう。そしてそういうくりかえしの操作自体がきわめて観念的だということを、いつも、はっきり自覚していることがもっと必要なことだろう。

たしかにこの通りであろう。なぜならば、シュタイナーによれば、人間の心は精神（「日本人以外のものの目」）と、身体（「純粋に日本人として日本を見る」）の双方向に向いているからである。

6　アレンジの力

そしてこの日本の国民性は、約三百年にわたる鎖国も与かって、西洋とは異なった数学すなわち和算を生み出したのである。

『文化史上より見たる日本の数学』で知られる数学史家の三上義夫は、「日本数学者の性格と国民性」と題した東京帝大における講演（大正十一年）で、日本の数学者の性格は国民性を反映していると述べ、次のように言った。

（日本の数学は）始めは支那の数学に基づいて起きるのであるが、支那のまゝに引継いだ訳ではない。面積体積などの問題について正確な理論的算法を行うよりも概算を試みて実地に便利であることを喜んだ風が始めから見える。

多少にても和算史に通ずるならば、日本の文明が模倣的のみのものだなどとは決して言われぬ筈である。けれども和算の特色が何処にあったかと言えば、原理原則を立て方法を正うして整然たる体系の具《そな》ったものに作り上げることではなかった。

これをギリシアの数学に較べると実に雲泥の差がある。日本では元来論理学が発達しなかった。

「正確な論理」よりも「実地に便利」。これもまた、日本的思考が身体性に密着している証拠なのであろう。このことから三上は、日本人の特性はよく言われるように、模倣にあるのではなく、運用（再構成）する（アレンジ）能力にこそあると言い、その理由を次のように説明している。

和算だけではない、日本では何でも総てそうなので、美術でも支那の原則を伝えて巧妙な運用をやったのであった。日清日露の両役に西洋の戦術を採用して巧みに運用したのもそれである。儒教でも仏教でも外国から原理を伝えてこれを改造同化しよく実際に適しめたのが日本文明の特色である。

もし根本の原理原則だけを切り離して見れば、いかにも模倣のごとくも見えよう。模倣の文明だと主張する者のあるのはこれがためであるが、実にいかにこれを改造しいかにこれを運用しているかを一考せざれば日本文明の特色は分からない。

またそれは哲学においても同様であるという。

三上はこう言っている。

運用が巧みであるために理論を要しないということが和算だけではなく総ての方面に著しい。日本では哲学らしい哲学は出来ない。

外国のものを採用してこれを同化改造し、そうして実地に適するものにして、これに指導を仰ぐ。かくして適するものは採り、適さざるものは棄てる。日本の哲学史の要点はこの点を措いて他に求めることは出来ない。

私のこれまでの論証もこの点にあった。そしてこれによって、西田や和辻の「いいとこ取り」も、日本的方法として説明できるのである。

哲学は三上の専門外であるが、数学と共通する論理的一貫性ということからみて、このように断言したのであろう。

さらに三上は続ける。


　哲学ばかりでなく総てがそれなのであって、私はこれを称して日本人は社会的実権を実行し成功したものであると考える。

　日本は極めて感情的で単純で理性に乏しいにもかかわらず、社会体として非常に理性的であるのは、この性格から来ている。日本の文明は総てそうした過程によって構成される。


こうした日本観は、昭和に入ると、中山忠直（漢方医学者）らによって、積極的に「日本は偉い」論として展開されるようになる。

中山は、大正十五年の七月、報知新聞に「日本人の科学的才能は世界一」を十回連載し、それを昭和六年、『日本人の偉さの研究』と題し刊行するが、二千部作って五百部しか売れなかった。

しかしそれが、昭和七年に満州国が建国され、国際連盟のリットン調査団が来日するなどして反米感情が高まってくると、広告もしないのにたちまち四千部も売れたという。

また昭和九年には、コロンビア大学教授F・R・エルドリッチのDangerous thoughts on the Orientが『米国よ日本を知れ』と題して発売される。この本は翌年『日本礼讃』と改題され普及版が出るなどよく売れた。

エルドリッジは、日本文化の特徴としてこう言っている。「日本は新しい思想を採用（adopt）するのではなく、奪胎（adapt）するからである。各妖婆（仏教、儒教、キリスト教、ドイツ哲学、インド神秘主義）の大釜の中から日本はその嗜好に投じた不思議な何かの成分を自由に選択し、これを以て自分の大釜を沸騰させ始めるのである」と。

昭和天皇の皇太后も、「異国《とつくに》のいかなる教《おしえ》いり来ても、とかすがやがて大皇国《おおみくに》」（『神ながらの道』）と詠っている。

三上は、日本人には「この能力があるがために根本的に知識を開拓し学問を尊重することの必要が生じなかった」と結論づける。

また三上は、日本人はどちらかというと聴覚型よりも視覚型と言え、中国から伝わって来た音楽が鎌倉期には非常に単純なものになり、それに反して、絵画彫刻は進歩発達していったと言う。今日におけるマンガ・アニメの隆盛もこのことから説明できるだろう。

三上はさらにこうも言っている。「和算は何処までも芸であり術であった。和歌や俳諧など民間にもよく普及するほどに趣味性の発達した国柄であるから、数学までも趣味生活の一要素になったのである。和算家は芸に遊ぶということをよく言っていたが、真に芸に遊んだのである」と。この「芸」はまた芸道というように「道《みち》」にも通じているが、この道は「西行や芭蕉のように、共同体からの脱出、出世間、つまり遁世から出てきた」（『日本の「道」』）もので、鎖国の時代に発展した。

つまり日本人の特性は、第二章「失われた故郷への回帰」で西田幾多郎と宮崎勤を並べて評したが、《オタクの道》と言えるのである。

7　サルトルのアメリカ論

さてここまでは、主に日本人による日欧の比較論を見てきた。

次に、ヨーロッパ人によるアメリカ観を見てみる。私たち日本人は、ごく普通に欧米と一括りにして見ているが、ヨーロッパ人の見るアメリカはまったくの異世界なのである。

実存主義哲学者ジャン・ポール・サルトル（一九〇五〜八〇）は、第二次世界大戦の末期にアメリカを訪れ、その時の印象をフィガロ紙（一九四五年二月）に「アメリカの個人主義と画一主義」と題して発表している。

このサルトルのアメリカ論は、シュタイナーの人類三分説の理解にとっても、大変興味深い内容と言える。

サルトルは、このなかで、パリで流布されていた「アメリカ人は画一主義者である」「アメリカ人は個人主義者である」というまったく正反対の風評と、「アメリカ的『坩堝《るつぼ》』」が、溶解温度は様ざまながら、ポーランド人、イタリア人、フィンランド人を、合衆国の市民に変えてしまう」という噂話に、ひとつの解答を与えようとしている。

この噂話の出処は、アンドレ・シーグフリードの『アメリカとは何か』(一九三八)である。この本の邦訳(河盛好蔵訳『アメリカとは何ぞや』)は昭和十四年(一九三九)に出ている。サルトルはシーグフリードの叙述を踏襲しながら、アメリカのなかにすでにヨーロッパを越えている新しい可能性を見出している。

また、このアメリカにおける民族あるいは人種の変容については、シュタイナーが「アメリカでは人種を決定づけている力が死滅する」(『民族魂の使命』)と言っていることと符合する。

では、サルトルの話を聞こう。

一億三千五百万のアメリカ人のことを、どう語ったらいいのだろうか。

アメリカでは——少なくとも私の知っている限りでは——町にいても、ひとりきりということがない。壁が話しかけてくる。右にも、左にも、ポスターや、電気広告や大きな飾窓がある。工場には、どこにも拡声器がおいてある。拡声器は物質ととり組んでいる労働者の孤独感に抵抗する役割を持っているのだ。

これに加うるに、ラジオによる忠言、新聞の通信、殊にほとんどいつも教育的な目的をもった無数の協会の活動がある。

これでアメリカ市民がいかに枠にはめられてしまうかがわかるだろう。

しかしサルトルは、ヨーロッパの他の知識人とは違って、このアメリカ流のプロパガンダ（宣伝）を、ナチス宣伝相ゲッペルのそれや、オウエルの『一九八四』（一九四九）の世界と同種のものとは見なしていない。

サルトルは続ける。

しかし、これを政府かアメリカ大資本家連の強圧手段とみるのはあやまりだろう。

アメリカ人は誰でも他のアメリカ人から教育され、その代わりまた他のアメリカ人を教育する。ニューヨークの方々のカレッジに、またカレッジ以外にも、アメリカ化の講座がある。そこでは何でも教えている。裁縫、料理、それから浮気をする方法まで教えている。こういうことはみな人間をつくるためというより、純粋のアメリカ人をつくるためにある。

そして、この「純粋なアメリカ人」は、ナチスの目指した純粋アーリア人種とも違う。

サルトルは言う。

アメリカ人だけが、アメリカの理性とただの理性を区別しない。ヒットラーにとって（あるいはモーラスにとっても）ある理屈はまずドイツ的であるがゆえに、ドイツ人にとってよろしいのである。

反対にアメリカ人の特性は、自分の思想を普遍的にしておくことである。そこには清教主義の一影響がみられる。

この指摘は重要である。清教主義（ピューリタリズム）とは、十六世紀、中欧（独仏）における宗教改革で生じたプロテスタンティズムの流れを汲むもので、自由な信仰を求めて新大陸に渡った彼らがアメリカ合衆国の礎を築いた。

このプロテスタンティズムについて、シュタイナーは、「アメリカ人は生まれながらにしてプロテスタントであるが、ロシアはまだその入口に達していない」と言っている。

同じころ、トーマス・マンは、この東方ロシアと中欧ドイツを代表する二人の文豪、トルストイとゲーテについて、「トルストイに見られるユウトピアへの愛着や文明の憎悪、田園性や魂の牧歌的平和への情熱は——高貴な情熱、貴族の情熱である——同様に十八世紀、しかもフランスの十八世紀と見ることが出来る。さてゲーテだが、その晩年の作品、社会小説『ヴィルヘルム・マイスタアの漂泊時代』の内には、神秘的な予言者的な気持を起させるある種の直観力、ある種の鋭い広大な視力によって――それは要するに一段と微妙な頭脳の現れであり、感受性と第六感との所産である――十九世紀の全社会的・経済的発展、詳しくいえば、古い文化国農業国の工業化、機械の支配、組織化されたプロレタリアアトの勃興、階級闘争、民主主義、社会主義、アメリカ主義に至る迄もが、これらの変化から生ずる精神的教育的効果の悉くを含めて既に予め描き出されているということは、殊更我々の驚嘆を呼び起こすのである」と書いている。

ゲーテは十八世紀人で、トルストイは十九世紀人である。トルストイは十八世紀のルソーの自然主義に後退し、ゲーテは未来を準備したというのである。事実、『ヴィルヘルム・マイスター』の社会論は、ドイツ緑の党の複数代表制やその選出方法などに影響を与えている。

さて話をアメリカに戻すと、ここで注目しなければならないのは、アメリカの「自分の理性とただの理性を区別しない」普遍主義である。つまりアメリカ人は「自分たちはワールドである」と思っているのである。

そしてサルトルは、アメリカ社会の特徴（ヨーロッパとの違い）について、こう述べている。

ここに機械が登場する。機械も普遍化の一要素である。機械仕掛のものは、じじつ、ふつうは使用法がひとつきりで、添付された仕様書にしるしてある通りである。

こういう風に、アメリカ人は料金口にニッケル貨幣を投入するとき、電車の中でも、地下鉄でも、自動装置の酒場でも、自分が誰でもいいように感じる。

この機械化された生活は、チャップリンの『モダンタイムス』（一九三六）を連想させる。シュタイナーは、この「人間の精神への機械の浸蝕」は「人間を干からびさせ、非人間的なものに落とし込め」、そして「心は虚ろに植物化し、身体は動物化する」と言っている。

しかしサルトルは、このことについて、「それは無名の一単位ではなくて、個性をとりのぞき、普遍的個性にまで自分を高めた人間なのである」と、シュタイナーとは正反対の感想を述べるだけではなく、そのことに、さらに積極的なものを見ようとしている。

私をまず第一に驚かしたのは、この画一主義における全的自由である。どこの都会もニューヨークほど自由なところはない。ここでは好き勝手のことがやれる。世論が警察そのものをつくっている。自由による画一主義者で、合理主義による非個性的人間であって、普遍的理性と彼等の特殊な国民性を、同じように崇拝しながら同一視している、これが私の会った二三のアメリカ人においてまず気がついたことであった。

しかし私はすぐにまた彼等の根づよい個人主義を発見した。こうした社会的画一主義と個人主義の統合は、フランス人がフランスについて理解することはもっとも困難であろう。われわれにとっては、個人主義は、「社会にたいする、また特に国家にたいする個人の闘争」という昔ながらの古典的形態を保っている。

アメリカではこんなのは問題にならない。まず国家は永いことひとつの管理にすぎなかった。数年前から、国家は別の役割を演じようとしているが、それでもアメリカ人の国家感情は変らない。それは彼等の国家であり、彼等の国民の表現である。彼等は国家にたいして深い尊敬と、所有者の愛情とをいだいている。

この、サルトルが言う「国家はひとつの管理にすぎない」という言葉は、シュタイナーの三層化論の国家観とイメージが重なってくる。

サルトルは、このアメリカの個人主義は、ヨーロッパのそれとはまったく異なった「三次元のもののように思えた」と言う。

そして、サルトルは「アメリカの個人主義は画一主義と対立しないで、反対にそれを前提とする。しかしそれは画一主義のただなかにあって、高さ深さにおいて、新しい方向をしめしているのだ」と結論する。

つまりアメリカの個人主義は、ヨーロッパのような民族的身体性に束縛されたものではないのである。

そしてこのことによって、ヨーロッパ的な個人と社会を形成しえない日本と、ヨーロッパの個人主義を越えた新しい社会を創っているアメリカという、精神の三極構造が浮かび上がってくる。

らである。

8　日米必戦論

話を戻すと、シュタイナーがこの東西間の文化や価値観の違いを強調したのは、それに対する無理解が、新たな、第一次世界大戦を上回る災禍を人類にもたらすだろうことを憂慮していたか

一九〇九年、中国系アメリカ人ホーマー・リーは、『無知の勇気』と題した著書で、第一次世界大戦すら起こっていないこの時期に、太平洋に目を向け、三十数年後の日本とアメリカの戦争を予言した。この本は、日本では明治四十四年（一九一一）に『日米必戦論』として出版された。リーは、軍事面だけではなく、文化や政治、人種、宗教、技術と、それらの相互作用を徹底的に分析し、この結論を導き出した。

林房雄は、この『日米必戦論』について、『続・大東亜戦争肯定論』（一九六五）で、「私は最近、ある古書店から、ポーツマス条約中に構想され、その直後に出版された珍しい本を手に入れることができた。その題名は『日米必戦論』と言い陸軍省の秘密出版である」と書き、次のように言っている。

ホーマー・リー氏はこの本の中で、「日本皇帝の枢密顧問官金子堅太郎男爵」が一九〇七年

（明治四十年）三月の「北米評論」に発表した「日米共栄論」ともいうべき論文を批判し、ことごとく嘘であると言っているが、私は金子氏の意見の方が当時の日本指導階級の本音であったと思える。

しかも、金子堅太郎流の「日米戦争不可能論」、「日米戦争回避論」は日本の政治家と実業人だけでなく、陸海軍主脳部の中にも根強く残っていた。開戦の直前、いや開戦後まで残っていたと言える。そのほうが日本にとって「理性的な道」であったことはまちがいない。だが、歴史は人間の理性のみによっては動かない。人間の不条理な情熱と暗い欲望によって動くことが多い。

この、伊藤博文の秘書官長や司法大臣などを歴任した金子堅太郎は、隈本有尚の郷土の大先輩で、隈本を修猷館初代館長に据えたのも金子である。

当時の日本が、林が言うような「理性的な道」を歩んだのは、隈本の言う「防御の表象にして「高尚なりといえども、その弊は空想に感溺す」ということの結果なのであろう。

9　有色人種の大不平

開国から半世紀、日清日露の戦いに勝利した日本は、大航海時代以来の欧米諸国による世界の植民地化の波を逆流させ、その勢いは中国大陸の中央部へと迫っていた。

これに危機感を持ったアメリカは、一九二一年、海軍軍縮と太平洋と極東における領土問題をテーマに、列強諸国による国際会議をワシントンに招集した。

そして、この会議の成り行きに特別の関心を寄せていたシュタイナーは、すぐに、自らが主宰していた『ゲーテアーヌム』（一九二一年十一月六日号）に、「世界問題における精神生活の忘却」と題して、次のような警告を発した。

アジアには古代より精神生活について伝統があって、最も重きをなせるを見る。西洋もし洽《こう》人類の思想を提供し得ばアジア民族は理解をもって西洋を迎えよう。いわゆる「洽人類」の思想とは何ぞ、いわく全宇宙の秩序中人の人たる所以はいかに、また社会生活はいかにして人たる所以のものに循合して遂行され得るかを提示するものがそれ。西洋には生ける精神的発展の潜在力がある。

人類が今日の混沌を打破するか、将来また何らなすところなくそのなかに漫然流転するのかは、一に懸かって西洋からする精神的価値の償還にあるのである。

（もしこれがなされなければ）ついには東洋は西洋に向かって――西洋いかに巧みに『軍縮』の美を説くも――砲火を浴びせかけるに至ろう。（隈本訳）

シュタイナーのこの発言には布石があったのである。

一九一九年二月十三日、パリのヴェルサイユ宮殿で開催された講和会議で、戦勝五大国の一つであるとともに唯一のアジアの国であった日本は、アメリカ・カナダ・オーストラリアで日本人及びアジア系移民の排斥が高まるなか、牧野委員が、国際平和と民族自決を謳い文句に新たに作られる国際連盟の規約に「世界の総ての国家はいかなる民族、いかなる国民に対しても平等に入国の自由を許可すべし」の一項を規定することを提案した。

しかし、非ヨーロッパ諸国諸民族には「門戸開放」「機会均等」を主張し、武力を持って開国を強制し、次々と植民地化していった米・英・仏・伊の欧米諸国は、この提案を拒否した。

三月二十二日、日本は再度、「民族の平等は国際連盟の根本原則なるをもって締盟国は各加入国々民に対して成るべく速《すみやか》に平等公正なる待遇を与え人種又は民族の差別により法律上又は事実上の差別を為さざることを承認す」という修正案を提出する。

だがこれも委員会に付託されただけで、議題としては取り上げられなかった。これにはアメリカ国内の反対と、英国やオーストラリア首相ヒュースの強硬な反対があったからである。日本はさらに修正を迫られる。

その結果、国際連盟委員会で、日本の、連盟規約の「国際間に公明正大なる関係を樹立し」のあとに「各国の国際的地位を平等にし、かつその国民に公正なる待遇を与ふるの主義を実現せしめ」を加えるという提案と、米国の「モンロー主義は国際連盟の規約の条項によって左右されることはない」という提案が討議されたが、日本案は否決され、米国案のみが可決された。アジアや有色人種の叫びは封殺される。こうしたことから、日本では、反欧米・アジアモンロー主義の声が高まってくる。

こうして、ワシントン会議目前の大正十年（一九二一）七月、当時最大の発行部数を誇っていた『大阪毎日新聞』から、前編集主幹でオピニオンリーダーの一人でもあった渡辺巳之次郎の『有色人種の大不平（白色民族の大煩悶）』が出される。

渡辺は、このなかで、シュタイナーの言葉を先取りするかのように、「軍備制限の必要を説くものは、さらに溯って軍備を必要とする戦因を除くの急なるを考えざるべからず。急とは何ぞ、世界の各人類、各民族をして、平等、自由の基礎に立ってその生存を安全にし何らの不平なからしむるより大なるはなし」と訴えている。

そして渡辺は、欧米の自由・平等や隣人愛が、実は彼ら白人世界の内だけのことであり、それはその外には適用されず、有色人種に対しては、徹底的な抑圧と収奪が行われているという欺瞞性を指摘した上で、こう批判している。

白人をもって黄褐銅黒の有色人種を憎悪し呪詛《じゅそ》し、共に平等の基礎に立ち各その長所を発揮して、もって相貢献《こうけん》し互いにその生々の福祉を全うせんとするの天理人道に悖戻《はいれい》してこれを妨げんとすると何ぞ異ならん。

況《いわ》んや禽蟲草木、静山流水の、その種類とその性質とを全然別異すると同じからず、同一人類中の異種族たるに過ぎざるにおいてや。

欧米人をもってアジア人、アフリカ人、その他の有色人種を異別し排斥する、むしろ誤れる恥ずべきことにあらずや。

まさに正論であろう。

10　人類の故郷、レムリアとアトランティス

続けて、渡辺はこうも言っている。

況《いわ》んや、信ずべき人種一元論の説くところによれば、人類の発源地はインドとアフリカとの間において今や海底に沈下せるレムリアと称する大陸にして、これより四方に進み、その居るところの風土、気候、及び四圍《い》の事情によりて、各々相異なりたる自然淘汰の作用を受けて、もって各自の特色を作り出し、今日のごとき多くの異人種を見るに至りたるに外ならず、畢竟、同一祖先より出でたる兄弟姉妹なりというにおいてをや。

いわゆる異人種たるゆえをもって、憎悪嫉妬、相排斥して止まざるものは、世界をもって一

家とすべき人類社会の鬩牆《げきしょう》事にして、最も恥ずべきことというべし。

人種元来一にして、その膚色の種々異なるに至りたるは、その発生地より岐《わ》かれて四方に住むにおよび、その住むところの気候、風土、食物、その他周囲の事情によりて変化し、終にほとんど固有のもののごとくなりたるにすぎず。


この大新聞の、しかも編集主幹をも務めた人物の著作に、神智学でいう人類発祥の地レムリア大陸が出てくるとは意外の感がある。しかしこれは、意外でも何でもないのである。

このレムリアとそれに続くとされるアトランティス大陸については、すでに大正三年から四年にかけて、隈本有尚と石龍子が、『性相』で、W・スコット=エリオットの『オカルト的源泉よりせるアトランティス』やシュタイナーの『アーカーシャ年代記より』を引用して紹介しているのである。これにはエリオットのカラーの世界地図も付いている。

だがなぜ、こうした誇大妄想的なルーツ主義（偽史）が受け入れられたのだろうか。それは、明治の開国時の状況にあったのである。

開国時の日本人にとって、『万国史』（西洋史）は衝撃だった。それまで水戸光圀の『大日本史』や頼山陽の『日本外史』という皇国史観しか知らなかった日本人は、それとは比べものにならない雄大なヨーロッパの歴史を見て、度肝を抜かれたのである。

このショックは、新たな日本史作りを急がせた。明治十五年に西洋史を真似た初めての簡略な日本史『日本開化小史』（田口卯吉）が書かれる。続いて、明治二十九年、本格的な日本史『二千五百年史』（竹越與三郎）が書かれる。

なぜ二千五百年なのかというと、それは、きわめて単純な、ヨーロッパへの対抗心からだった。光圀や山陽の日本史を干支で六十年づつ溯って行くと、神武紀元がどうしてもヨーロッパ史の始まりよりかなり後になってしまったのである。

これでは「天孫」を主張する皇国史観上ははなはだ都合が悪い。そこで約七百年を加えることにより、ヨーロッパより古い歴史を演出したのである。

こうしたことについて、竹越は、あっけらかんと「我が国史は四百年全く暗黒の中に葬られたり」と書いている。

さてこの『二千五百年史』の内容であるが、ここで主張されているのも、ヨーロッパ文化のルーツであるフェニキアの文明が、海路、南洋諸島、フィリピンを経て日本へ伝わったというルジャンドルの説（南方説）なのである。

またこの本の欄外には、フランス人プロンジョンの、世界最古の文明はエジプトではなく、中米ユカタン半島のマヤ文化であり、マヤこそプラトンが「クリティアス」でエジプトの神官の話として語ったアトランティスであるという説を紹介している。そして、日本人はそこから移住して来たというのである。

どうも、こうした家系図コンプレックスは、徳川家康が江戸開府にあたって、征夷大将軍職継承の資格がなかったために、清和源氏の傍流吉良氏の系図を譲り受けてその職についたのに似ている。

しかしこの『二千五百年史』は、教科書の副読本として使われたためよく売れた。

そして、第一次世界大戦の終結間際の大正六年五月、石龍子は再び、このアトランティス説を「日本民族の揺籃地及び将来の運命」として『性相』に書いている。

石龍子は、日本民族の先祖はアトランティス大陸から移ってきた「選民」であったとして、「将来益々興隆し繁栄して世界に雄飛するに至るは自然の数にあらざるか」と言う。

石龍子はその根拠として「物盛んなれば必ず衰ふ。エジプト、バビロンの全盛も一朝の夢、また現今の白人種はもはや絶頂に達したるにはあらざる歟《よ》。次に興る『新人種は大洋の彼岸に形成せられつゝ、発展しつゝある』とはインド、ドイツ、英国の有識者中に唱導し始められたり。これはアメリカ合衆国人のことなり」と言う。

そして「この種の推論によれば」、アメリカの次は彼岸の日本の番だというのである。

こうしたルーツに対する劣等感と欧米諸国に対する反発が、日本主義的アジア主義的感情をさらに高めていく。

11　日本の役割

話を渡辺に戻すと、渡辺は、前出の本で、歴史上有色人種がいかに重要な役割を果たしてきたのかを説いている。

フェニキア、アッシリア、アラビア、インドの古代人も、またエジプト、ギリシア、ローマ、インド及び西アジアの古文明も、皆有色人種の事業として、今日の欧米文明の基礎たりもしくは発端たりというを得べく、また仏教、ユダヤ教、キリスト教、回々教《フイフイ》、その他、今日世界に大なる権威と幾千万の信徒を有する宗教は、皆有色人種の創開にかかる大事業として有色人種のために大気焔を吐く。

このことから渡辺は、東西の先哲の言葉は、この「同一先祖より……兄弟姉妹なり」を証明するものであるという。

古聖哲の三千年前すでに教えを垂れ、子孫万世をしてこれを守らしめたる、また天理によりて人の人たる所以の文化的発達を速やかに遂げしめんことを欲したるに外ならず。

かの孔子の「仁」を説き「忠恕」を教え、孟子の「何ぞ必ずしも利を曰《い》わんまた仁義あるのみ」と論ぜる、墨子の「天は必ず人の相愛し相利するを欲して人の相悪《にく》み賊《そこな》うを欲せず……その兼ねてこれを愛し兼ねてこれを利するをもってなり……その兼ねてこれを有し兼ねてこれを食《やしな》うをもってなり、今天下は大小国となく皆天の邑《ゆう》なり、人は長幼貴賎となく皆天の臣なり」と説き、さらに「人を愛し人を利するものは天必ずこれを福《さいわい》し、人を悪み人を賊するものは天必ずこれに禍《わざわい》す」といえる。

釈迦の「大慈大悲」をもって「衆生の安穏」を最後の目的とせる。キリストの「博愛」を教えて「四海同胞主義」を樹立しこれを後世に伝え世界に広めんとしたる。

固《もと》より国の東西、地の南北を問わず、種の黄白と、色の褐と黒、銅を論ぜざるなり。

この「四海同胞主義」もまた、ブラヴァッキーの『霊智学解説』のなかにある、世界同胞及霊智学会の目的の「(我々は)何人を問わず、真に同胞を愛し、太古より人種及び宗教の差異より生ずる人類発達の阻害を除去せんと欲する」という言葉に見られる。

この『霊智学解説』に続く霊智学初歩シリーズが、この大正十年までに、『霊智学初歩』『霊気論及霊怪説』など三四冊が出されている。

そして渡辺は、こうした古聖哲の志は、現代においては、「平等、自由、すなわち階級的差別の撤廃を可とすると共に、相互扶助のこれなかるべからざるを主張し、己を空《むなし》うして社会に貢献し奉仕すべきを説く」ことになると言う。

この相互扶助は博愛(友愛)と同義だから、この主張は、シュタイナーの三層化の理念と非常に似かよったものになってくる。

こうしたことから、渡辺は、「学術的に人種の問題を研究するは可なりとするも、政治的社会的に人種の抗争問題を論究するがごときは、むしろ人類の恥辱というべく、吾人の最も潔《いさぎよ》しとせざるところなり」と言う。

そして、これには「ただ自ら為すべきを為して、有色民族のあえて白色民族に劣らざるの例を事実の上に示すと共に、いささか世界の平和と人道とのために貢献」しなければならないと言う。

渡辺は、日本がこれを遂行するためには「人間そのものを研究し、人間のいかなるものなるかを知」り「民族心理の殊別に精通」し、また、欧米のような言葉と実行が異なるような欺瞞的な態度をとってはならず、アジアの人々に対して、その文化を尊重し、対等な同胞として接しなければならないと訴える。

第八章　理想の社会を求めて

1　大川周明『日本及日本人の道』

ワシントン会議のさなかの大正十年（一九二一）十二月、大日本文明協会会長大隈重信が死去する。そのためシュタイナーの『三重組織の国家』（『社会問題の核心』）の出版が延ばされ、翌年三月に刊行される。

ちょうどこの時は、『愛と認識との出発』と『哲学以前』の影響によって西田ブームが出来していた。大正十一年三月二十三日、『東京朝日新聞』に『三重組織の国家』の広告が載る。それにはこう書かれていた。

《独逸ルドルフ・スタイナー博士原著『三重組織の国家』》近代世界の生活に現れし社会的疑問の眞状―社会問題及社会的要求の解決に必要なる実際生活―資本主義と社会的観念―三重国家の国際的状態等、人類生活の最大基礎たる経済、権利、精神の職能を闡明し以て調和ある新文化の建設に論及す。其の熱烈火の如き人道精神は之れが実行化と相俟って新時代への燈明臺たり。

大日本文明協会の編集長であり、この訳書の校閲者でもあった早稲田大学教授（政治学）浮田和民は「この『三重組織の国家』は第十八世紀におけるモンテスキューの三権分立説と同じくあるいは将来政治学上の新発見として世に称揚せらる、時があるかもしれない名著である」と絶賛した。

このことから分かるのは、日本におけるシュタイナー受容は、『ゲーテ的世界観の認識論要綱』や『自由の哲学』から『社会問題の核心』へと直結し、ウィルソンのように「罪悪感に襲われる」ことはなかったということである。

晩年のシュタイナーは「もし自分の人智学がドイツで根付くことができなかったら、人智学の理想は東洋の日本に移ってしまうだろう」と言っていたが、この言葉の通り『社会問題の核心』は、日本の運命を決する時代の思想形成に決定的な影響を及ぼすことになるのである。

それは、このシュタイナーの社会有機体三層化論が、欧米型の資本主義でもなく、またソ連型の社会主義でもない「燈明台」として、第三の道の可能性を示していたからである。

まず最初にこれに飛びついたのは、有力な右翼思想家大川周明（一八八六〜一九五七）だった。

大川は、この三年ほど前までは猶存社という結社を名乗っていたが、大正八年八月に、中国上海に渡航し、北一輝から『日本改造法案大綱』の原稿を受け取り、それを極秘に出版していた。

その後、北と仲違いした大川は、新たに行地社を結成し、大正十四年六月、機関誌『日本』に、シュタイナーの「精神生活における自由」「政治生活における平等」「経済生活における友愛」という三層化論の標語を、「維新日本の建設」「国民的理想の確立」「有色民族の解放」「世界の道義的統一」といったスローガンとともに掲げた。

そして翌年二月、大川周明は『日本及日本人の道』（行地社出版部）を出版するが、新聞の約半面を占める巨大広告で、次のように第三の道を宣した。

澎湃《ほうはい》として現代日本に流る、二つの思潮がある。一は進歩なき秩序を死守するもの、他は秩序なき進歩を夢想するもの、右傾左傾の名の下に、互に激しく相争う。而も秩序なき進歩は混沌乱離、進歩なき秩序は固陋《ろう》沈滞、両ながら日本及日本人の道たるべくもない。日本及日本人の道は当に中正不偏の大道でなければならぬ。

本書は著者が学業十幾年の後に把握したる思想信仰を平明に披瀝したるもの。志すところは実に沈滞と混沌との間に彷徨する日本国の為に一道の大路を恢弘し、日本及日本人の正しき進路を明確に指示して、啻《ただ》に興亡の岐路に立つ国家と自己とを兼ね斉《ととの》うのみならず、荘厳偉烈なる建国の精神に則りて、新しき世界史の第一頁を書き初めんとするに在る。日本をして太陽を国旗とするに適わしき国家たらしめ、自ら太陽国の民たるに恥じさらんとする者の為に、本書は剴切懇到なる指導者たるであろう。特に之を全国各地の青年団処女会に奨め、本書に漲る思想信仰を堅く其胸に畳み、一には右傾の固陋を脱し、一には左傾の過激を排して、維新日本建設の為に、高貴なる青春の熱血を注がん事を切望してやまない。

大川の大正維新に対する意気込みが伝わってくる。そして大川はその序で、シュタイナーの社会有機体三層化を目標に日本社会を変革していくことを明言した。

日本は「すでに造り上げられた国」でない。国家は、一切の生命が然るごとく、一貫不断の創造的行程にある。ゆえに独り日本と言わず、国家の名に負かぬ一切の国家は、皆な「恒《つね》に造られつゝある国」でなければならぬ。

現代において国家否定の思想台頭し、新社会の組織が力説されるのは、その主張至深処に探り入れば、実は国家そのものを否定するに非ず、ただ現在の組織と制度とを否定するものに外ならぬを知るであろう。

新しい国家は、常にまず偉大なる個人の魂に生まれる。

個人と社会とは、これを倫理的に把握すれば、一体の両面にして相即不離の実在である。吾らの道徳的生活が、内面的にある段階に達すれば、必ずこれに相応する一定の社会組織が客観的に実現せられずば止まぬ。

日本と日本人——概念的に言えば個人と国家とは、形而上的にも将又自然的にも、すでに分つべからざる一体として存在している。

余の罪悪・疾病・貧窮は、決して個人の責任に非ず、悉く環境すなわち社会組織の欠陥に由来するというのが、彼ら（社会主義者）の異口同音の主張である。

さりながら個人をもって徹頭徹尾受動の存在なるがごとく考えることは、疑もなく「自然」と「精神」の混同である。

人間は生物学者には拒むべくもなき一個の自然である。ゆえに生物としての人間は――一層正確に言えば人間の生物学的一面は、固より環境の支配を受け、必然一切の生物に共通なる自然的・器械的因果の鉄則に縛られている。しかも生物学的一面は、決して人間の本質的方面ではない。人間は単なる生物である以上に、正しく一個の精神である。精神としての人間は、実に価値の創造者として能動の主体である。

個人及び国家は、一の「自然」としてに非ず一の「精神」たることに、その究意の面目を有するがゆえに、国家の本質はこれを道徳的主体として、倫理学的に尋求する時、初めてその真固の意義と価値とを正しく把握することが出来る。

かく考え来ることによって、個人と国家の相関依存が明確にせられ、したがって国家改造の必要も、個人は環境の所産なるがゆえというごときことに非ず、別に確乎たる論拠を得来るのである。

吾らの一団は行地社の名を称する。実に古人のいわゆる「即天行地」より取れるものである。

即天とは正しき理想を把持すること、行地とはこれを現実の国家生活に実現することである。

かくて行地同人は、維新日本の建設に一身を捧げる。しかして新日本の国民的理想を確立し、国家の精神生活において自由を、政治生活において平等を、経済生活において友愛を実現せんことを期する。


大川はここで、社会を、社会有機体説のような自然(生命)有機体としてではなく、はっきりと個人の倫理を源とする精神的な有機体として捉えている。

さらに大川は「この主張は決して私自身の独創ではない」として、「佐藤信淵がすでに天保年間において、ほとんど同様の主張を『宇内混同秘策』又は『垂統秘録』という著書の中で述べております。最近にはドイツのルドルフ・シュタイナーという学者が、一層正確にこの議論を主張しているのであります」と、その出所を明らかにしている。

行地社は赤坂区青山南三丁目にあった。隈本有尚は同じ青山南六丁目に住んでいたから、隈本と大川は面識もあったのだろう。

大川は『日本及日本人の道』の出版から数ヶ月後、丁酉倫理会で「儒教の政治的観念について」と題して講演し、次のように述べている。


儒教においては、我に非《あら》ざる世界を天地人の三つに分けております。ゆえに儒教の道は取りも直さず天地人の道であります。さらに詳しく申しますれば、儒教というのは我々と天地人との正しい関係を実現する道であります。

かく我々以外の世界を天地人の三つに分類する思想は、イギリスの詩人ワーヅワースが、世界を God, Nature and Human life の三つに分ち、我々の実際生活においてこれらの三つ、すなわち神に対し自然に対しまた人生に対して正しく生きなければならないと歌ったのと適切に符節を合しておるのであります。

他の国においては、この三つ（宗教・道徳・政治）が文化の発達と共に分化して来たのでありますす。しかるに支那においては、この三つのものが分化することなく、表面には昔ながらの混沌たる姿を具えながら、内面的に極めて醇化統整されて、今日に至るまでこの三者を綜合したる一つの道統もしくは教系として伝わって来たことは、よほど特異な事実だと思います。

これらの三つの方面が平行して発達する場合には、道徳宗教政治ということが夫々特異なるものとして意識される道理はないのであります。我々にはただ渾然たる一個の人格的生活の実現があるだけであります。これに反して三者の発達が併行せずに跛行する時に、ここに全体としての精神生活の調和が破れるので、ここに初めて三者の対立・分裂・矛盾・衝突が意識されて来るのであります。

ローマ人が彼ら固有の宗教的、政治的、並びに道徳的方面の発達を順調に辿りつゝあった時に、ローマ人とは全く歴史を異にし民族性を異にした異人種の信仰、しかもその信仰たるやローマ人の当時の宗教よりは遥かに高い発達の階級に達していた信仰すなわちキリスト教が、ローマの精神生活に這入ったために、ここにローマ人の精神生活が全体としての調和を破られた。それゆえここに宗教とその他の方面とに対立がはっきりと意識されて来たのであります。そうして結局ローマ教会とローマ帝国との対立となり、ここに宗教と政治とのはっきりした分化が行われて、とにもかくにもローマ人の破られたる精神生活が調和を回復したのであります。（丁酉誌、大正十五年六月号）

大川のこの三分説は、明らかにシュタイナーからのものである。また社会を道徳（文化）・宗教・政治（国家）の三つに分けるのは、ブルクハルトの説であろう。

大川は、『三重組織の国家』に触発されて、シュタイナーをかなり研究していたのだろう。この中国（の儒教）にあっては、三者が、欧米諸国とは異なり、分化せず、混然一体としているという指摘は、前出のシュタイナーの発言（第六章「世界史の謎」参照）を意識してのものであろう。

2　オルタナティブ・佐藤信淵

また大川は「日本のシュタイナー」として紹介した江戸末期の思想家佐藤信淵《のぶひろ》（一七六九〜一八五〇）の『垂統秘録』や『宇内混同秘策』を挙げ、『日本精神研究』（昭和二年）で、「国家生活の全般を対象として統一的研究を試みたる者に至りては、余の寡聞なる、佐藤信淵以外にその人あるを知らぬ」とその独創ぶりを絶賛している。

その信淵の社会観とは、大川によれば、「さて彼（佐藤信淵）の国家における第一の特色は、国家生活を精神的及物質的の二部門に分化せしめ、夫々に独立の機関を必要とせる点である。その教化機関は、人と人との関係より生ずる国家生活に必要なる総てのもの、及び必然個性より発生し、かつ必然個性より社会の構成中に表現せらるゝ総てのものを取扱う。前者は詮ずるところ狭義の政治的関係であり、後者は智能及び精神生活に関するものである。又その経済機関は、人間と外界との物質的関係を統制するために必要なる一切を取扱う」ものであり、「信淵のこの二重国家論は、英国のギルド国家論と一脈通じ、又その根底となれる思想において、ルドルフ・シュタイナーの三重国家論と著しき類似を有し、吾らに向って深甚なる暗示を与える」というものである。

この評価はともかく、これ以降、佐藤信淵は西欧近代の超克を可能とする日本のオルタナティブな思想家として喧伝されていく。佐藤信淵は、その著述三百部八千巻の多きに達すると言われているが、『佐藤信淵家学全集』（岩波書店）『経済要録』（岩波文庫）『垂統秘録』（改造文庫）など、その代表作が続々と出版されていった。

伊豆公夫は『垂統秘録』の解説に「徳川封建制の治下に、いわゆる社会経済的思想学説を大成した諸経済学者は枚挙するにたえない程多いが、その中に佐藤信淵ほど眼孔の巨大で、構想の奇抜な思想家は他に見当らない。諸批評者は今日的社会の現実と関連せしめた評価を与えている。ある人は彼を帝国主義の先駆者とし、ある人は一種の社会主義者と見做し、ある人は純然たる封建主義思想家と評価した」と書いている。

研究書も羽仁五郎（一九〇一～八三）の『佐藤信淵に関する基礎的研究』（昭和四年、岩波書店）が出され、羽仁はその熱い思いを「われわれはいま再び変革の前夜に立つ。われわれの最近の過去における変革のその前夜に現れた思想家について、われわれが漸く多くを学びとるために、わたくしはこの貧しき労作の結果をひとまず街頭に送り出す」「日本国民もまた革命的思想の伝統をもって居る。日本国民が他の国々の最も優れた革命的思想に比せらるべき人材を、すなわち世界史的に、生み出した時代、日本の農民と平民とが、彼等の子孫をしてその前に動もすればたじろがしめるに充分なるほどの思想と計画とを懐抱する彼等の代表者を有した時代、そうした時代があったのである。何人も変革を期待し、しかもあらゆる変革的運動と思想とが極致の弾圧のもとに一時的に屈服せしめられて居るいま、かの明治維新前期の民衆の意図を代表した思想家の徹底的な理論と計画とを日本国民の前に再び引出して来て見せることは、時宜に適して居ると考えられる」と書いた。

評伝も小野武夫、坂本稲太郎、森銑三、古志太郎、鴇田恵吉らによって書かれた。

しかしこの佐藤信淵については、「（佐藤の）それは、いわゆる『社会改造論』――改革方法論ではなくて、方法論を飛躍して、つまり現実の社会とは無関係に、一種のユートピアにおける政治・経済・教育等の機構を説いているのである。……。こうした、現代日本社会よりも遥かに飛躍的な構造をもつ国家形態を、封建社会に生きた彼が脳中に描いていたということは、実に驚嘆に値する。もっともその仕組みは、郡県制下の支那及びすでに近代国家の形態を立てていた欧米諸国に暗示を受けたのではあろうが」（教育文庫第十巻『二宮尊徳・佐藤信淵教育説選集』）という評もあるように、翻訳の可能性が濃厚なのである。

大川自身も「佐藤信淵のこの道義国家の思想は、著しき類似を近代ドイツの政治学者ゲオルク・ブァイツのそれに有している」と言っている。

3　人類の三タイプ

さて隈本有尚であるが、隈本は丁酉誌に「東西の国際関係と新瑜祇の運動」（大正十五年四月号）を掲載し、シュタイナーの精神科学の本格的な紹介を始める。

このファッショ台頭の時代に、シュタイナーとともに東西衝突を未然に防止しようと日々腐心していた隈本は、そのためには東西文明の本質的な違いを理解し合うことが大事であると考えていた。

隈本はこの論文の冒頭で次のように訴えた。

現在及び近き将来において最も現実的にして最も重大なる問題は何ぞと問わば、卓識なる政治家ならびに世界政局の批判家は皆挙って答える。いわくそれは一に懸かって東西の国際関係にありと。何となれば、それが畢竟物質的にも精神的にも存亡の問題となるからに。

西洋の文明は科学的であって、その貿易、その産業、共に今後愈《いよいよ》膨張せざるを得ない。その内的衝動は広く地上に膨張すべきもの、又一往然かすべき外的能力がある。

東洋はこの膨張に会して、漫然所動的に駐まるものでない。否、東洋は却ってこの膨張の行わるべき形式・条件を決するにおいて率先して能動的立場を占めうと覚醒しつゝあるのである。

これにおいて問題は多分の危険性を帯び、頗る重大化せうとするもの。東西の文明は——固より実質において異なるものなるに——果たしてよく融合調和せうか？　いかなる民族にまれ、この過程中新たに興ってよく発達するものあり得うか？　将又東西人類は精神上衝突し、卒に外的に戦端を開くに至らうか？

この「東西人類は精神上衝突し」は、前出のシュタイナーの発言（P246）を意識してのことだろう。ヴァルドルフ学校が開校した翌日、シュタイナー関係者と思われる人物から隈本あてに小包が送られているが、同封されていた葉書には「平和（講和）条約締結にあたって心から幸福あらんことをご挨拶いたします」と書かれている。

この後、前出のシュタイナーの警告（第七章「有色人種の大不平」参照）が続く。

隈本は続ける。

（国際主義といっても）ウィルソン主義もマルクス主義も共に知的にして抽象的なる意識より出ている。人と人、国民と国民との調和を作るの諸力は、知的心性よりも一入深きに存するものなる。

国民と国民との理解には個人的・具体的理解が必要である。これらの理解を現実ならしむるものは、独り形而上の学究（人智学）に如くはない。

この後隈本は、シュタイナーの「東・中・西」の人類三類型説を説明する。

シュタイナー（隈本訳）は言う。

一、東邦人は本来地球の内的諸力に頼って生きている。植物の生長する力や地球内部の力は人間の意志活動に影響を与えている。東邦人は特に代謝組織が強く働いている。東邦人は自然的本能的に生き、地球内部の諸力とつながっている。東邦人独特の霊的生活は地球の表象そのものである。

二、中欧人が本能的天性的に生きている素地は、まさしく東邦人が修養によって到達しようとしているところの律動組織である。そして人を人として理解し、これを表象する傾向は中欧人の特色かつ天性であって、東邦人がいわば地球の通訳者であるように、中欧人は人類の通訳者である。

三、西邦人は天性のものとして、中欧人が自覚的に求めるものをすでに備えている。西邦人は頭脳組織中に――思想過程中に、知的生活に生きている、いわば頭脳の人である。

そして、西邦人たるアメリカ人には「(人類進化の)有終の美を成すべき唯一の可能性がある」としながらも、その科学万能主義の欠点を補うためには、「東邦(東洋)各種の神秘主義を総合し、もって東邦民族の渇仰心を満たさなければならない」としている。そしてこれはまた日本の使命でもあるという。

そして、この大正から昭和への移行の時代、発足したばかりのヴァルドルフ学校教育が熱い注目を浴び、谷本富(『谷本富氏大演説集』『宗教教育の理論と実際』)や入沢宗寿(『現代教育思潮大観』)、吉田熊次(『最近教育思潮』)といった著名な教育学者たちによって紹介がなされた。入沢、吉田は共に丁酉倫理会の会員である。

昭和五年に新潮社から出された『世界現状大観』(独逸共和国篇)にも、「児童の自由活動を尊重するという思潮の下に造られた学校としては幾多の新教育者によって試みられているものがある。例えば神秘主義者ルードルフ・スタイネルという人の思想に基づく自由学校というものもある」(吉田熊次「面目一新せる教育界」)と書かれている。

また、この時代、ニコライ・ハルトマンの弟子だったフリッツ・カルシュが松江高等学校でドイツ語を教えていたが、カルシュとともにハルトマンを『哲学講座』(昭和十一年)で紹介した長尾喜一は「カルシュ兄はシュタイナー等の神秘主義に関心を持ち」と書いている。

さらに、昭和十八年に出されたヘルマン・ベックの『仏陀』（渡辺照宏訳）の訳者序に「殊に我国斯界の巨匠が大正昭和の交に原始仏教研究に蘭菊美を競ったことは尚記憶に新たなる所であるが、その中には直接本書を引用した学者若しくは講義に際し学生の参考書として推薦した教授もあって本書の名は我国の研究者にも耳新しいものではない」と書かれている。この時代、シュタイナーは、社会問題や教育の分野以外でもかなり読まれていたことが推察される。

4　社会問題の真髄

続けて隈本は「スタイネルの人格観」（丁酉誌、大正十五年八月号）で、シュタイナーの哲学的主著『自由の哲学』のかなり詳しい紹介をする。それは「精神生活の自由」が社会有機体の三層化にとって決定的な意味を持っていったからである。

シュタイナーは、『自由の哲学』を再版（一九一八）するにあたって、「『自由の哲学』には本来、社会的危機から脱出するための総てのインプルスがこめられており、自由を学問的に深く検討する仕事こそ、まさに私たちの時代の課題です」と語っていた。

だから隈本は、シュタイナーの『社会問題の核心』を紹介した「社会問題の真髄」（丁酉誌、大正十五年十一月号）の初めに、「（『自由の哲学』には）二十有五年後の近著『三重式国家論』の本拠たる哲学をば最も簡略に約むるのである」と書いたのである。

では隈本は「社会問題の真髄」で、この三層化論をどのように紹介したのであろうか。

隈本はまず社会三分説について、「社会生活中那辺にこれを観るも、これらの三要素――経済的・政治的・精神的――現前するのである。那辺にも三者は互いに交叉浸透し、しかも那辺にもその内的本質は弁識し得らるゝ」と書いた。

そして最初に、経済活動にあっては「作業は分業的であって協同的なる」にもかかわらず、資本の所有形態は（一）少数の株主が所有する私的資本主義と（二）国家が所有者である国家社会主義（三）そして社会全体が所有者である連合主義・同業組合主義の三つに分けられると説明した。

次に政治的方面においては、「人各々平等の基礎の上に立ち――純一に成人人間として――自他相会するは、政治上権利の境地においてである」として、「そこに男となく女となく皆挙って平等を基礎として相会するを得しめ、各その正義とする所のものを協定する如うあらしむる必要がある」と言う。

三番目の精神的方面においては、「単に文化・教育の範囲中孤々単独の努力が無碍《がい》なるべしというにはあらずして、――むしろ、精神的・教育的生活の全体が社会的有機体の無碍なる支分として現実にさるべしというにある」とし、「吾人にしてもし無碍に内心から（一切の外的事情に因わるゝことなく）精神活動の価値を認め、これを基礎として、それが無碍ならぬと知覚するの勇あらば、そのとき初めて精神活動がその本来の力を恢復して社会生活に感化を及ぼし、これに浸透し、これを豊富ならしむるであろう」と言う。

隈本はここで、Freiheitの訳語に、あえて自由という言葉を避け「無碍」を用いている。なぜなのだろうか？　たぶんこれは、大杉栄などによって流布された、アナーキズムの自由と混同されることを恐れての処置であろう。

そして隈本は、「しかりといえども、政治上の権利生活の独立、精神生活の自在・無碍を説きながら、もし同時にこれが対策たる経済・産業の改造案を示さずば、それがユウトピアンたるを免かれまい」として、経済生活上の対案を提起する。この「ユウトピアン」には大川に対する批判もあったのであろう。

隈本は、この経済的対案を（三）の連合主義・同業組合主義をベースに考えているが、この第三の道の経済体制は、昭和の協同主義（第十章）となっていくのである。

5　ファシズムの台頭

この時代、ヨーロッパでは再び激動の兆しが見え始めていた。一九二二年（大正十一年）にイタリアで政権を奪取したファシスト党のムッソリーニは、独裁へ向けて体制を強化しつつあった。また、敗戦国のドイツでも、大衆の不満を組織化したヒトラー率いるナチス党が政権の座を伺い、過激な運動を展開していた。
一九八七年、緑の党の連邦議会議員だった現ドイツ連邦共和国内務大臣オットー・シリーは、議会で次のように演説した。

約七十年前、ルドルフ・シュタイナーは、社会を文化、国家、経済の三領域に機能的に編成する考えを示したのであります。この考えは、未来の社会に対する青写真であり、安易な思考に充足することを望まず、人間の存在の危機を意識している人間にとっての青写真となりうるものであります。

二十年代にかれの思想が社会的な対話に建設的に取り入れられていたとしたら――歴史的に回顧すれば敢えてこう主張することができる――いずれにせよナチの支配や第二次世界大戦を避ける助けとなったであろう。

知的な傲慢、頑迷な講壇科学、権力のうぬぼれ、さらには人智学者たちの党派的態度なども与かって、シュタイナーの思想が社会に生産的に受け入れられることが阻まれてきたのであります。

ドイツの人智学者たちのだれもナチスに立ち向かおうとはせず、「師曰く」と、医学や農業、教育など身の回りの実践に逃げこんでいった。ヒトラーの台頭を許した彼らには、この戦争に対する責任がある。

こうした人智学者たちに対して、哲学者のエルンスト・ブロッホ（一八八五〜一九七七）は、侮蔑的な言葉を浴びせかけた。（『この時代の遺産』）

両性をそなえた年老いた女たち、貴族と小市民、要するに、沈みゆく諸階級が、とりわけシュタイナーの世界をにぎわしている。

これは、もっとも広く普及した、もっとも不潔な世界である。明らかに、この人智学運動にたいする他の国々の強い関与だけが、この運動が一致団結してヒトラーのほうへ移って行くのを妨げているにすぎない。

もっとも広く流布した現象としてのオカルト主義は、雑草によって緩和された反動である。勇敢なまなざしがまったく遠くまでとどくように見えるところでは、さらにいっそう乱雑である。そこではシュタイナーが支配的で、無駄なおしゃべりと四分の一の教養をもちながら、秘密のことを発送しようとする。

ところが、このかれらの陣営もまた、じつに多面的なのだ。絵画あり、色彩論あり、舞踏術あり、農業における「農業神（デーメーテル）運動」あり、作劇法あり、植物学あり、物理学あり、占星術あり、体液医学あり、精神医学あり、冶金学あり、社会政策あり、アリストテレスあり、原始時代史あり、天体物理学あり――要するに、ありとあらゆる精神部門の小枝と魔女の灯心草の月次《なみ》さとが、ここで、まさしく百貨全書的な混乱のままむしりとられ、ひとつの花束にたばねられるのである。

ブロッホは、一九一八年に処女作『ユートピアの精神』を出したときに、第五章「今の時代の思考環境について」で、「シュタイナーは古き神智学の遺産を再生することのできた、今の時代のただ一人の人物である」「輪廻という倫理的に避けがたい思想を、アーカーシャ年代記の印象深い教説による細かい点を含めて、真剣に受け入れることである」（石井良訳）とシュタイナーに対して好意的に書いていた。

しかしこの章は、再版（一九二三）のとき、すべて削除された。社会有機体三層化運動の後退が影響していたのだろう。

そして一九三三年、ドイツではナチスが政権を奪取する。

こうした欧州の空気をそのまま反映して、日本でも、ムッソリーニを賛美する伝記やファッショ運動の紹介が続々となされる。

そして大川周明が指摘していたように、このファッショ運動とロシア革命の影響から労働争議を頻発させていた左翼陣営とが、深刻な不況のなか激しい対立をかもし出し、国論はますます二極分解していった。

6　尾崎行雄と早稲田の政治学

このような事態を憂慮した元司法大臣尾崎行雄は、昭和三年四月、普通選挙実施後始めて招集された議会に、シュタイナーの社会有機体三層化論に基づいた「三大国難決議」案を上程する。尾崎は、決議案の冒頭で「今や帝国の国難は思想、政治、経済の諸方面より襲来し」と訴え、思想の自由（精神生活における自由）、選挙（政治）における干渉の撤廃（平等）、税制の調整と階級負担の調和（経済における友愛）を主張し、「政府および政党の反省をうながそう」とした。五月六日、再三の根回しと修正の結果、三決議案は衆議院を通過したが、政府は何の改革もせず、尾崎の苦労も徒労に終わった。

この時代、早稲田大学では、浮田和民がシュタイナーの三層化思想を改作した政治学を「新政治学」として講義していた。

この早稲田で、浮田以外にもこのシュタイナーの社会構想に注目していた人物がいた。浮田と同じ政治学を教え、その後政治家に転身した阿部磯雄（一八六五〜一九四九）である。

同志社で新島穣の薫陶を受けた阿部磯雄は、人格主義、民主主義をモットーにした穏健派の社会民主主義者だった。阿部は、明治三十四年に、幸徳秋水、片山潜、木下尚江らとともに、日本最初の社会主義政党社会民主党を結成する。

その後、早稲田専門学校（のちの早稲田大学）で教授を務める。

そして、大正十四年に普選法が成立したのを受け、翌年、阿部は片山哲や鈴木文治らとともに社会民衆党を結成し、その委員長に就任する。この党は「反資本主義、反共産主義、反ファッショ」を掲げた。

阿部は昭和五年に出した『次の時代』という本の「自由、平等、博愛」の章で、次のように書いている。


仏国革命の理想は現代のデモクラシーを生むに至ったのであるが、その理想である自由、平等、博愛は未だ充分に実現されてはいない。……。

自由、平等、博愛の中《うち》何れが最も重要なる理想であるか、これに答えることは容易ではない。むしろこの三者は一体であって、同時に発達すべきものであると言うのが適当であるかも知れない。

すなわちこの三者は並行すべきものであって、前後すべきものではないのである。しかし現代社会の状態から言えば、三者の中最も発達の後《おく》れているものは平等ということではないかと思われる。

自由と博愛はある程度の発達を遂げているけれども、平等のみは今もなお幼稚なる状態にある。私は今三者の関係につき次のごとき説明をしてみたい。

自由主義は政治の目標であって、今日まで相当の成績を挙げている。博愛主義は宗教道徳の理想であって、これも相当に成功している。しかるに平等の目標は経済方面にあるべきはずであるのに、それは未だ言うに足るほど結果を生じていない。かくのごとく考えれば、今後における重要問題は私共の経済組織に平等主義を徹底せしむることにあらねばならぬ。

政治、経済、及び道徳の三方面において、自由、平等、博愛の三主義をそれぞれ発達せしむることになれば、早晩仏国革命の理想は実現されるに相違ない。

この阿部の社会三分説は、自由・平等・博愛（友愛）の社会機構三部門への適用ということからも明らかなように、シュタイナーの三層化論によっている。しかし阿部の自由・平等・友愛のそれぞれへの適用においては、浮田の「精神生活には自由、政治生活には公正、経済には平等」とは少し異なるが、経済に（友愛ではなく）平等が適用されている点では同じである。社会主義の「平等の呪縛」がいかに強かったかが分かろう。

その結果、阿部の三分説は、玉突き式に、政治には（平等ではなく）自由を、道徳（精神生活）には（自由でなく）博愛を当てはめるということになり、浮田と同じく、きわめてバランスの悪いものになってしまっている。

阿部もまた、立岩（第五章「社会の主法則」参照）と同じように、内容の論理的一貫性ではなく、外形の類似性（形態模写）だけにこだわったからである。

そして、ファシズムの嵐が強まってきた昭和七年の七月、阿部は、党内のファッショ派と決別し、全国労農大衆党と合同し、新たに社会大衆党を結成する。

7　伊東ハンニの新東洋主義論

そして、この同じ昭和七年（一九三二）、不況の嵐はますます吹き荒び、昭和維新の声高まるなか、隈本有尚の弟子松尾正直（一八九八〜一九六九）が、伊東ハンニと名を変え、彗星のごとくジャーナリズム界に登場する。

自ら「東洋のモンテ・クリスト伯」と名乗ったハンニは、株で儲けた大金を投じ、与謝野晶子や川端康成など多数の著名人を動員して雑誌『日本国民』を創刊（四月）し、シュタイナーの三層化論や民族論をもとに、「日本国民主義」の旗を高く掲げた。これには大川周明の『日本及日本人の道』も影響していたのだろう。

そしてハンニは、すぐに、徳富蘇峰ゆかりの『国民新聞』を買収して、その社長に収まった。

この二年前の一九三〇年、ドイツでは、ナチスの聖書と呼ばれたアルフレート・ローゼンベルクの『二十世紀の神話』が出版され、アトランティスが現代に復活する。

ローゼンベルクは言う。「これら（北極の移動と気候の変動）のことを総合して考えると、アトランティスについての太古の伝説は、一つの新しい見方の中に置かれて来るようである。今日大西洋の波濤が澎湃として打ち寄せ、巨大なる氷山が縦走する処において、太古においては一つの生気溌剌たる大陸が海洋の中から突き出ており、そしてそこではある創造的なる人種がある大いなる、弘く普及するところの文化を生み出し、そしてその子孫を航海者及び戦士として世界に送り出していたということは、必ずしも有り得ないことではなかったように思われるのである」（吹田順助訳）と。

このローゼンベルクの北方アトランティス説は、明らかにウェーゲナーの大陸移動説（第九章「地球の霊的形成力」参照）の影響を受けている。ローゼンベルクがこの「創造的なる人種」（アーリア人）の精神を代表する人物としてエックハルトやゲーテを担ぎ出したことはすでに書いた。シュタイナーも、「ピタゴラスは西部の方へ、南部伊多利の方へ旅して、そこで（正に古代のルードルフ・シュタイナー＋アンニー・ビザントといえるだろう）女の祭司を用い、……」とチラリと登場する。

ローゼンベルクが、この書の構想にあたってブラヴァツキーの『シークレット・ドクトリン』やシュタイナーの『アーカーシャ年代記より』『民族魂の使命』などを念頭においていたのは間違いないだろう。

そして日本では、この昭和七年の六月十九日、『大阪毎日新聞』が、「太平洋の秘密　噴火のため海底へ没した　文化発祥の花園〈ム〉大陸奇談」として、チャーチワードのムー大陸説を大きく紹介する。記事は「それが本当だったら人類の歴史を覆すまったくの大驚異だ」と煽る。

こうしたなか、四月二十日、国技館で開催した『日本国民』創刊記念演説会で、ハンニは高らかに第三の道を宣した。

人あるいは、日本国民主義をもって西方より来れるファッショ思想と見做すかも知れない。しかし日本国民主義は、断じてファッショに与するものではないのである。さらばマルクス思想かというにもちろんそれも誤りである。

しからば極右も排し、極左も執らざる日本国民主義とは、左右の中道を行くものであろうか。決してそうではない。

また、二三日前の某紙において誤られたように、いわゆる国粋主義、いわゆる大和魂、一本槍ではないのである。

日本国民主義とは、極右極左の両思想に超絶したる大本義、いわゆる大和魂より遥かに進歩的な時代の洗礼と人類の福祉とを約束する生々しき新たなる思想である。

大川周明の影が見える。ハンニはまたこのファッショとマルクス主義について、「ファッショが生命づけられたのは、社会主義を潜ってきている点にあるが、ムソリニもまた人間の神秘的方面には無力であり、人の個性の尊さ、深さを忘れている。剥奪と弾圧こそファッショである。人の社会、人の国家、人の世界である。人間を蹂躙して人間の生活はない」。また「マルクスのごときプロレタリアの勝利の後、個人の栄光世界を、言わぬではないが、個人の性能、人間の特性を認むれば、直ちに再び資本の時代となる」と核心的な批判を行なっている。

ハンニは、日比谷公会堂、朝日講堂などでも大演説会を連発、聴衆を魅了した。だが、この運動も米相場で失敗したため、半年でポシャってしまう。

私は『昭和の天一坊』で、『日本国民』創刊号のハンニのペンネーム「江戸門（エドモン）」には、復讐の意志が秘められていたと書いたが、事実、ハンニはこの時代の手帳に、「水中のエドモン　三十三才　昭和五年、株の第一戦と命令」と記していた。

しかし、ハンニは不死鳥のごとく蘇る。

昭和八年末、ハンニは、北京において満州国皇帝の親族で男装の麗人と呼ばれていた川島芳子を伴って「新東洋主義論」を発表し、翌年正月、これを『大阪朝日新聞』に全面広告として掲載した。

ハンニは咆哮する。

地球をめぐるものは総て西行す。太陽も月も然り。文明もまたそうである。
我等の新東洋主義は、次の世紀の西洋に対しても責任を有す。西洋に文明も思想も生まれることなし。世界の曙は黄河の流域であった。ナイルの流域にも人はいたが、その後の爛漫たる西洋文明の花の種子は東方より飛行したものである。五千年の芒洋たる世界全人類の歴史は、実に東洋文明の世界一周記に他ならない。

次の五千年の新世界は今日に出発する。東地球の春に創生した。美しい新東洋主義の花が、東亜の幸福の実となり、再び西洋を訪れて花開き、やがて全世界が新東洋の花で豪華に飾られる時、地上には初めて人間の理想の国が生まれるのであろう。新東洋主義の使命は全世界の祝福である。

ハンニは、東洋モンロー主義によって、シュタイナーの三層化論に基づく理想の国を中国大陸で実現しようとした。さらにハンニは「紙幣は伝票である」「生産資本主義」と、「経済における友愛」を説いた。

この時、ハンニは、芳子への想いを「『新京へ行く』の一言、如何に我を苦しめしぞ。月見草に対する苦悶、然も我は進みゆく。東洋花。ハンニの将来は大陸に在り。川氏には盡し行くのみ」と記していた。

ハンニの新東洋主義の演説会には、万を越える聴衆が集まり、絶叫するハンニは、さながら救世主のようだった。

この絶頂時の昭和九年七月、中国西南派（反蔣介石派）の大立者李宋仁は、ハンニへあて、「漢宜同志先生閣下（ハンニの中国名）羊城小聚獲教良多　閣下熱心宏願思想大正輿吾人愛護東亜和平共存共栄之志願相　同日前輿　閣下討論各項問題尚折共同努力促其実現則不但東方赤化可以掃除而中国之安定」と書いている。中国側からは「東亜連盟秘密運動之要点」なる謀議の書簡も送られている。

また、当時久留米の師団にいた東條英機がハンニにあてた手紙（昭和九年十二月）には、久しぶりの面会を喜び、ハンニが送ったレコードを子供たちが喜んでいること、さらには九大助教授伊藤兆司に『東洋の花　伊東ハンニ』をあげたら大喜びで持ち帰ったことなどが記されている。東條はハンニの思想に関心をよせ、よく会っていたらしい。

その結果ハンニは、当局から、北一輝らとともに危険人物と見なされ、昭和十年十月、詐欺容疑を口実に逮捕される。

獄中でハンニは「牢にゆくわれを送るな太陽も　後姿は寂しきものを」「ハンニ草歴史の花を開く頃　われ日本にまた生れ来む」「《彼女はわれを》知らぬ人の面影は　何に例えむ花もなく麗人多き日本に　革命に咲く恋もなく」「然も思想の音楽は　全人類に谺《こだま》する　恋より熱きわが思い　十年後は成るものぞ」と詠ったが、それもかなわぬ夢だった。

ハンニ逮捕から四ヶ月後、二・二六事件が勃発し、北一輝らが逮捕される。外相広田弘毅に組閣の大命が下る。広田は修猷館時代の隈本の教え子で、上京後も、同窓生たちと隈本を慰労する会を催していた。

この事件直前の総選挙で、阿部磯雄率いる社会大衆党は十八名の当選者を出し、翌年の総選挙でも、三十八名の当選者を出す。しかし昭和十五年、第二次近衛内閣で大政翼賛会が成立するや、党は解党され、阿部も政治活動から身を引かざるをえなくなる。

この時、尾崎行雄の盟友田川大吉郎も立候補禁止になり、それに抗議した尾崎は逮捕される。こうして、在野の革新的政治運動が終焉する。

シュタイナーや隈本が期待した「西洋からする精神的価値の償還」は起きなかった。時代は日米決戦に向かって進んでいく。

第九章　世界史と風土

1　人類進化の謎

ここで話は再び大正の終わりに戻る。

この時代、隈本有尚は、社会有機体三層化論や人類三類型説以外にも、シュタイナーの精神科学の多彩な分野を精力的に紹介している。

そのなかで特に注目しなければならないのは、精神科学の立場から見た世界（人類）史である。ここでは、人類進化を意識の発展として、古代の人間の意識状態や太古の時代における人間と自然との関係を明らかにしながら、いわば内側から見ていく。

隈本は、大正十四年の始めから、『高野山時報』や丁酉誌にシュタイナーの人智学の簡単な紹介を行なってきた。そして、この年の後半から翌年にかけて、『密教研究』（高野山大学密教研究会発行）に、その集大成ともいうべき「現代密教徒の宇宙観」を発表する。

これはシュタイナーの『アーカーシャ年代記より』や『神秘学概論』、ブラヴァツキーの『シークレット・ドクトリン』などの梗概をまとめたもので、かなり大部なものである。

隈本によれば、この「『七曜輪』乃至『七原種』等の諸説」は、「これを我が邦の学会に紹介することは恐らく最初の試みであ」ったという。この連載のさなか、一九二五年三月三十日、ルドルフ・シュタイナーが死去する。

そしてその翌年（昭和二年）八月、隈本は、丁酉誌に「形而上学から観たる『宇宙の謎』」を発表する。これは、シュタイナーが一九〇五年にベルリンで行なった「ヘッケル、『世界の謎』と神智学」と題された講演の抄訳である。

このなかでシュタイナーは、ヘッケルが『自然創造史』や『世界の謎』で示した単純な物質から植物、動物を経て人間に至る進化の系統樹は、物質主義的な外観にもかかわらず、精神科学的な観点を持って見れば、きわめて意義深いものであると言っている。

それによると、チンパンジーなどの高等動物と人間との関係は、人間は高等動物から進化したのではなく、両者に共通の先祖から人間が進化することによって、逆に高等動物たちは退化していって現在の姿になったというように考えられるというのである。

そして、人間と高等動物に共通の肉体的祖先があったように、意識においても今日の人間意識の「意識祖」と呼べる状態があった。この意識祖は、まだ、今日のような道徳心や科学的探求心は持たず、意識活動の大半はその肉体の改造のために使われており、不完全な脳を後の思考活動の根拠になるように改塑していったという。

このことと、『自由の哲学』で言う「概念を通じて世界を説明するためには、時間的に最初にあった存在の要素からではなく、我々に最も近いもの、最も親密なものとして与えられているもの（思考）から出発しなければならない」と言うこととは矛盾しない。

なぜならば、この思考は「意識祖」から進化したものであり、この意識祖はいわば「純粋経験」だからである。そして現代の人間はこの進化過程で形成されてきた人間という身体の機制によって、もはや「考察を始めるために、一足飛びに世の始まりに身を移すことはできな」くなっているのである。

人間は、進化の過程において、高等動物だけではなく、鉱物界や植物界といった現在四周に見える自然界を、その発展の各段階においてそれぞれ遺棄してきた。それゆえ地上の総ての存在物は人間進化の残滓ということができるというのである。

そして人間のこの進化発達を促したのが、今日の人間意識において「思考し行動する」ところのもの、つまり、自由を求める意識なのであるという。

2　霊的知覚力

そして翌九月、隈本は同じ丁酉誌に「東邦文化と亜歴山（アレキサンドロス）大王」を発表する。

ここでは、アレキサンドロス（アレキサンダー）の東方遠征による古代ギリシア文明の東洋への伝播の秘儀的意味について述べられているが、これもまた、シュタイナーの『精神科学の光に照らされた世界史』(一九二三)、いわゆるクリスマス会議の講演からの抄訳である。

隈本(シュタイナー)は言う。「アレキサンドロスの東方遠征の動機と目的、またそれが人類進化に与えた意味は何か」と。

隈本は、まず始めに、十二世紀初頭のキリスト教牧師ランプレヒトのアレキサンドロス賛歌を挙げる。

それはこう謳われている。(隈本訳)

春来れば訪ねても見よ姑しだに
森邊や花の咲きぬらん。
赤根さす日脚は高く回ぐるとも
木より花へ影さゝん。
打見よや春の木陰に花の精
花の臺《うてな》を立出でて
友よびつ小供乍らの非邪気さに
一齊舞踊するなるを!

この詩について、隈本は、「森のなかには自然界の五大の精が生きており、ランプレヒトには、その森の精の舞踊が見えたのである」と言う。

ランプレヒトは「アレキサンドロスの遠征の目的は、アジアに入って楽園の門に達しようとしたのである」と言う。

だがこれは、あまりにもキリスト教に偏した解釈であろう。なぜならば、この時はまだ、キリストは人類史に登場していないからである。

そして、これらのことを精神科学的に解釈すると、アレキサンドロスは、師アリストテレスの「ギリシア人は友として扱い、野蛮人（非ギリシア人）は奴隷として扱え」という教えを無視し両者を融合させようとしただけではなく、その背後にある高次の精神的目的を持って東方へ遠征したというのである。

その目的とは、東洋がすでに失ってしまった自然認識を、再び、アリストテレスの自然学によって蘇らせようということだった。

それは、アレキサンドロスの出生の秘密によって説明できるという。

プルタルコス（四六ころ〜一二〇）の『アレキサンドロス伝』によれば、紀元前三五六年の七月下旬、小アジアのエフェソスにある有名なアルテミス神殿が、ある男の放火によって炎上し消失した、その日に、アレキサンドロスが誕生したという。

シュタイナーは、これを、地母神アルテミスの霊がアレキサンドロスに転移したと解釈した。

そして、この地母神の化身は、その故郷を目指すことになるのである。

シュタイナーは言う。


アレキサンドロスが、人間と宇宙との関係において深い洞見を持していたアリストテレスに学んだのは、全く内的経験に属する所の教義であった。

それは、四周の世界中人間以外にあって生き生きたる地・水・風・火は如何にして又人間自らの中に生きるなるか、如何にして彼はこの連絡において真の小天地（ミクロコスモス）なるかというにあった。

この見地からせば、人間の骨にも地大はあり、その凡ゆる血液・気分の中にも水大はある。風大は凡て呼吸に関する所のもののなかに働き、火大は人の思想中に生きる。アレキサンドロスは諸大中生きる所以について意識的経験の持主であった。


そして、隈本によれば「この一切世界の諸大中に生きるという経験は、又地球と密接な関係の経験が伴っていた」という。

たとえば、今私たちが地球上を東西南北に旅行をしても、その際に、私たちの内部において何が流れているかは感じることはできない。私たちは外的感覚が知覚する以上のものは知覚できない。

しかしアリストテレスは、アレキサンドロスに「汝、もし地球上を東に行くとせば、汝はいよいよ、自ら乾燥する所の一大中、乾中に遷《うつ》るであろう」と教えたという。

だがこれは、「アジアを旅するときは全く乾燥する」ということではなく、アレキサンドロスがマケドニアにあって感じたところは、「余は躬《み》親《みず》ら幾分の湿気を具《そな》ふ、そしてこの湿気は余が東に行くに従って減少す」という「頗る緻密な心的作用だった」のである。

そしてアレキサンドロスは、生涯の転戦において、この地表の「形成」を感じたのである。すなわち、「東へ行けばいよいよ《乾》中に入り、西へ行けばいよいよ《湿》中に入る」のであった。

だがこれらのことは、今日、ごく普通の人々も体験している。すなわち北方には《寒》を、南方には《温》を経験する。しかし、一般の人々は、北西に行っても、湿・寒の和合を経験することはできない。

アレキサンドロスが知覚したのは、直接の内的経験であって、北西の一方、湿・寒の中間地帯においては《水大》を感じたのである。

そしてマケドニアから見て東北になる乾・寒の中間地帯、すなわちシベリアの方には、《地大》の領土が経験され、東南の乾・温の中間の地帯、すなわちインドの方には、《火大》の主宰する領土が経験された。

だからアレキサンドロスは、西北を指して「余は水大神の地球上の作業を感ずる」と言い、西南を指して「そこに余は風大神を感ず」、東北を指して「そこには特に地大神が降臨する」、東南のインドを指して「火大神が降臨するを見る」と言ったのである。

　そしてアレキサンドロスが、「余は湿・寒を去って火大に投ぜざるを得ない、インドに行かざるを得ない」と言い出したとき、そこには、「彼の意識中に自然的と道徳的とが密接に相絡まっている」のを感じるのである。

　このようにエフェソスに保存されていた古代東方の密教の特徴は、「道徳的衝動が自然的衝動からあまり峻刻には分離されないことにある」。そこでは「自然界の精は人にも見られ、人は躬親ら全自然界と一如たることを感ずるのである」。

　そしてそこで人は、「四周に見るところのもの――一年生の花卉《き》、堅く地中に根ざすところの樹木――凡そこれらのものは余がかつて人として自身中に孕めるところであった」ということを知るのである。

　アレキサンドロスが、小アジアを制圧したときに、焼けたままに放置されていたアルテミス神殿を再興しようとしたのも、このことからだった。

3　人間と自然

　では、これらの霊的感覚あるいは知覚の背後にはどのような事実が隠されているのだろうか？

シュタイナーはこう言っている。人間は、最初、全的（宇宙的な）単一存在であり、そのなかに、今現前する総ての惑星および自然界を内包していたが、土星期・太陽期・月期・地球期という各惑星発展を進むにつれて、それぞれの段階で、まずは惑星、そして次に、鉱物界や植物界といった自然界を「抛擲《ほうてき》あるいは分娩」してきた。

そして、この四番目の地球発展期において、「植物を受け納れ、これに根を貸し、木質を与えたるものは地球であり、植物中の木質は地球から来ている。しかも植物質そのもの、全植物質はいわば、人間の所産であって、地球はこれを受け納れたのである」という。

人間はこの発展期までの間、「植物を帯同しつつ、それを地球に委せた」。植物からすると人間は「神と地球との仲介者であった」。そして、この「大経験を歴たる人間は一種の感情を体得するのであった」。

これに対して、高等動物との関係は「人間が人間たる道を辿り、地球上その当然の地位に達するがためには、進化の中で動物を追い越し、置き去りにする以外になかった。そしてその結果、高等動物はその発達上挫折して退化するに至った。古代エジプトの動物供養は全くこの知覚による」という。

私たちがアジアの各地に、たとえばヒンズー教で牛が神聖なものとされたり、タイで猿が神の使いとされたりしているのを見るのも、このことの名残なのであろう。

そして、シュタイナーによれば、私たち人間が動物に対して「得脱の感」を持ったり、植物に対して「近親の続柄」を感じたりするのは、次の理由によるという。

すなわち「植物界は人間よりすれば幾分己身たるごとくに見え、地球に向かっては彼は誠実な愛情を感ずるのであった。何となれば、地球は植物の母体たる人間の幾分を受け、これをして自身中に根ざすを得しめ、これに皮を着くるがために彼自らの物質さえも与えたから」だという。

それゆえ人が「四周の物質界を認識するさいには常に道徳的要素が現前」し、「野外の植物を眺めつゝ、彼が知覚する所はただ、自然の成長に止まることなく、この成長の中に彼は人との道徳的関係をも知覚し又感じたのである」という。

また動物についても、人は植物とは別の道徳的関係を感じたという。すなわちそれは「彼は過去の進化競争上動物を追い越したとの感じがそれ」であるという。

こうした古代東洋の自然観がエフェソスの密議によってギリシアに伝わったが、それは、東洋ではすでに衰頽していたという。そしてヨーロッパには、アリストテレスの別の面、すなわち論理学・哲学が伝わっていったという。

またシュタイナーは、人間の頭部（脳・神経系統）には月の諸力（月曜神）が生き、胸部（呼吸・血行の過程）には金星の諸力（金曜神）が生き、四肢（代謝系統の諸器官、特に肝臓）には水星の諸力（水曜神）が生きていると言っている。

4　地表の霊的形成力

隈本は、さらにこの後、昭和三年八月には丁酉誌に「地球面の形勢と東西人類の命数」を発表し、「東西の人類が意識の発達上それぞれ経路を異にすることから東邦人、中欧人、西欧人（北米人をも含む）の三大型に分かれる所以を説き、各々独自の職分を鑑みて相互の理解全く遺憾なきまでに至るならば、そこに初めて――さなくば将来必至である国際間の縺《もつ》れが予防し得られるであろう」と訴えた。

隈本は言う。

まず、地球体の形勢について地平的に観ることとしよう。一般に知られるところによるに、地球はかつて大規模の天体であったが、時を経て固結することをなし、今のごとく比較的に小体の形となった。地球はかくも縮むことの過程をたどった。

この過程は、好適例として、林檎《りんご》の皺《しわ》枯れる場合に見える。その縮むという過程の結果としては外皮に皺が出る。地球の場合ではこの縮む過程は、まずもって山獄など地球面の凹凸を来した。

しかしてそこにはまた切線に沿って大々的圧力が働いたのである。見よ、地球上到るところ大山脈あって、それぞれ一定の方向をたどるに至った。そのことのためにはいかに偉大な諸力が働いたであろうか？

その諸力などの流れの中には必ず隠れた目的、神秘的な法則なければならぬ。その目的、その法則はこれを発見すること果たして不可能であろうか？　我々はこれを問うてみたいのである。


隈本がここで、あえて傍点を付して「地平的」と言っているのは、大正四年に「大正維新の急先鋒？　世界を震撼す」と大々的に宣伝された飯田竹風の『地学革命論』を意識してのことだろう。

この『地学革命論』というのは、「非凡の博識をもって聞えたる飯田先生が既往三十有八年間一心不乱に熱血を濺《そそ》いで天文地理歴法を研究の結果、全世界は地球に非ずして正に地平であると診断された一大快著である」と広告されたように、正真正銘のトンデモ本なのである。

そしてこの本の何がすごいのかというと、序文を時の総理大臣大隈重信が書いているのである。

大隈は言う。


星学（天文学）は愈《いよ》々進歩して地球説は確定したものとなって居るのである。しかるに飯田竹風氏は新規に地平説を唱導し、その数理的研究により、三十余年間にわたってこれを主張して居る人である。吾輩はその説の当否を判断するの学力がないが、本書の刊行に当って序文を求められたから……。

とんでもない時代があったものだ。

話を隈本に戻す。隈本は、こうした地表面上の違いは、オーストリアの地質学者エドワード・スエスの『地球の表面』においても認められていると主張する。このスエスは、大陸をすべて集めて一つの巨大な陸塊を作り、これをゴンドワナと呼んだ人物である。

しかし現代の地質学や地球物理学では、このような隈本（シュタイナー）の林檎の皺説を採ってはいない。

現代の科学は、この地表面の動きを「マントルの海に漂う大陸」として、すなわち、一九一二年に、ドイツの気象学者アルフレート・ウェーゲナーが初めて明らかにした大陸移動説によって説明している。

ウェーゲナーは、一九一五年に『大陸と海洋の起源』を刊行し、「地殻が垂直な力によって上下に動きうるものならば、水平方向にだって動きうるはずだ」として、豊富な資料を駆使し、ジグソーパズル的な解読を試み、ついに一つの超大陸パンゲアに辿りつき、これからゴンドワナを経て現在の状態までの二億年間の大陸の移動をみごとに説明したのである。

このことによって、大西洋にあったとされるアトランティス大陸の存在は、科学的に否定された。

　このウェーゲーナーの本は、我が国でも大正十五年に、『ウェゲネル大陸浮動論』（竹内時男）と『大陸漂移説解義』（北田宏藏）として紹介されている。

　そして隈本は、これらの事実は表面的（物質的）なものにすぎず、その背後に働いている霊的な形成力を見なければならないという。

　では、地球内部に働いているこの形成力とはどんなものなのか。隈本は、シュタイナーの説を引用して、こう言っている。


　アジアの内地に至っては、そこにヒマラヤの大山脈あって西蔵（チベット）の高原から南にあたって西より東へと走るところの一大孤線を形づくる。そこにアジアの中心において広く聳えるところの個々の山獄の種々層に観るに、アジアの全土を鑄《い》なした諸力は北極より南極へと流れることが明らかだ。

　かくて全アジアの大山脈の形成力が地図中まさに一大エーテル十字を描くのである。これら諸力の発作する焦点は那辺《なへん》にこれを求めるべきか？　それは地図上に見える西蔵の辺であって、まさしく今のアトランティス後の主なる文化が流れ出たとされるところである。

（そして西へ進んで）ヨーロッパのある地点に至っては、そこに奇しき現象としていわゆる十字の方向に急激な転倒があるを見る。ヨーロッパに入りスイスの辺から南を見渡すに、欧アルプスの方向はアジアのごとく北より南へと流れる諸力からは出でない。むしろ南より北へと流れる諸力から出ずる。それが欧アルプスの構造に徴して明らかである。ここに諸力の方向は南極より北極へと走る。

大西洋を横切って北米は西海岸沿いに走るところの大山脈列に遷《うつ》れば、この脈は又復北より南へと向かうのを見る。総じて諸力の方向は常に山獄の方向に垂直なりとの理由によるに、アメリカ大陸の西方の山脈は一方は西より東へと、また一方は東より西へと流れるところの諸力から成じたことが明らかだ。

しかしこの第二の十字の中心点はヨーロッパにある。それゆえ、この地球体の物的組織についてあらゆる研究の結果を用い、山獄組織の詳細に入り、純物的現象から形而上の形成力に昇ってこれらの諸力の図解を試みるとき、我々は地球体に、何が描かれるを見るか？

そこに地球体には二大十字が描かれるのである。またアトランティス後期の文化はアジアの十字からではなく、むしろヨーロッパの十字から起こった事実あるを見る。

東洋の文化は幾千年の進行を続けてその任務を果たし、人類史上その意義深甚であった。これに次いで起こった文化は、今もっぱら展開中だが、その由来、亜十字の焦点からではなく、むしろ欧十字のそれからであった。

ウェーゲーナーは、この山脈の形成について、たとえば、ある浮遊する大陸塊（インド亜大陸）

が別の大陸塊（ユーラシア）とぶつかって、そこに褶曲が起こったと言っている。これがヒマラヤ山脈である。ヨーロッパのアルプス山脈、北アメリカのロッキー山脈も同じようにしてできたという。

また「流れ」の変化についてであるが、このころウェーゲーナーの義父のウラジミール・ケッペンは、数百年前には北極はアフリカ南部にあり、それからアメリカ、インド、オーストラリアと位置を変えていったという「極移動」説を唱えていたが、シュタイナーもこの移動を感じたのであろうか。

隈本は続ける。

南極へと流れるところの諸力に生き生きたる意識は《月性》に縁《ちな》んで、より多く空想に傾き、これに反して、北極へと流れるところの諸力に生き生きたる意識は地大に縁んで、より多く現実に傾く、

そこで事実上これら二焦点から出でたところの文化の発展した跡に観るに、アジア文化の意識は多く《月性》（第三劫〈カルパ〉）であって夢幻に傾き、ヨーロッパ文化の意識はより多く地大に縁み、物質的に傾く。東洋のアジア文化の建設者は各その民族と共に《月性》に傾くエーテル諸力の流れに投じ、西洋のヨーロッパ文化の建設者は《地球性》（第四劫）に傾く諸力の流れに投じた。

この「月性」から感情が生じ、「地球性」から思考が生まれたのである。隈本は、このアジアとヨーロッパの心性の違いについて、すでに「日本人と西洋人」（第七章「日本人とヨーロッパ人」）で同じ指摘をしている。

そして、シュタイナーによれば、このアジアの「空想」「夢幻」的意識は前発展期（月期）の名残ということになる。

そして昭和四年八月、隈本は丁酉誌に「文明の三大要素」を発表し、「アジアとヨーロッパは互いに理解するよう学ばねばならない。アジアをば感服させようとするには外的生活や国家、政治のような唯物的な組織では足らない。彼らが知ろうと欲するは、人心の深きに潜む衝動から来るところの事物にある。ヨーロッパ人は幾分このアジア精神に感づいたが、しかし深き理解とまでに至った証左はない。ヨーロッパ人の理解するところは区々たるものがある、そしてその合致なきことが、すなわちアジア文化をばヨーロッパ文化に輸入する所以を理解しない証左である。たとえばブラヴァツキーとマックス・ミューラーとは氷炭相容れない」と言い、この両者を仲介するのは日本の責務であるとし、次のように訴えた。

今や時である。人は率直に、真一文字に語るところあらねばならぬ。人もし率直に、真一文字に進まねばならぬなら、人は正々堂々と今日の文明についてその神秘義に係る事実をば論ずべきである。およそ東西の民族中にあって英・米人は宇宙観に、ヨーロッパ人は自由義に、アジア人は愛他主義に、社会的経済組織に、真に宗教に各、才能を具する。これらの三気稟《りん》は共に融合して、全人類を作るようあらねばならぬ。我々はあらゆる器《うつわ》世間の人となって、そしてこの見地から宇宙の住民として行動するところあらねばならぬ。かようにして初めて時代が真に要求するところのものは来りうるであろう。

このように、隈本が（それはまたシュタイナーの考えでもあったが）、地球上の人類文化の違いということを強調したのは、それから人種差別的世界観を導き出そうというのではなく、それを知ることがかえって相互の理解を深め、紛争解決のために、戦争以外の道を見出すことができると信じていたからである。

5　和辻哲郎『風土』

そして、このシュタイナーの精神科学的世界史は、隈本と同じ丁酉倫理会の会員だった京都帝国大学助教授和辻哲郎によって、換骨奪胎（非オカルト化）され、風土論として展開されることになる。

和辻哲郎は、国民の実在性とその三類型説を紹介した隈本の「東西の国際関係における新喩祇の運動」を読んでから、昭和二年二月、ドイツ留学の旅に出る。

この時代欧米では人類地理学（アントロポジオグラフィー）が大流行し、わが国でも『ヘルデル歴史哲学上』（大正十二年、田中萃一郎訳）、『ヘルデル歴史哲学下』（大正十四年、川合貞一訳）、エルズワース・ハンティントン『人文地理学原論』（大正十五年、伏見義夫訳）などが訳出されている。

アナーキストの石川三四郎も、ルクリュの『地人論』に依拠した『非進化論と人生』（大正十四年）を出しているが、ルクリュの地人論は、明治二十七年に内村鑑三によって『地理学考』（のちに『地人論』と改題）として紹介されている。この地人論は宮澤賢治にも影響を与えた。

こうした地理（風土）決定論的な考えは、アインシュタインの相対性原理の登場と相まって、文化相対主義へと傾斜していく。

博捜で知られた和辻のことだから、彼の地で相当な資料集めをしたことだろう。

昭和三年七月、帰国した和辻は、すぐさま「国民性の考察（さまざまなる国土における自然と文化の内容）」と題した講義を始める。これは、最初、ドイツで影響を受けたというハイデガーのDaseinを克服するものとして考えられた。

その間、丁酉誌には隈本の「東邦文化と亜歴三大王」と「地球面の形勢と東西人類の命数」が掲載される。

この後、昭和四年四月から五年十一月にかけて、和辻は自分も編集に関わっていた岩波書店の

『思想』に、『風土』の草稿となる「風土」「砂漠」「モンスーン」の三つの論文を発表する。

これについて、湯浅泰雄は「ハイデッガーの現存在分析の詳細な検討や批判はもはや行なわず、端的にその独自な拡張を展開している」（『和辻哲郎全集別巻一解説』）と書いている。この「独自な拡張」と隈本・和辻の間に因果関係を感じるのは私一人ではないだろう。

そして昭和十年九月、前記のものを改稿して『風土』が刊行される。

和辻は、この『風土』の冒頭にこう書いている。（第一章「風土の基礎理論」の「一　風土の現象」）

> ここに風土と呼ぶのはある土地の気候、気象、地質、地味、地形、景観などの総称である。それは古くは水土とも言われている。人間の環境としての自然を地水火風として把捉した古代の自然観がこれらの概念の背後にひそんでいるのであろう。……。
>
> 我々にとって問題となるのは日常直接の事実としての風土が果たしてそのまま自然現象と見られてよいかということである。自然科学がそれらを自然現象として取り扱うことはそれぞれの立場において当然のことであるが、しかし現象そのものが根源的に自然科学的対象であるか否かは別問題である。

この「現象そのものが根源的に自然科学的対象である否かは別問題である」と言い切る和辻の自然観は、明らかに「自然を地水風火として把捉した古代の自然観」を示唆している。

和辻は、この自然観（風土学）はヨハン・ゴットリープ・ヘルダー（一七四四～一八〇三）の「人間の精神の風土学」に依拠していると言っている。

これについてはすぐに、同じ岩波の『講座　哲学』（昭和七年）で、本多謙三（「有機的自然観」）から、シェリングやゲーテとともに「神智学的」なものと批判された。本多は「それがどのようにか反動的な役割をつとめるのではないかを危惧するものである」とも書いた。シュタイナーも、「ヘルダーの著作への没頭は神智学的世界観のための修行になる」（「ヘルダーと神智学」）と語っている。

和辻は、この地球上の風土を、シュタイナーが人類を東・中・西の三つの類型に分けたのと同じように、モンスーン（東）、砂漠（中）、牧場（西）の三つに分けている。

この風土の三つの類型の着想は、ドイツ留学の体験が元だったという。和辻はアレキサンドロスとは逆に、ユーラシア大陸を東から西へ旅した。

そしてその旅程で、モンスーン（インド）・砂漠（アラビア）・牧場（ヨーロッパ）という気候上の違いを感じたというのである。

この旅の途中、和辻は、妻へ送った葉書（三月二十九日）にこう書いている。「コロンボまで港々で見て来た自然は何と云っても東洋ふうの色合いで、我々から見てもさほど変わっていない。緑の色が濃い。土の色も濃い。ところがアデンで初めてアラビアを見た時には、実に驚いた。突コツとした山が、まるで岩と砂ばかりで、毛ほども緑を持っていない」「イタリアの自然は我々の国土の自然に大体において似ていながら、しかも色調がまるで違う。砂漠は相違があまりに露骨で、その相違を問題にする気にもならなかったが、後の場合のように似た自然がハッキリした相違を持っているとこの方は強く感ずる事になる」「京大農学部の大槻君にきくと、フランスには日本のように雑草が繁茂しないので、やわらかい牧草（例えばクローバのごとき）が、非常に好く出来るのだという」と。

しかしこれでは、一般旅行者の感想の域を一歩も出ていない。

だがこの「気候と文明」という発想は、ハンティントンの同名の書（一九一五）とそっくりである。この本は昭和十三年（一九三八）に岩波文庫の一冊として刊行されている。

では、和辻の風土観とはどのようなものなのだろうか。

和辻は言う。

我々はこの問題を考えてみるために常識的に明白な気候の現象を、しかもその内の一契機に過ぎない寒さの現象を捕らえてみよう。……。

我々が寒さを感ずるとき、我々は寒さの「感覚」を感ずるのではなく直接に「外気の冷たさ」を感ずるのである。すなわち志向的体験において「感ぜられたるもの」としての寒さは、「主観的なもの」ではなくして「客観的なもの」なのである。だから寒さを感ずるという志向的な「かかわり」そのものが、すでに外気の寒冷にかかわっていると言ってよい。超越的有としての寒気というごときものは、この志向性において初めて成り立つ。従って寒さの感じが外気の寒冷といかにして関係するかというごとき問題は、本来存しないのである。

かく見れば主観客観の区別、従ってそれ自身単独に存立する「我々」と「寒気」との区別は一つの誤解である。寒さを感ずるとき、我々自身はすでに外気の寒冷のもとに宿っている。我々自身が寒さにかかわるということは、我々自身が寒さの中に出ているということにほかならぬのである。……。

我々は寒風の中から暖かい室内にはいった時に、あるいは寒い冬のあとで柔らかい春風に吹かれた時に、あるいは激暑の真昼沛《はい》然として夕立に逢った時に、常にそれらの我々自身でない気象においてまず我々自身を了解するのであり、従ってさらに気候の移り変わりにおいてもまず我々自身の移り変わりを了解するのである。……。

我々は花を散らす風において歓びあるいは傷むところの我々自身を見いだすごとく、ひでりのころに樹木を直射する日光において心萎える我々自身を了解する。すなわち我々は「風土」において我々自身を、間柄としての我々自身を、見いだすのである。

この主客を超越した「超越的有」としての自然体験は、ハンティントンの「気候と文明」を遥かに越え、前出のシュタイナーの言うアレキサンドロスの「自然界の精は人にも見られ、人は躬親ら全自然界と一如たる」「自然的と道徳的とが密接に絡まっている」「直接の内的体験」と同質のものと言えるだろう。
シュタイナーは、『自己認識への道』(一九一二)の冒頭(「肉体について真の概念を形成する試み」)でこう書いている。

真に自己分析すれば、魂が諸感官及びその表象を通じて外部世界に身を委ねる時に、魂は諸現象を知覚するとか、魂は実際に外部世界の事物を経験するという言い方はできないはずである。というのは、そのように身を委ねている時、つまり専ら外部世界に心を傾けている間、本当は魂は自分自身については何も知らないからである。事実はむしろ、様々な色彩として物質から空間を貫いて放射される太陽光線自体が、魂の内で自己を生きかつ体験するのだと言えよう。魂が何らかの事象を享受する場合、その喜びの瞬間において魂は——自己が何かであると意識する限りにおいてのことであるが——ほかならぬその喜びそのものなのである。喜びが、魂の中で自己体験する。世界経験と魂とは一つである。

これもまたよく似ていると言えるだろう。
しかし、和辻はここで「志向性」という言葉を使っている。この志向性は、「意識とは常に何かについての意識であるということ。常に対象に向かう作用の中に初めて対象が一定の意味として立ち現れ把握される意識体験のありかたをいう」(『広辞苑』)とあるように、主客の分離においてしか成り立たない。
そして、この志向体験が「〈主観的なもの〉ではなくして〈客観的なもの〉」であるためには、この認識主体（人間）と対象（自然）がかつて同一の状態にあったということを証明しなければならないであろう。

和辻のこうした立場は、この当時流行していた「人間の全体性回復の認識をめざす」哲学的アントロポロギー（人間学）と言われるものである。

『風土』刊行の前年には、シュタイナーの『子供の教育』の梗概と日本人による最初のヴァルドルフ学校参観記を併せたものが『哲学的人間学による教育の理論と実際』（入沢宗寿・大志万準治共著）と題して出されている。

この哲学的人間学の代表者はマックス・シェーラー（一八七四～一九二八）で、『宇宙における人間の地位』（一九二八）が有名であるが、この内容は、すでにシュタイナーによってなされたものを「学問的叙述」に置き換えたものにすぎない。

さて和辻であるが、前記の問いにどのように答えるのであろうか。和辻は「人間存在の風土的規定」でこう書いている。

> 人間を真に根本的に把捉するためには、個であるとともにまた全であるごとき人間存在の根本構造を押さえなくてはならない。

人間存在は無数の個人に分裂することを通じて種々の結合や共同態を形成する運動である。この分裂と合一とはあくまでも主体的実践的なものであるが、しかし主体的な身体なしに起こるものではない。

ここに空間と時間とがその根源的な姿において捕えられ、しかも空間と時間との相即不離が明らかにせられる。

ここにおいて人間存在の空間性・時間的構造は風土性歴史性として己れを現わしてくる。時間と空間との相即不離が歴史と風土との相即不離の根底である。

歴史性は社会的存在構造なのである。風土性もまた社会的存在の構造であり、そうして歴史性と離すことのできないものである。歴史性と風土性の合一においていわば歴史は肉体を獲得する。

人間は単に一般的に「過去」を背負うのではなくして特殊な「風土的過去」を背負うのである。一言にして言えば、人間の歴史的・風土的二重構造においては、歴史は風土的歴史であり、風土は歴史的風土である。

そこで問題の中心に来るのは、肉体が単なる「物体」ではないという洞察である。すなわち肉体の主体性である。肉体の主体性は人間存在の空間的・時間的構造を地盤として成り立つのである。従って主体的な肉体なるものは孤立せる肉体ではない。

風土もまた人間の肉体であったのである。しかるにそれは、個人の肉体が単なる「物体」と見られたように、単なる自然環境として客観的にのみ見られるに至った。そこで肉体の主体性が恢復さるべきであると同じ意味で風土の主体性が恢復されなくてはならぬのである。

人間=風土というわけである。「人間は特殊な〈風土的過去〉を背負う」「主体的な肉体なるものは孤立せる肉体でない」「風土もまた人間の肉体であったのである」。まさに、隈本が紹介してきた前出のシュタイナーの人間観（自然観）と同じであろう。シェーラーもここまでは言ってはいない。もちろんヘルダーも。

これに対しては、当然のことながら、近代の自然科学的世界観を絶対視する陣営から、「人間に対する自然の先行性を否定している」という批判が起きる。

戸坂潤は、こうした和辻の風土論に対して、「魚によって木を求めることさえ出来る或る魔術の所有者だ」と痛烈な批判を展開する。（「和辻博士・風土・日本」）

戸坂は言う。

さて注意すべきは、この風土というものが主観でも客観でもないものだという、一つの根本的な観点である。風土が素より主観なのではあり得ないのは当然だ。だが又それは客観でもない。つまりそれは自然と普通呼ばれているものだが、そうした自然ではないのである。風土はそういう自然科学的な範疇ではなくて、主客の対立などを踏み越えたところの、正に人間学的なカテゴリーと考えられている。風土は人間に影響を与えるところの自然現象のことではなくて、かえって逆に、人間の自己了解の一つの現象だというのである。

自然は人間存在の一連関のこととなる。

だから、和辻博士による風土なるものは、要するに人間学的に解釈された自然のことにほかならず、あるいは少なくとも、自然の人間学的な代用品にほかならない。つまり風土という観念は、自然を人間学化し主体化するための、一つのカラクリ道具だったわけだ。風土というものを持ち出すことによって、自然はその自然としての特性、つまり人間に先んじて成立しているという特性を見事に剥脱されて、客体的である代わりに、まさに主体的であるものにまで、変貌させられてしまう。こうした魔術の言葉が風土だったのである。

自然を人間に帰着させるということは、自然を自然としてではなくて、自然でないものとして説明することにほかならない。

この「カラクリ道具」という批判は、和辻がこの風土論の成立根拠をはっきりと示さず、「何かの密輸入ではないのか」という疑惑を抱いたからであろう。

だが和辻は、この風土論を成立させるための世界観（人間観）を最後まで明示しなかった。

そして和辻は、次のように書く。

さまざまの手段、たとえば着物、火鉢、炭焼き、家、花見、花、花の名所、堤防、排水路、風に対する家の構造、というごときものは、もとより我々自身の自由により我々自身が作り出したものである。しかし我々はそれを寒さや炎暑や湿気というごとき風土の諸現象とかかわることなく作り出したのではない。我々は風土において我々自身を見、その自己了解において我々自身の自由なる形成に向かったのである。

和辻は、自己の風土論がヘルダーに依拠していることを強調しているが、この「我々自身の自由により我々自身が作り出したものである」「その自己了解において我々自身の自由なる形成に向かったのである」という歴史観は、ヘルダーのものとはまったく異なる。

これはヘルダーが反発した啓蒙時代の合理主義的文化解釈、悟性的な目的概念に導かれた歴史叙述であり、ヘーゲルら西欧正統歴史学の立場である。

この歴史形成力を「神の摂理」と呼ぶ牧師ヘルダーにとって、人間の法則性の実現は、当然のことながら、《地上における神の国》のことだった。しかし和辻は、これを「彼のいう神は教義の教えるままの神ではなかった。自然及び人類の運命の内に現われた無限に深い神秘、それが神なのである」と、日本の無神論的精神風土に合わせて、脱キリスト教化（汎神論化）するのである。

またヘルダーは、『人間形成のための歴史哲学異説』で「地球のもつ組成力は、岩石から結晶体へ、結晶体から金属へ、そこから植物へ、植物から動物へ、そして人間という最高の存在者を作り出した」と言っているが、それは、シュタイナーが「歴史的事件を自然現象のように原因と結果の連続の経過として記述しようとする」と批判しているように、自然科学的歴史観そのものなのである。

シュタイナーは「歴史の法則はそれよりずっと高次の本性を持っている」「歴史は全く人間本性の上に打ち立てられねばならない。人間本性の意志、人間本性の傾向を把握する必要がある」と言う。

この「人間本性」とは、隈本の言う「思考し行動する」ところのものであり、それはまた、シュタイナーが「人類発展の社会学的根本法則」と名づけた「我々自身の自由なる形成に向かう」意識なのである。ヘルダーは和辻のイチジクの葉だったのだ。

そこで和辻は、「芸術的直観力」によって、「従って人間性の神聖な法則の国家における実現の問題は、かえってカントの側に残された。それをヘルダー風の生ける現実の中に蘇生させようとしたのが、ほかならぬへーゲルなのである」と奇弁を弄し、乗り換えを謀るのである。戸坂はこれを「魚によって木を求める」と言ったのである。

カントは、ヘルダーを「概念規定における論理的な正確や、原則の注意深い区別・保持ではなくして、一所に永く留まらない理解力に富んだ観察、アナロギーの発見に満足する敏感な知慧、しかもそれを用いる場合は、大胆な想像力が、わからない対象を感情や感受で受け取る巧みさと結びついて、働いているのである」「表現を活気あらしめている詩人的精神が、時々著者の哲学に食い入って、同義語を説明に代わらせ、比喩を真理とする。哲学の領域からいつか詩の国に移行するゆえに、両者の限界や領分が全然乱されている」（和辻訳）と、根底的に批判している。

これはそのまま和辻にも当てはまる。

和辻は言う。「このような（ヘーゲルの）〈生ける自然〉の概念は、ヘルダーのそれにはなはだ近いと言ってよいだろう。……。ヘーゲルはまさにこの結合を示しているのである。たといそれがある程度のことに過ぎないとしても」「彼（ヘーゲル）の掲げた自然類型を比較的効果薄きものたらしめたのは、世界史に対する彼の眼界の狭小のゆえであって、自然類型の意義が少ないからではない。……。我々はヘーゲルのごとく欧州人を『選民』とする世界史を是認することができない」と。

自然三類型説もヘーゲルからのものではないのである。ヘーゲルもまたイチジクの葉だった。しかし和辻の『風土』が独創ならば、ヘルダーとヘーゲルの風土論や歴史学の背反性を止揚する「見えない見取り図」がなければならない。それなしには、このような「出来過ぎた構成」をなすことは不可能なのだ。だがそれは、戸坂が魔術と呼んだように、和辻の「芸術的直観」の背後に隠されたままになっている。

しかし目をイチジクの葉から転じてみれば、すでに明らかにしてきたように、先行する文献（邦訳も含めて）が同時代のものとしてあるのである。和辻がそれに気が付かなかったわけはない。

6　「三つの類型」

では本題に戻って、和辻の言う風土論そのものを見てみる。モンスーン・砂漠・牧場の三類型は、最初の講義が「国民性の考察」とあり、『風土』の副題も「人間学的考察」とあるように、これは本来、人間の三類型として構想されたのであろう。それがなぜか風土の三類型となった。人間の三類型ではあまりに見え見えだったのだろう。和辻は言う。

我々の国土から出発して太陽と同じに東から西へ地球を回って行くと、まず初めにモンスーン地域の烈しい「湿潤」を体験し、次いで砂漠地域の徹底的な湿潤の否定すなわち「乾燥」を体験する。しかるにヨーロッパに至ればもはや湿潤でもなければ乾燥でもない。否、湿潤であるとともに乾燥なのである。数字的に言えば、アラビアの雨量が日本の数十分の一であるのに対してヨーロッパの雨量は日本の六七分の一ないし三四分の一である。体験的に言えばそれはい、い、い、い、湿潤と乾燥との総合である。……。

隈本は、こうした「湿潤と乾燥との総合」は一般的感覚では経験することができないと言っている。この風土論はヘルダーのものではない。

そして和辻の、シュタイナーの人類三分説にも似たこの風土三類型は、ゲーテの現植物と比べるとより思考的である。

そしてそれは、和辻が次のように言うとき、よりはっきりとする。

> しかし湿潤はモンスーン地域における人間の体験として、一つの文化類型に己を形成する。同様にまた乾燥も砂漠地方の人間であり、砂漠的なる文化類型となって現われる。これらの文化類型は、相互に歴史的影響のあるなしにかかわらず、風土的類型による文化の対立として、世界文化の構造内に相連関せる契機となっている。しからば湿潤、乾燥、その総合というごとき弁証法は、世界文化の構造連関における弁証法であるとも言い得られるであろう。……。
>
> 牧場的風土においては理性の光が最もよく輝きいで、モンスーン的風土においては感情的洗練が最もよく自覚せられる。
>
> 風土の限定が諸国民をしてそれぞれに異なった方面に長所を持たしめたとすれば、ちょうどその点において我々はまた己の短所を自覚せしめられ、互いに相学び得るに至るのである。またかくすることによって我々は風土的限定を超えて己を育てて行くこともできるであろう。
>
> しかし限定を自覚することによってその限定を超えたからといって、風土の特性が消失するわけではない。否、むしろそれによって一層よくその特性が生かされてくるのである。牧場的

国土はある意味で楽土であるが、しかし我々は己の国土を牧場に化することはできない。しかも我々は牧場的性格を獲得することはできるのである。そうしてその時には我々の台風的な性格は新しい生面を開いて来る。なぜなら我々が我々の内にギリシヤ的なる晴朗を見いだし、合理的なるものを充分に育て上げるときに、かえってよく我々の「勘」や「気合い」の意義が生かされて来るであろう。そうして超合理的な合理性があたかも台風のごとくに我々を吹きまくることも自覚するに至るであろう。

ここでもそうなのだが、和辻の風土論がヘルダーの影響下にあるならば、この風土的限定は神の摂理なのであるから、和辻が言うように「超える」とか東洋人が「牧場的性格を獲得する」というようなことはありえないのである。なぜならばヘルダーの『人類形成のための歴史学異説』は、あくまでもヨーロッパの「理性の光」に対する反抗として描かれているからである。

しかし和辻は続ける。

かく考えて過去を振り返るとき、我々の先祖がきわめて敏感に急所を直覚していたことを見いださざるを得ぬ。第一にキリシタンに対する異常な傾倒と異常な恐怖とがそれである。キリシタンの侵入はある意味では砂漠的なるものの侵入であるが、それに対する傾倒も恐怖もともに砂漠的なるものがちょうど我々に欠けているものであることの直覚を示すのである。第二には厳密な鎖国を透して徐々に侵入して来たヨーロッパの科学に対する熱烈な関心である。それは已に欠けている牧場的なるものへの渇望にほかならない。東洋の諸国の中でこれほどの渇望を示したものはどこにもない。ただしかしこれらの直覚において我々の風土が牧場にも砂漠にもなり得ないことの洞察が欠けていた。それが今や我々にとっての眼前の問題である。

マルクス主義に反対する和辻は、これを「このような湿度の弁証法はもちろん歴史的発展の弁証法ではない。それはまず旅行者の体験における弁証法である」と強弁し、この違いを相対化しようとするが、この感情（東洋）から理性（西洋）への渇望という言い方に、進化論的歴史観が混入していることは否めない。

7　イデエを見る眼

こうした和辻について、谷川徹三は、ゲーテに擬して「和辻さんの才能の質には、これを天才とするよりほかに理解のしようのないものがあった。その最も著しいものは、随所にイデエを見ることのできたその眼である」と書いているが、実際はどうだったのであろうか。

和辻は、大正六年四月、投書雑誌『文章世界』に、「『自然』をよく見ない人」という文を寄せている。『田舎教師』（明治四十二年十一月）で人気作家の座を不動のものとしていた田山花袋（一八七一～一九三〇）に対する批判である。

和辻は言う。

> 八九年前に田山花袋の『妻』を読んで非常に感心した記憶のある私は、近ごろ氏の短編の五六を読んでかなり腹立たしい気持ちを経験した。もう少しどうにかなってほしかった、と思い、いつまでこうなのだ、とも思った。今『妻』を読み返したらどんな気持ちがするかわからないが、とにかく私の記憶に残っている『妻』の美点は、私が近ごろ読んだどの作にも再び見る事ができなかった。しかるに近ごろ氏の作は切実でも誠実でもない。ことに悪いことには、かなり平俗な常識以上に出ない氏の世間知が、深い真理ででもあるような権威を装っている。そのため、（おそらく氏がなくしてならなかったはずの）しおらしさが、ことごとく地を払ってしまった。

この『妻』（明治四十二年五月刊）については、『自然主義作家　田山花袋』で小林一郎が、『生』と似ているが、『生』には、老母の死を中心として、生と死の問題がはっきりしていたが、『妻』には、それが無く、日本の運命と個人の運命を重ねようとする点が見えただけで終わっている。それは、やがて『田舎教師』に発展するわけである。お光とてる子を対比させた新旧思想の対立も書かれているが、『生』や『蒲団』程はっきりしているとは言えない作である」と、和辻とは正反対の評価を下している。

これは、和辻が「感覚は誤らないが、判断が誤るのだ」というゲーテの言葉を自己のものとしているのに対して、この文芸批評家は、描写の仕方そのものではなく、作中の言葉に惑わされているからなのである。

こうした和辻の「イデエを見る眼」は、留学時の昭和二年（一九二七）の秋にベルリンで、ブルーノ・ヴァルターの指揮を「見た」という印象記にも現われている。それはグスタフ・マーラーの『地上の歌』だったという。

和辻はこの時の印象をこう書いている。（昭和二年十月十八日の妻への手紙）

その席は舞台の上で、オーケストラのうしろの高いところ。だから、見物席を見下すばかりでなく、指揮者がすぐ近くにこちらを向いて立っているわけだ。ヴァルターの顔の筋肉の動き方から、手の使い方、指のつかい方まで巨細に解る。

ヴァルターが静かに手を動かせば静かな音がし、急に手をふれば急に音が爆発し、指先をちょっと幽《かす》かに、ほんの幽かに動かすとオボーか何かが鶯《うぐいす》のささ鳴きのような幽かな音をちょっとさせるというような具合に、ヴァルター自身が楽符そのものになり切っている。これほど渾然と、一分のすきもなく生きたままの楽符になっているのは、やはりヴァルターが偉いせいだろうと思った。

和辻のこのヴァルター印象記は、非常に興味ぶかい。なぜならば、ヴァルターは、この後、ルドルフ・シュタイナーの熱烈な帰依者になるからである。シュヴァイツァーにシュタイナーの思い出話を書かせたのもヴァルターだった。

晩年、ヴァルターはこう書いている。(「人智学への私の道――ルドルフ・シュタイナーに捧げる一音楽家の賛辞」)

拙著『音楽と音楽創造について』ですでに書いたが、私はシュタイナーの音楽観がその本質において私がずっと自分の芸術について考えかつ感じてきたこと、また長い音楽活動を通じて、この芸術が私のために今まで築き上げてきたものを是認してくれるのを知ったからである。つまり私はこの霊性探求者の高尚な視点から、私の音楽家としての人生と、基本的信念について、お墨付きを頂いたわけなのである。

今私が人智学の立場から振り返るならば、この知識への渇望、自然への親近感、そして何よりも若い頃の宗教的傾向といったものの中に、本来私が持っていた人智学へ向かう素質を見出すことができると信じる。しかし、こういった自己の性向に気が付かなかったため、年を取って人智学こそ私の宿命であると確信し、それらを発展させるようになるまでには、多くの年月がかかったのである。

ヴァルターも和辻も同じものを感じたのであろう。しかし和辻の「イデエを見る眼」は、田山花袋への批判にもかかわらず、「できすぎ」(思考的)で素朴さがない。和辻の文章の綺麗さは、どこか藤原定家(『新古今和歌集』)の本歌取りに似ている。

やはりそれは、真にイデエ(理念)の世界を見たものではなく、それを模写したものにすぎなかったからである。イデアの世界を見たものが、「ロシア的日本人などありえない」(『風土』)などと言えるわけがないのだ。

こうして、ゲーテやシュタイナーの西洋内部の批判思想とヘルダーなどの人類(人文)地理学との融合は、和辻や西田を媒介にして、ヨーロッパ文化の相対化を超え、東洋(日本)の論理へと変貌していくのである。

第十章　大東亜共栄圏の思想

1　日本哲学？

昭和十二年（一九三七）七月、北京郊外盧溝橋付近で日本軍と中国軍が衝突する（北支事変）。戦火は華中にも拡大し、支那事変となる。翌年一月、近衛内閣は「国民政府を対手とせず」との声明を発す。

この年の春、西田幾多郎は、京大で「日本文化の問題」と題して講演を行い、これは、紀元二千六百年の奉祝会が国を挙げて盛大に催された昭和十五年に、岩波新書として刊行される。

この『日本文化の問題』のなかで、西田は「何千年来皇室を中心として生々発展来った我国文化の迹《あと》を顧みるに、それは全体的一と個物的多との矛盾的同一として、作られたものから作るものへと何処までも作るというにあった」「併し皇室は此等の主体的なるものを超越して、主体的一と個物的多との矛盾的自己同一として自己自身を限定する世界の位置にあった」「我々は我々の歴史的発展の底に、矛盾的自己同一的世界そのもの ゝ 自己形成の原理を見出すことによって世界に貢献せなければならない。それが皇道の発揮ということであり、八紘一宇の真の意義でなければならない」と述べた。十一月、西田は文化勲章を受賞する。

そして西田はこうも言った。「西洋文化を単に個人主義といってしまうのも無造作に過ぎると思うと共に、全体主義というのは往々ファッショやナチスに類するもののごとくである。これに反し我国自身の立場に立て考えようとする人は皇道という。しかしそれは多くは信念であり感情であり、唯歴史的事実を述べるに過ぎない。寡聞にして未だその明確なる概念的内容を聞くことはできない。無論、皇道というごときものを概念化すること、その事が、非皇道的であり冒涜とも考えられるであろう。しかし私は、かかる考え方に反するものである」と。

西田は乃木殉死のさい（第二章「乃木将軍の殉死」参照）には、理論（概念）ではなく「別の見識（感情）を要する」と言っていた。

また西田は「幾千年来我々を孚《ふ》み来った東洋文化の底には、論理というものがないであろうか。論理は今日西洋文化においての物の見方考え方の外にないのであろうか。それが唯一のものとして、東洋文化においての物の見方考え方は、単にその未発展の状態と考ふべきであろうか」とも問うている。

また同じころ、「仏教に理学を取入れなければ、今後仏教を宣伝することは出来ない」と考えた高楠順次郎は、「仏教の無常性は理学における不確定性原理である」「仏教では総てのものを不確実と観ている。万有は無自性で即ちその姿は定まったものがないと言い、又一切空で、即ちどうにでもなり得るものであると説く」（「仏教と理学のこと」）として、仏教と理論物理学との融合を試みている。

これより十数年前、排日法の成立など「黄禍」機運高まるアメリカに渡り、日本への誤解を説いて廻った衆議院議員鶴見祐輔は、「日本思想の根本」について次のように語った。(『現代日本論』)

日本人は、元来、好適の哲学者ではない。むしろ芸術的であり科学的であって、抽象的思索に適しない。その人生哲学は、偉大にして複雑せる思想体系に達しない。簡素にして非形式的なるに傾く。神道の大学者、本居宣長(一七三〇~一八〇一)は曰く、日本には何ら道徳律の必要はない。日本人はたゞその心に聴きさえすれば、正しきを為すものだ、と。日本人にとって重きをなすところのものは、哲学にあらず、道徳律にあらず、かえって、数世紀に亙り、個人としてまた国民として、満足にして平和なる生活を送りたるのは事実である。したがって、一たび心の平和と団体生活の平和が、その生活様式に反する外来思想によって乱さるゝや、つねに強硬なる反抗の精神を発揮したのである。

たしかに「心の平和と団体生活の平和」に満足しているかぎり、哲学は生まれない。なぜならば、哲学や数学という抽象的思索は、この平和に満足しない感情(反感)や疑問から生まれるからである。しかしこれと、鶴見の言う日本人の反抗の精神とは、まったく正反対のものである。西洋人の反感は外(論理)へ向かい、日本人のそれは内(攘夷の感情)に向かうのである。

日本神道の古語に「達磨禅を解せず、夫子字を知らず」とある。
しかし、西洋の論理に伍した日本哲学の可能性を信じていた西田は、次のように言う。

生物の形態についてのゲーテの語をかりていえば、文化原形というのは如何なるものであろうか。歴史的生命は、生物的生命のごとくに種々なる環境において、種々なる形を取るということができるであろう。人間の文化であるかぎり原形というごときものがあるであろう。そこから種々なる形成の方向と、その発展とが考えられるのである。東西文化の対立及びその相互関係も、か丶る立場から把握せられなければならない。

この問題を決するには、我々は歴史的世界において論理というものの成立の根源、及びそれにおいて有《も》つ役目に溯って、そこからこの問題を考えて見る外にない。我々が物を考えるということも、その根底において我々の歴史的生命の自己形成作用として歴史的操作に外ならない。

しかし西洋論理といえども、それが歴史的生命の自己形成の形式として、歴史的生命の特殊相を離れたものであろうか。形式的な抽象論理というごときものは、何処でも同じものであろう。しかし具体的知識の形式として具体的論理は、歴史的生命の特殊相と離れることはできないであろう。

この「種々なる……」「特殊相」という一神教に対する多神教的な物言いは、明らかにアインシュタインの相対性原理の影響を受けている。しかしここでもまた西田は誤解（端折り）をしているのだ。

相対性原理とは「つまりどこまでも観測者の相対性を主張するのです。絶対な観測の立場というものが否定せられて、その代りにすべての個々の立場が皆同等な権利をもって保証せられるのです。そうしてそれらの観測の結果として導かれる自然法則はいつも同一の形式になることが主張せられます。こゝに法則の絶対性が生れて来るのであります」（石原、前出書）というものなのである。

つまり、感覚（直接的所与）のみを真に確実な実在と見なすマッハの思惟経済の原理のような「種々なる自然法則」は成立しないのである。

だから、問題とされなければならないのは、「文化原形」や「論理というものの成立の根源」に戻るということではなく、ホーキングも言っているように「なぜこのように存在しているのか」、言い換えれば「なぜ西洋では哲学的論理的思考が発達し、東洋では発達しなかったのか」ということなのである。この問いを解くことなく、東洋や日本は先に進むことはできない。

なぜならば、「日本哲学」というように哲学に日本という冠を被せたとたんに、それは「未発達」という表象内容の拘束を受けるからである。

西田のこの「根源に溯って」やろうとするのは、テストで〇点を取った生徒が、その復習（反省）をすることなく、また同じレベルのテストに挑むようなものなのである。結果は見えている。

また西田は「ゲーテの言葉をかりていえば、文化原形というのはいかなるものであろうか」と問うているが、この原型が存在しないことは、西田の時代においてもすでに明らかなことだった。哲学や数学などの論理の世界においては、西田のように、すでに破綻した仮説を用いて論を立てることは許されないのである。

そして、どうしても文化原形なるものの存在を主張したいならば、西田もまた、ゲーテがそうしたように、それを他者にも理解できるように提示しなければならない。それができなければ、これもまた信念や感情にすぎないのである。

さらに西田はこうも言っている。

西洋文化の行方が文化の唯一の行方であろうか。私はすべて生命の発展というものが然あるごとく文化というものも唯一の筋道ではなく、種々なる行方があるのであろうと思う。生物の進化発展ということも、我々人間へということの外に色々あったのかも知れない、否現にあるかも知れない。

これもまた前出の問題と同じで、問われなければならないのは、なぜこのようにしかならなかったのかということなのである。しかも西田は、『善の研究』に「もし我々の意識の統一と異なった世界があるとするも、このごとき世界は我々と全然没交渉の世界である。いやしくも我々の知り得る、理会し得る世界は我々と同一の統一力の下に立たねばならぬ」(第三章「実在と認識」)と書いていたのである。つまり、西田は自分の書いたことの意味すら理解していなかったのである。

この昭和十二年、戸坂潤は執筆禁止になり、翌年十一月、唯物論研究会事件で逮捕される。

2 三木清の「東亜協同体」の論理

そして、昭和十三年(一九三八)十一月三日、近衛文麿首相は帝国声明でこう宣した。

今や 陛下の御稜威に依り帝国陸海軍は克く広東武漢三鎮を攻略して、支那の要域を戡定したり、国民政府は既に一政権に過ぎず、然れども、尚ほ同政府にして抗日容共政策を固執する限り、これが壊滅を見るまで、帝国は断じて矛を収むることなし。

帝国の要求する所は、東亜永遠の安定を確保すべき新秩序の建設に在り、今次征戦究極の目的亦此に存す。

この新秩序の建設は日満支三国相携へ、政治、経済、文化等各般に亘り互助連環の関係を樹立するを以て根幹となし、東亜に於ける国際主義の確立、共同防共の達成、新文化の創造、経済結合の実現を期する在り、是れ実に東亜を安定し、世界の進運に寄与する所以なり。……。

惟ふに東亜に於ける新秩序の建設は、我が肇《ちょう》国の精神に淵源し、これを完成するは現代日本国民に課せられたる光栄ある責務なり。帝国は必要なる国内諸般の改新を断行して、愈々国家総力の拡充を図り万難を排して斯業の達成せざるべからず。

茲に政府は帝国不動の方針と決意とを声明す。


ハンニが一世を風靡した新東洋主義は、ここに「東亜における新秩序の建設」と化したのである。この社会を政治、経済、文化の三つに分けるのはシュタイナーのものである。

この前年の十二月、『改造』に巻頭論文として「東亜思想の根拠」を発表していた三木清（一八九七〜一九四五）は、請われて、近衛のブレーン組織昭和研究会に加入する。昭和研究会は右翼（スメラ主義）陣営から赤の巣窟と攻撃されていた体制内革新派だった。三木は西田の弟子の一人だが、マルクス主義からの転向者だった。山田宗陸は三木を京都学派左派と呼んだ。

さっそく仲小路彰（一九〇一〜八四）をリーダーとするスメラ（皇）主義者たちが三木に対して、「日本が真理の攻撃的主体たることを何がゆえに臆するのであるか」「『日本は世界なり』（日本世界主義）」（篁實「東亜協同体思想を撃つ」）と批判する。仲小路らは『戦争文化』という機関誌を出していたが、すぐに発禁になる。

これに対して西田たち京都学派は、日本が変わらなければならないという「世界日本主義」の立場をとっていた。

そして、この昭和研究会の文化委員会委員長を務めることになった三木は、昭和十四年一月、「新日本の思想原理」を発表する。このころになると、自由や平等という言葉は、敵性語として使用がはばかられ、博愛（友愛）も協同と言い換えられた。

そのなかで三木は「今や支那事変を契機として、日本の政治、経済、文化のあらゆる方面において大いなる変化が生じつつある。新しい日本の思想原理はこの事変の意義の認識に基いて確立されることが必要であった」とし、「国内改革の必要」と「東亜の統一を実現」し、ブロック経済としての「東亜協同体」を形成しなければならないとした。

三木は、この新しい東亜文化の形成は次のようにあらねばならないと言う。

東亜協同体の文化は東亜における文化の伝統につながるものでなければならぬ。しかしながら所謂「東洋文化」には封建的なものが付き纏っていることに注意しなければならない。そのゲマインシャフト的文化が封建性を脱却するためには近代のゲゼルシャフト的文化を身につけることが必要である。東亜協同体の文化は単に封建的なものの復活であってはならず、新しい文化として創造されねばならぬものである。

それは確かに東洋文化の復興ともいい得るものであるけれども、この復興は、あたかもギリシア・ローマの復興といわれる西洋におけるルネッサンスが決して単に古代文化の復活であったのでなく却って実は全く新しい近代的文化創造であったように、新しい東亜文化の創造を意味しなければならぬ。
この文化は単にゲマインシャフト的でなく、またもとより単にゲゼルシャフト的でもなく、却ってゲマインシャフト的とゲゼルシャフト的との総合としての高次の文化でなければならぬ。

この、三木清が言う「ゲマインシャフト的とゲゼルシャフト的との総合としての高次の文化」としての協同主義とは、この時代に持て囃されていた『ゲマインシャフト（共同社会）とゲゼルシャフト（利益社会）』（一八八七）の著者で、協同組合運動の熱心な推進者でもあったドイツの社会学者フェルディナント・テンニエス（一八五五～一九三六）が、『人類と民族』（一九一八）で「ゲマインシャフトとゲゼルシャフトとの合理的総合」と表現したゲノッセンシャフト（Genossenschaft）のことである。

室伏高信は『新体制講話』で、「テンニイスが社会を二つの原理と型に区別したことはひろく知られている」と書いている。

しかし室伏がここでいう協同体は、「協同体はかつては氏族や隣組や村落共同体であった」と言っているように、ゲマインシャフトを意味していた。

だが三木の協同体はゲノッセンシャフトであり、このゲノッセンシャフトは、一般には「協同組合」「産業組合」と訳されるが、三木があえて、ゲノッセンシャフトという表現を避け協同主義としたのは、それがギルド社会主義やサンヂカリズムといった「赤の思想」と誤解されることを恐れたためであろう。

テンニエスは『ゲマインシャフトとゲゼルシャフト』で、三木が言うように、家族、村落のような自然的結合体としてのゲマインシャフトを、大都市生活における人為的結合体としてのゲゼルシャフトと区別し、前者を後者の前段階のものと見なし、「ゲマインシャフトは古く、ゲゼルシャフトは新しい」と言っている。

そして第一次世界大戦後、ドイツで「ゲマインシャフトへ還れ！」というスローガンとともに「ゲマインシャフトの復活」が叫ばれたとき、テンニエスは、それに反対して、ゲマインシャフトを担う「生活能力のあり、したがって発展能力のある原理」として「協同組合的自己供給の理念」を掲げ、それをゲノッセンシャフトと呼んだ。

この時代、社会有機体三層化の実現をめざし経済協同体のモデル事業体コメンデターク社を創設していたシュタイナーは、『社会問題の核心』（人智学出版社版）の「資本主義と社会思想」の章で、「経済組織を、まず、生産者の協同組織体にさせなければならない。現代の高度に発達した経済状態において、それは、各種の企業体がそれぞれ独自性を保持しながら一つの大きな『協同体（Genossenschaft）』に統合される形を取る。この『協同体』においては、生産はその必要に応じて行われる。搾取は起こり得ない。そして、その一つの帰結として国家も協同体となる」と言っている。

戸坂潤はこの三木について（「三木清論」）、「谷川徹三氏の批評であったかと思うが、三木清なる学者は、優れた独創家というよりもむしろ優れた解釈者だ、という言葉があって、それが比較的世間に通用している。彼が唱え出すものは、すでにそこに現われているものに限る。あるいは彼は好んですでに与えられたものを巧妙に活用して利用する。だから彼の思想内容は実はいつもすでに知られたものであって、彼にいわれて世間の一同が、そうそうそうだった、と気がつく底のものなのである。彼は発明家というよりも発見家であり、また大抵の場合達者な応用家なのであるから、本を原書で読める婦人から、時々剽窃なるものを指摘されることにもなる。つまり彼はそれほど博学でありまた結局において勉強家でもあるということになる。ただ多少文章上の気取り屋であるために、原著者の名前を省略したり何かするのである」と揶揄している。

戸坂は京大文学部哲学科の三木の後輩で、三木の影響でマルクス主義の道へ入ったという。この三木評は、前出の和辻評同様、的確である。三木の場合はそれほど大胆なのである。

3　協同主義の経済倫理

そのことは次の、昭和研究会が昭和十五年九月に発表した「協同主義の経済倫理」を見れば一目瞭然である。

これは三木の文化委員会と笠信太郎（経済委員会委員）の合議によって決まったというが、その内容の骨子は、シュタイナーの『社会問題の核心』の前出の章の七〇ページから九六ページまで（『三重組織の国家』の場合は九九ページから一四八ページまで）のダイジェストと言ってよいほどよく似ている。。

以下、それを幾つか見てみる。

〈新しい経済倫理の必要〉

協同主義経済の目的は経済協同体の建設にある。それは全体の立場に立ち、公益の原理に規制されるものである。自由主義経済が営利主義であるのに対して、かかる公益主義の経済はその本質において倫理的であるといい得る。

新しい経済の倫理は単なる倫理ではなく、同時に経済の論理でなければならぬ。行き詰まれる自由主義の経済は協同主義の原理に立つことによって経済自体としても発展し得る。しかもかかる経済の論理を特に倫理として取上げる所以は、経済現象が単に物質的な現象でなく、その中には意識をもって活動する人間が入っており、この人間の主体的な自覚が経済の発展にとって重要な関係を有すると考えることに依るのである。

自由主義経済における生産は消費のためというよりも利潤のために行われ、かくて経済が人間生活から疎外されたものとなっているのに反して、新しい経済は生産と消費との関係を合目的的に規制することによって経済を再び人間生活と有機的に結合するのであるが、かかることは営利主義から公益主義に移ることによって初めて可能になるのである。分配の問題についても、協同主義経済においては個人的分配と並んで社会的分配の方法が考えられるであろう。

〈シュタイナー〉

企業経営者に対しては、人間のもつ個人的な能力が、最善の方法で、最大に発現できるように、最大の努力を傾けることが強く要請される。そうすることによってのみ、健全な社会が実現されるのである。それらには、個人が自由にその能力を発揮することができ、その能力を活用し、その能力が他に有益に機能し得るような体制を創るべきであろう。

社会における企業活動というものは、究極のところ、人間の精神生活の範疇に属していなければならないのである。この企業活動に、国家が関与するならば、自由に個人がその能力を発揮することができなくなるのである。

同様に、資本による利潤追求が、個人能力の発現に関与してはならないのである。

人間の能力は、利益獲得を前提にした場合、その能力が発揮し得るのではないか、とすら考えているのが現状であろう。人間の本性から考えてみた場合、むしろ、経済的動機による個人能力の助長や発現こそ自然であるとする見解である。資本主義に対する通念は、このようなものなのである。

そして、実にこのような通念こそ、現代の社会問題の根源であるということなのである。ここにこそ、人間能力の発現についての根底からの発想の転換を求められる原因がある。

現在、企業活動は主として大量生産による利潤追求＝量産効果による利潤増大によっているが、これを消費者を中心とする協同組合の手によって、消費動向を見極めながら、最適の生産法、生産量、供給法を求めさせ運営させるようにするべきであろう。

〈職能の原理〉

職能の原理は全体性の原理の上に立ち、従って個人主義や自由主義に反対するが、しかし協同主義は個人と全体との関係をいわゆる全体主義のごとく考えるのではない。

いわゆる全体主義においては個人の自主性は認められない。然るに協同主義は、独立したものの一致、多様なものの調和にして真の協同であると見る立場において、各人の個性、自発性、創意を重んじて、従って職能の向上に対する自由な競争は却ってこれを奨励するのである。自由な競争は、自由主義においてのごとく個人的な利潤の追求に向けられるのでなく、各人の社会的功績に向けられるのである。

〈シュタイナー〉

人間は、その固有の天与の才能をもって、社会に建設的、創造的、そして自発的に参加しているのである。

それらはやがて、自由な精神活動による真の社会建設への意欲が、すべてに優越し得ると確信するからである。精神生活が、国家、経済の各領域から解放される時が来る。その時、利潤追求の動機は取って代わられるのである。

解放された精神生活は、社会に受け入れられ、それは経済的な欲求を二次的なものにする。

〈効用の原理〉

効用の原理は所有に対する経営の優位を要求する。従って利潤を目的とする自由主義経済においてのごとく、所有者が営利主義の立場から経営に容喙《かい》するということがなくなり、経営は所有から分離された経営者の手によって公益を目標とする生産性の増大のために自由に行われなければならぬ。すなわち資本はその生産性を高める必要上一応その所有者から切り離され、公的人格を賦与され国家の経済計画に対して責任ある経営担当者の自由な使用に委ねられるのである。かくのごとき所有と経営の分離は経営の計画性のために必要な条件である。

〈シュタイナー〉

現代においては、自由な個人の意志にもとづく最善の資本運用が、社会生活上、必須条件であることを認識しなければならない。資本運用の自由がなければ、経済活動は社会への義務を果たし得ないのである。生産を増大させようとする時、資本運用の自由があれば、直ちに必要とされる対策を取り得る。

〈公益の原理〉

経営の協同は一般に経営の公開を原則とし、後者は前者の前提である。とりわけ技術の公開は重要である。技術は元来文化財として社会の共有物であるべきものであり、かくて社会全体に福利を齎《もたら》すところの技術家の栄誉はあるのである。

経済の倫理は経済そのものの内部になければならぬ。公益の原理は、一切の経済活動は公益の立場に立つことによって生産の増大が可能になり、生産の増大は社会全体に利益を齎すと考えるのである。公益の立場は生産の立場と結び付いている。

例えばいわゆる社会事業は、従来は経済外の活動として行われてきたものであるが、しかし労働者の保険施設のごときものは労働力の保全と増進、したがって生産力の保全と増進のために、経済そのものの内部から要求されている。

公益は利潤の一部を割いてそれに充てるというがごとき仕方で考えられるのではなく、却って、利潤を新しい生産のために活用するということになければならない。そのためには、利潤は一定率に制限され、余剰は直接に生産に向けられなければならないし、そしてそのためには、経営の公開が必要な条件である。

今もし協同主義の原理の上に経済協同体が建設されることによってかくのごとき状態にして変化すれば、人間の自己維持乃至自己拡張の欲望も異る形をとって現われ得るであろう。人間の欲望も歴史的社会的に制約されており、社会の制度が変れば人間の欲望も現実の現われとしては変ってくる。経済の協同組織が形成された場合、営利心というものも形を変え、社会的に有用な仕事において各人がその能力を発揮することに生活の喜びを見出し、またその活動が社会的に表彰されることになるであろう。競争心というものも営利のためのものでなくなり、社会的功績に対する競争と変り、かくして競争は公益を高めることになるであろう。制度が変れば人の心も変るが、しかし制度を変えるものは人間である。そこには主体的条件の重要性があり、倫理の強調されねばならぬ理由がある。

〈シュタイナー〉

労働者が、公正に労働できる条件が整えられた時、社会は、健全な、そして創造的な未来をもたらすものとなる。そこでは労働者が、これまでのように、まるで消耗品のように扱われることなく、人間の尊厳が確立され得るのである。

健全な国家は、国民を労働に服せしめるだけではなく、精神生活の充実とその享受についてもその権利を認め、そのための休暇を与えるなどの配慮をする必要がある。

健全な企業体においては、企業発展のために、労使間に定期的な会合が開催される協約が必要である。

自由な精神生活に基底をおく企業活動は、収益力にも大きな貢献をするということである。それは、やがて、企業が単に利益追求のみを主眼とせず、むしろ、このような条件整備にも企業努力を注ぎ、それが労働者の生産意欲をして企業への参加意欲を増進させる結果をもたらすこととなるのである。

過剰収益の処分については、それが社会の生産活動に投資されるならば、当然のごとく、国家が適性と認められる枠の利息や配当を受けられる。

優れた文学作品などのような、純然たる精神財産の創作は、個人のもつ天分によるのであるが、その作品が優れたものであればあるほど、人類共通の財産であり、適当な時期が来れば、社会に帰属させられ広く解放されなければならない。

適材が適所に配置され、公共の福祉の増進に間違いなく貢献できる「共同利益感」（公益）と言い得る理念が芽生えて来て、生産が健全に行われ、共同利害を損なうことを防ぎ、社会的混乱の発生は防止できる。

すべての経済活動の基盤は、経済的な利害からまったく離れた公正な精神にもとづいて行われ、有能な人材が企業活動に参加し得るように門戸を開放し、企業の独立性を高めることが要請され、経済活動以外には関与すべきでない。

収益の分配は、各人の企業や社会への貢献を基礎に公正に行われる。あるいは平均的分配額よりも多い報酬を得るものがいれば、それはその人間の才能の貢献度の大きさを示していると見なすのである。

また「経済と政治」の関係についてはこう書かれている。

現代政治にとって経済は極めて大きな関係をもっている。経済問題の解決はその最も重要な問題の一つである。もとより経済は本来それ自身の機構を有し、自動的に動いてゆくべきものであるが、今日、自由主義経済から統制経済或は計画経済への転換期に当っては、経済の新しい形を整える上において政治の有する意義は重大である。

経済そのものの固有性、自己法則性を無視して統制を行うことはできず、寧ろ政治の任務は経済の必然的な動向に従ってこれを目的意識的に指導してゆくところにある。

この「経済は本来それ自身の機構を有し、自動的に動いてゆくべきものである」「経済そのものの固有性、自己法則性」という言い方も、シュタイナーの社会有機体三層化論の経済の定義と同じである。

そして、この昭和研究会の活動も、昭和十五年の大政翼賛会の発足によって終了する。三木清は猛烈に反対したが、為すすべがなかった。

4　文化類型学

そして昭和研究会の活動が止むと、これと入れ替わるように登場したのが、京都学派右派といわれる高山《こうやま》岩男（一九〇五～九三）らである。

高坂正顕・西谷啓治・鈴木成高らとともに西田四天王と呼ばれ、『思想』の編集にも携わっていた高山は、師西田の宣伝マンを務めるかたわら、高坂とともに大日本言論報国会の理事として華々しい言論活動を展開していく。

高山は、和辻の提起した文化類型学をさらに推し進め、時流に合致するものに改変していった。しかし高山の文化類型学は「人間は単に風土に規定されるのみでない、逆に人間が風土に働きかけてそれを変化する」という、和辻が誤解的立場として批判したものであり、高山はそれを「呼応連関」と呼んだ。

高山は、昭和十四年（一九三九）に上梓した『文化類型学』の序で、「精神科学の領域に類型比較的研究が成立することを確信していた著者にとっては、諸民族文化の類型比較的研究を試みる文化類型学のようなものが成立するということは、実は長年の間抱いている学問的信念なのである」と言っている。

翌昭和十五年、高山は「文化の類型性と風土的地域性」を『世界精神史講座』Ⅵ「世界精神の諸問題」(一)に発表する。

高山は言う。

> 一般に気候のごときものはほとんど文化的に内容的な関係は有しないと思う。文化様式の相違と気候の相違との間には、直接的にはほとんど何らの関係もない。然るに間接的には極めて重大な関係が存すると思われるのである。では、間接的とは何を意味するのであるか。それは

気候と人間の間に介在する植物界と動物界とに外ならない。ここに始めて風土と文化様式との間にある内面的な交渉が見られ来るのである。

気候と植物との間には密接な関係が存し、植物と動物との間にはまた同様に密接な関係が存する。これらの関係は気候と人間との関係に比して極めて根源的なものである。気候の如何によって植物の存否盛衰が規定せられ、植物の存否盛衰によって動物の存否盛衰が規定せられる。我々人間がその中で生存する風土的環境とは、実はこのような気候的・植物的・動物的環境である。

和辻にあってはたんに風土＝人間とされていたものが、高山にあっては風土はより具体的に「気候的・植物的・動物的」と分けられ、それらからの人間文化の自立性が強調され、シュタイナーとの類似性がよりはっきりとしてくる。

高山は続ける。

現実の地域においては、地理的環境の規定する条件は、その最大の必然的限界の内部は全く可能的なものであり、そこに生活する人間主体の自発的精神と選択的行動とに依存するものと考えなければならぬ。

精神的自発性をもつ我々人間に対して存在する限り、自然は必然性の体系でなく、むしろ可能性の体系であるということができる。

文化活動とは自然のままには存しないものを作り出す人間の自発的な創造行為であり、天から与えられた自然的生活とは異なる新たな人生の創造建設の行動である。この意味で、文化の進展は精神的自発性の開展であり、ここに人間の歴史が成立するのである。文化の様式は歴史的のものとなり、地理的要素よりは歴史的要素が勝つに至るのである。

自然環境と人間との関係は可能性の体系と自発的行動との関係である。文化形成の主体と認めらるべきものは、種族ではなくして民族であると思う。種族が自然的・生物的概念であるのに対し、民族は文化的・歴史的概念である。


ここでも、和辻にとって「風土的限定を超える」とだけされていたことが、高山では、人間の自発的精神性が強調され、それがはっきり「民族」と言い切られている。

5　民族の神話

これは、第二章でも指摘したが、昭和十三年の六月には抄訳（三笠書房版）が、八月には全訳（中央公論社版）が出版されたアルフレート・ローゼンベルクの『二十世紀の神話』の影響であろう。

中央公論社版の広告には「陽光の下に、何と颯爽《さっそう》たるヒットラー・ユーゲントの姿よ！　彼等は胸に一冊づつこの書をしっかりと抱きしめている。この書によって培れた自信が彼等をして毅然たる態度を把持させている。それ程この本はたのもしい。世界を指導する民族問題の大精神は混沌たる思想界に投げられた太陽の慈光である。迷える者は読め！　新興日本の指導者たらん者は是非この友邦の大精神を掴め！　この世が明るくなる本。新時代に生き抜くための唯一の羅針盤はこれだ！」と煽っている。

また三笠書房版月報に、芳賀檀はこう書いている。

『廿世紀の神話』の著者アルフレッド・ローゼンベルクは現代ドイツ国家を築き、今日の文化の世界観の革新を齎した哲学者であり、唯物主義に対する精神と民族を中心とする神話の創設者であり、ヒットラーの理論の決定者である。彼の主著『廿世紀の神話』は現代ドイツにおいて、ヒットラーの『吾が闘争』と並んで最もひろく読まれ、国民を指導したものである。疑いもなく、彼はニーチェの意志を嗣ぎ、ゲオルゲの血統であり、エックハルトや、ヘルデルリン、ラガルデ等の夢を実現したものである。

ヘルデル、ニイチェ、シヱーラー、ハルトマン、シュプランゲル等の人間学はみな次代のより美しい人間種の育成に集中するであろう。

そして中央公論社版の訳者吹田順助は、この『二十世紀の神話』についてこう言っている。

（『独逸精神史』）

「神話」というものは、何も有史前もしくは太古の時代からのみ専有されるものではなく、ある意味においては今の時代の力としても働いているものということができる。「ロゴス」（「理」、「宇宙の大法」）や「エートス」（「精神」、「気稟」）が世界・人世を動かす永久の力であるように、「ミュートゥス」（神話）もやはり、姿を換えて、言わば宗教心もしくは根づよい信仰等の形ちにおいて現代人の心をも支配しているのである。

そしてそういう力は時代によって影をひそまし、力弱くなることもあるが、ある時代になると、力強く表面に出て来るものである。あるいはそれは力強くなって来なければならないのである。

本編は正に人種学的立脚点から書かれた歐羅巴の文化史であり、そこにはなお彼の世界観として分極性——例えば存在と生成、自然と精神、女性と男性——の理念が説かれ、民族を無視せる、「前提なき学」が力強く排撃され、キリスト教の「愛」の代りに、「名誉」——それは正に日本の武士道に当るものである——と「自由」（自主・独立の精神）との重要なる意義が強調され、それらの精神を示現した人物としてマイスター・エックハルトとゲーテが賛美されている。

しかし高山の民族は、このナチスのアーリア民族のような明確な歴史的使命を帯びた絶対的なものではない。あくまで相対的な存在なのである。

高山は言う。（前出書、以下同じ）

> 自然的環境より文化的環境への歴史的転回点に民族の成立が考えらるべきであろう。この民族と文化とが依ってもって成立する接触は原理上偶然的のものであって、そこには何等必然的に決定せらるべき一定の理法はない。地理的環境と自然的種族との偶然的な接触あるいは出会いによって、そこに民族が成立するのである。この偶然は極めて原本的な偶然であり、歴史はその偶然から始まるのである。

そして、この偶然論的立場は、「決定論でなく可能論とでもいうべき」ものであるという。

高山は続ける。

> ある地域の民族文化に独自な様式の成立する積極的根拠は如何なるものであるか。
> 私はこの問題に対する解決の原理として、環境と人間との呼応聯関という考を提出してみたいと思う。

一般に生命現象は環境と生物との聯関に見られるものである。このことは植物、動物、人間に渉って変わりがない。植物的生命は植物と風土的環境との聯関に成立し、動物的生命は動物と風土的・植物的環境との聯関に成立する。そして人間的生命は人間と風土的・植物的・動物的環境との聯関に成立するといえよう。この場合、生命が特殊な種の形をとり、この形がそれぞれ違うのは何故であろうか。それは生物と環境との間に呼応的聯関が存するからであると思う。

この高山の呼応連関は、風土的を鉱物的に、植物的生命をエーテル体に、動物的生命をアストラル体に換えれば、シュタイナーの説とまったく同じになる。そしてこの呼応連関は、人間文化においてはどのようなものとして考えられているのだろうか。高山は言う。

自然の秘かに要求するところを表現するものが美である。東洋画と西洋画とで異なる遠近法なども、決して主観の勝手な作為に由来するものではなく、やはり自然・景観そのものの要求に呼応しているものである。庭園についても同様のことがいわれ得るであろう。環境に自然のままの山水を取り入れることも、日本のような風土景観においてぴったりするのである。それは如何なる地域においても当てはまる事柄ではない。

一般に芸術は主観の気儘な感情を表現するものではない。自然になきものを表出するのを精神主義というなら、東洋芸術は精神主義的ではなく、また神秘主義的でもない。むしろ自然そのものの深い要求を表現しているのである。それは自然の実相を観得する写真主義といってもよい。

技術にせよ芸術にせよ、天才とは人為性に優れたものではなく、かえってよく自然の秘かな要求を感得するものである。技術も文明も徒らな自然克服ではない。それは凡て自然と人間との協同の結果である。天才はいわば黙せる天地の心を観得するもの、自然の深い神秘に参入し得るものである。ただこの心や神秘は手を拱いても神来するものではなく、主体の強烈な要求に応ずるものとして発見せらるるものである。単に人為性を卑下して自然を尊ぶところに、自然の神秘や要求などが観得せらるるものではない。

この「写真主義」はゲーテの対象的思惟と同じことであろう。しかし高山は、この関係が成立していたのは明治の開国以前（江戸時代）までのことだったとして、次のように言う。

西欧の近代技術を移植して以来の我が国には、遺憾ながら未だ個性的様式は成立せず、極めて雑多な様式の混在が存するに過ぎない。主体面における国民の要求のみ強く、それが日本の風土・自然・景観と如何にすれば合致するかの工夫なく、自然と人間との間に未だ呼応的調和は成立していないのである。

そして「これは近代技術の罪ではなく、自国の文化様式に対する無反省の罪であ」り、「日本の風土・自然の要求に調和する文明の形を工夫することは、現今の日本国民に課せられた大きな課題である」という。

それが実現すれば、「民族文化の様式が個性的絶対性を有することは、文化の世界的流通性を妨げるものではない。多種多彩な草花の咲き競う花園こそ真に美しい花園であるように、世界の文化は個性的様式を競う民族文化をもって形作られるのでなければならぬ。ここにかえって天人の合一が実現せられる。そして天人合一の実現せられるところ、民族文化は各々その所を得るに至るのである」という。

6　世界史の哲学

そして昭和十六年（一九四一）十二月八日、大東亜戦争の火ぶたが切って落とされると、高山は、この「各々その所を得るに至る」道として『世界史の哲学』を書く。

岩波書店は「著者は西洋近代の世界史論の検討・批判・破産をなすと共にそれに代わる世界史

の新理想を提唱し、世界史転換の由来を考求し、ここに演ずる日本の役割・使命について哲学的な基礎を開陳した」と広告した。この本は戦時出版統制下にもかかわらず、初版は二万部も刷られた。

大川周明は、開戦の一週間後からNHKラジオで連続放送され、翌年、第一書房から出版され、ベストセラーとなった『米英東亜侵略史』の第五刷序文にこう書いた。

「世界史は、東西の対立、抗争、統一の歴史である。それゆえに世界の戦争史には不思議な秩序と統一がある。人類の歴史的記憶のうち、半ば想像的ではあるが、最初に明確に想起せられたるものは、恐らくトロイ戦争である。しかしてこの戦争は、実にアジアとヨーロッパ、東洋と西洋との最初の戦争であった。……。今やスカマンデル荒野の代りに渺茫《びょうぼう》たる太平洋が、トロイの代りに膨大なる東亜の天地が、大東亜戦争の壮烈なる戦場となっている。しかも大東亜戦争は、依然として相対抗する東西両洋の戦いなることにおいて、トロイ戦争とその世界史的意義を一にする」と。

高山は『世界史の哲学』に次のように書いた。

世界史とは歴史的時間と歴史的空間との綜合たる歴史的世界の歴史に外ならない。それ故、世界史においては歴史性の如何なるところにも地理性が存し、地理性の如何なるところにも歴史性が存している。

支那や印度について歴史の停滞のごときものを説き、それらが依然として古代的乃至中世的な段階に止まり、未だ近代の段階に入らぬというごとき批評が屢々《しばしば》なされるのである。このような考え方は果たして正当であろうか。私は正当とは認め難いと思うのである。

私は率直に述べるならば、東洋には東洋自身の完結した世界史があり、その世界史には、それぞれ特有の古代も中世もあり、さらに特有の近世さえもあると思う。

それ自体一個の世界史でありながら、その世界の支配者が絶えず変遷し、しかも基本文化においての変化の少なかった支那においては、このような古代・中世・近世という時代区分は成立しなかった。印度もそうである。

かえってこのような歴史意識の成立しなかったところに、支那や印度の世界とヨーロッパ世界と性質を異にする所以が存するのであるが、今このような事柄を離れて、現今我々が普通に使用する意味での古代・中世・近世という時代区分を使用するならば、支那世界にも印度世界にもそれぞれ古代・中世・近世が存すると考えることは許されると思う。

たゞそれはヨーロッパのそれと並行することなく、ヨーロッパのそれと内容を同じくすることもないのである。

しかし日本には、（アジアでは）例外的にこの時代区分がある。

我々は地球上の人類世界の中に、多くの世界史を認め、多くの歴史的世界を認めなければならぬ。

一神教的進化論的世界史観に対する多神教的相対主義的世界史観の対置である。これは言葉の上からだけみれば、非の打ち所のない論理のように見える。しかし現実はどうだったのだろうか。

高山は言う。「この戦争は帝国主義的戦争ではなく、米英の帝国主義に対する戦いである」「我と米英とは明瞭に違った世界観の上に立っている。我は道義的世界秩序の思想に立ち、米英は自己の利益のみを中心とする近代的な功利主義的権力秩序の思想に立っている。大東亜戦争は米英的世界秩序に対する戦争、すなわち世界秩序の転換戦であり、その根底においては世界観そのものの闘争である。それは根源的には一つの思想戦である」(『日本の課題と世界史』)と。

さらに高山は「ヨーロッパ中心の近代世界に対して、新たな現代世界の構造の理念の中には、このような民族的・地域的なる文化の多元性の尊重の意志が含まれている」と主張する。

しかし文化の多元性の主張だけでは、台湾や朝鮮、中国といった植民地化された国々の人々に対して、まったく説得力を持たない。日本が示さなければならなかったのは、言葉だけの対抗的な世界観ではなく、米英の政治・経済・文化の総体を越えた新しい社会の具体的な有り様だった。

ちょうどこのころ、高山たち京都学派四天王は、昭和十六年十二月から十七年十一月までの間、『中央公論』誌上で三回の座談会を行なっている。それらはまとめられて『世界史的立場と日本』(昭和十八年三月)として刊行された。

そのなかで高坂正顕はこう言っている。(第三回「総力戦の哲学」)

今までの民族の考え方はどうも少し狭過ぎると思う。民族というものは歴史的に生きて動くものであるにかかわらず、何だか動きのとれない非歴史的な民族を考えている。それでは自然民族に過ぎない。民族自決主義なぞと言う民族は皆それだ。しかし今、大東亜の共栄圏が実際に要求されてきているということは、従来の民族の考え方では実はとてもやってゆけなくなってしまっていて、それで狭い民族の考え方を超えた新しい形の民族理論が要求されてきた、ということを示していると思う。朝鮮民族も、広義の日本民族となることによってその本当の歴史性が生きてくると思う。

これに受けて、西谷啓治もまた次のように言っている。

大東亜圏を建設するのに日本の人口が少な過ぎる。何年かの後に日本が一億何千万人かにならなければやってゆけない、ということが問題になるわけだが、その際、大東亜圏内の優秀な素質をもったものを、いわば半日本人に化するということはできないものかと思うんだが。ハウスホーファーなんかマライ族を貴族的民族と言っている。日本人にもその血が混入しているというんだ。尤も日本人は治者的民族だろうがね。

さらに高山もこう言っている。

僕はそういう意味で多元性を唱えているのではない。無自覚な一元論に対して、多元論的なことを主張したんで、主として過去の世界史を多元的に見るべきことを注意したんだ。しかし僕の世界史論はどういうわけか文化類型学と結びつけられて、ただ世界の多元的並在に止まるように考えられて、日本の主体性が出ないという風な非難を受けるようだ。今度の本(『世界史の哲学』)を通読して貰えばそういう誤解もなくなると思うんだ。

これとは別に和辻哲郎も、東條内閣に提出した「大東亜建設に関する意見書」(昭和十七年四月)で、「東亜諸民族をして大東亜戦争のために労働せしむること、一歩を進めていえば諸民族を大東亜戦争の犠牲とすることをも辞すべきにあらず、この点において一切の遠慮は不必要と存候、万邦をして所を得しむという標語の下に各々の民族を甘やかし或は物質的に満足せしむる事をのみ目ざすは末梢に捕われたる誤解に過ぎずと存候」と書いている。

和辻は『風土』に「欧州人以外の諸国民を奴隷視するのはすべての人の自由の実現ではない。世界史は風土的に異なる諸民族にそれぞれその場所を与え得なくてはならない」と書いていた。これが『人間の学としての倫理学』の正体なのだ。

なんとも立て前と本音のご都合主義ではないか。どんなに譲っても、これらを思想と呼ぶことはできない。
つまり、支配的なもの（米欧）に対しては多元主義を、翻って、非支配的なもの（アジア）に対しては一元主義を主張するというダブルスタンダードである。しかしこれはまた、自己中心主義（日本主義）以外の何ものでもない。
そしてこの思想戦を「近代の超克」と呼ぶ高山はこう言っている。（『日本の課題と世界史』）

次の時代は前の時代から連続し、前の時代の中から漸次醸成せられて来た問題を新たに課題として自覚し、それに呼応する解決の努力をするのである。ここに前の時代の文化の尊重せられるべき所以と同時に、また前の時代の文化原理が次の時代の文化原理となり得ない所以がある。我々は歴史をこのように見るべきであり、このような見方の上に常に正しい建設が可能となる。

新秩序の理念はこのように民族の自主性を生かしつつ、しかも現代的共同性の立場に帰一するところに存する。

シュタイナーもまた『民族魂の使命』などで、ギリシアやローマなどの文明を形成した歴史上の各民族にはそれぞれ固有の課題と発展があったと言っている。

7　身体と歴史

高山はさらに、この民族の伝統と文化の多元性をもたらしたものとして、風土とともに人間の身体に着目し、こう言っている。（『世界史の哲学』「歴史の地理性と地理の歴史性」）

自発的精神は動物より区別せらるべき特に人間的なる人間性であるが、人間はこのような人間性と同時にいわゆる動物性をも根底に有しているのである。人間は精神的であると同時に身体的である。

人間の自発的精神と自然的環境との接触するところが身体である。人間の主体的行動とは、身体を媒介とする精神との綜合に外ならぬ。もし身体を媒介とする自然との綜合を欠くならば、それは現実の行動ではなくして、単に主観的なる自由意志のごときものに過ぎないであろう。歴史性を単なる時間性から区別せしめるものは、実は人間精神の空間性との行為的綜合なのであって、歴史は常に時間と空間との綜合の構造をもつものなのである。歴史性を特に時間性とするならば、空間性とは一般に地理性に外ならないであろう。

理想主義的精神は人間の歴史の魂であるといってよい。しかし魂は常に身体と結びつかなければならぬ。理想主義の精神が現実主義の母胎と結びつくとき、ここに初めて人間の歴史が成立するのである。

理想主義は歴史の必要条件であり、現実主義は歴史の十分条件である。人間の歴史は大地の上に、大地と結びついてのみ行われる。歴史の魂は常に地理の身体と結合しなければならぬ。歴史と地理の交わるところに現実の世界史が成立している。

地域の特殊性とそれに基づく政治、経済、文化の特殊性なきところに、世界史は成立せず、また成立すべき深い根拠は存しない。

この、人間の本性には精神性と身体性という二面性があり、その身体性は自然界と関係し、さらに人間の身体の発達と歴史的進化が密接に関連しているというのは、すでに見て来たように、シュタイナーの人間（自然）観とそっくりである。

しかしこの時の高山は、三木清のように（たとえそれが言葉だけであっても）政治・経済・文化という精神的な身体（社会有機体）の有り様を示すことができなかった。

高山もここで、社会を政治・経済・文化の三つに分けている。

8 総力戦の哲学

そして、ミッドウェー海戦で海軍が壊滅的打撃を受けた昭和十七年十一月に行われた『中央公論』(『世界史的立場と日本』、前出誌)座談会「総力戦の哲学」において、西谷啓治は次のように発言している。

僕は国家というものを極く大雑把に経済と政治とそれから倫理あるいは一般に精神的なものという三つの層で考えられると思うんだが、従来はそれらの層は、ただやはり層のようにだけ考えられて、それらを立体的な一貫性ともいうべきものを現し出すことが希薄だった。倫理的なものは主体中の主体ともいうべき、いわば国家の一番の本質で——尤も日本の場合は国家主体は倫理的という以上のところへまでつながっているが——とにかくそういう本質まで現れてきた。(「思想戦の意義」)

僕は前に国家を経済・政治・倫理および思想の三つの層で考え、そして政治が経済を規制し、倫理や思想が政治に方向性を与えるところに国家が主体だという意味が現れると言ったが、そういう風に倫理的・精神的なものを根本として三つの層を立体的に一貫する力、それが現代国家の本質だと思う。(「総力戦の理想的構造」)

本当に新しいものは恆《つね》に本質的に、つまり精神そのものが新しいというようなものだ。デモクラシーでも全体主義でもその混合でもなくて、第三のもの、独自な精神をもって現れてくるものでなければ、新しいとは言えない。(「国防国家の世界史的根拠」)

国家を一応経済的と政治的と倫理的の三つの層で考えると……。世界秩序の原理、主体的な原理としての日本のモラリッシュ・エネルギーと言ってもいい、そういうモラリッシェ・エネルギーが政治を内から動かしてゆく。その政治力がまた経済力を内から動かしてゆく。そういう風に経済力・政治力・精神力という層を重ねたものがいわば立体的に一つになって、国家がそういう物心一如の働きをなし得るということ、それが総力戦の根本ではないか。(「主体性と歴史性」)

これもまたシュタイナーの三層化論の無断借用である。

これに対して高山は、次のように応じている。

まったく同感だ。そういったところが、モラリッシェ・エネルギー、道義的生命力というものだ。

西谷君が言われるような経済・政治・倫理の新しい統合、そういうものができるにも、経済とか労働とか技術とかに、近代の理念とは違った新しい理念ができなければならぬと思う。そういう新しいイデーを創造し、さらにそれを具体的に現実に組織に化してゆく。このことは、近代世界史が現代に未解決のままに残してきた世界史的課題なんで、日本人がぜひ解決しなければならぬものだと思う。

その解決を否応なしに促進しているものが、僕は今度の総力戦だと思う。それが具体的にどんなものかは、僕のような者には判りかねるが、とにかくそれが一つの道義的生命力の発現に基づくことだけは疑いないところだと思う。

つまり、高山ら四天王のいう総力戦とは、モラリッシュな力を初発に、政治・経済・文化に新しい理念を注入し、それをベースに日本社会の改編を行おうというものである。三木路線の継承だったのであろう。

このモラリッシェ・エネルギーはドイツの社会学者ランケからのものであるが、鈴木成高が「十二月八日はつまり我々日本国民が自分のもつモラリッシェ・エネルギーを最も生き生きと感じた日だと思う」と話すのを聞くと、たちまち興冷めしてしまう。

家永三郎はこの座談会を「さながら酔漢が気焔をあげているにもひとしい」と酷評しているが、同感である。

また同じ京都学派の務台理作も、「個体と世界（歴史的世界）とが種的社会によって媒介されるという三肢推論式的関係を真理として」と三分説を唱え、「このようにして、推論式的に考えれば、世界・個体・社会は、いずれを中心としても、それのみで他を絶対的に媒介することは出来ず、同時に他の二者によって媒介されていることになるであろう。いずれを中心的媒介とすることも出来ない」「このように考えて見るとき、現実的世界の構造契機としての、世界・個体・社会の三者は、実際においては、いずれを中心としても結局同一の世界限定を示すことになるのである。個体を中心としても、あるいは種を中心としても、結局は世界の自己限定そのものを中心とすることになる」(『社会存在論』)と言っている。

このことから分かるのは、京都学派は丸ごとシュタイナーだったということである。

それは次の高山の発言によっても立証される。

高山は言う。(『世界史の哲学』「歴史を動かす力」)

ブルクハルトは国家・宗教・文化の三つを、歴史を動かす勢力(ポテンツ)と見たが、今日においてはこれに、経済を付け加えなければならない。しかし、国家・宗教・文化・経済の四つの勢力が、歴史の中にいかなる関係をもって作用するかは、極めて難解な問題をなすのである。

国家・宗教・文化・経済の諸勢力の間には、一つが他から規定せられる決定的関係はなく、これらの歴史的勢力はそれぞれ他から導き出されない根源性をもち、しかも世界により時代によって合理的に説明し得ない独自な聯関をなしているのである。

宗教・政治・文化・経済の諸勢力は互いに根源的な自律性をもつものでありながら、なお他との結合を要求するのである。四者は重々無盡《じん》に相互媒介の聯関をなして現存するのである。それぞれ他から導き出し得ない自律的根源性をもちながら、しかも他との結合なくしては現存し得ないという関係、ここに歴史的現実の微妙なる構造が存している。

この政治・経済・文化（と宗教）が「他から規定せられる決定的関係はなく」「それぞれ他から導き出されない根源性をもち」「相互媒介の聯関をなしている」というのも、シュタイナーの三層化論とまったく同じである。

しかし高山は四分法を採り、「宗教というものは、政治・経済・文化からその成立や存在を説明し得ない根源的なものである」といい、他の三つのものとは区別している。

しかし『世界史の哲学』に続く『日本の課題と世界史』では、「武力、経済、政治、思想（倫理、宗教、教育、文化、芸術）等は、いうまでもなく総力戦を構成する特殊部門であり、相互に提携し合って戦争を遂行するものでなければならない」と、宗教と文化を同じ範疇のものとしているのである。

ここには、大川周明の場合もそうであったが、日本の天皇制（宗教）を政治・経済・文化という近代的な社会機構から超越したものとして描こうとする、「この時代の意図」がはっきりと見てとれる。

9　道義的秩序とは何か

さらに高山は、大正時代の渡辺巳之次郎と同じく、米英の自由・平等主義の欺瞞性を突き、

「個人の自発性は無拘束な私的自由すなわち恣意となり、平等性はたんなる平均的平等すなわち交換的平等となる。しかるに恣意の自由に立てば平等はあり得ず、平均的平等に立てば自由はあり得ない。自由と平等とは両立し難きものである。近代ヨーロッパ的精神は自ずと階級の対立の激化であり、国家的利己主義に基づく涯《はて》しなき国際闘争であった」と批判している。だが、高山がこうしたヨーロッパ近代を超克するものとして描いた「道義的秩序」（新しい社会）とは次のようなものだった。

我が国では、皇室を万世一糸の宗家として仰ぎ、天皇の御稜威に帰することを根本義とする。我が国の国家は個人間の相互契約で基礎づけ得るものではなく、むしろ血縁同胞性の共同信念を基礎とするものであり、個人を至上とするのではなく、かえって国体を至上とするのであり、主権は一般的合理性の原理から是認せられるのではなく、天皇は国祖神の神裔として神聖にして犯すべからざる現人神にましますのである。

これではまるで「王政復古」（前近代への回帰）ではないか。三木清の場合はゲゼルシャフトからゲノッセンシャフトへ上昇したが、高山ら右派（西田も含む）はゲマンイシャフトへと下降していった。ここには「日本の主体性が出てない」というスメラ主義者たちからの攻撃の矛先を逸らしたいという、きわめて安易な姿勢だけが見える。

10　西田幾多郎と東條英機

そして、ちょうどこのころ（昭和十六年一月二十三日）、高山の師西田幾多郎は、宮中御講書始で、天皇に対して次のように進講している。

種々なる民族が世界史的関係に入る時、今日のごとく国家間の烈しい闘争の起るのは自然の勢と存じますが、その中最も世界史的傾向を有するものが中心となって時代が安定するのであろうと考えます。一つの国家が世界史的性質を有すとは如何なることを意味するかと申しますれば、それは何処までも全体主義的であると共に、単に個人を否定するのでなく、何処までも個人の創造を媒介とするということであろうと存じます。

我国の歴史においては全体が個人に対するものでもなく、個人が全体に対するでもなく、個人と全体が互に相否定して、皇室を中心として生々発展し来たと存じます。

嚮《さき》に歴史はいつも過去未来を含んだ現在を中心として動いて行くと申しましたが、我国においては皇室がいつもかゝる過去未来を含んだ現在の意義を有ったものと思います。ゆえに私は我国においては肇国の精神に還ることは推古に還ることでなく、いつも更に新な時代に踏み出すことと存じます。復古ということは、いつも維新ということゝ存じます。

テレビコマーシャル風にいえば、「なんじゃ、こりゃ！」だろう。天皇もチンプンカンプンだったに違いない。「全体主義的であると共に個人の創造性を媒介とする」「個人と全体が互いに相否定して」「復古はいつも維新」、これが有名な《絶対矛盾の自己同一》なのである。

また、戦後、西田たち京都学派は戦争に協力したと非難されるが、これは正確な言い方ではない。なぜならば、「種々なる民族が世界史的関係（場所取り）に入る時、今日のごとく国家間の烈しい闘争の起るのは自然の勢と存じます」と言ったように、西田の「場所の論理」そのものが戦争の論理だったのである。

そして、開戦時の快進撃も長くは続かず、徐々に後退を余儀なくされた日本陸軍は、昭和十八年（一九四三）二月、ついにガダルカナル島から撤退し、米軍部隊は日本本土へ向けて包囲網を狭め、艦載機による本土空襲も頻度を増していった。同じころ、ドイツ軍もスターリングラードで全滅した。

こうしたなか、西田幾多郎は、東條内閣より、第八十二臨時議会における首相演説と秋に予定されていた大東亜会議（五月三十一日の御前会議で開催を決定）の宣言の草案を書くことを求められる。西田の二月の日記の月初めの頁に「世界の新秩序と大東亜新秩序」とメモ書きされている。

そのために、内閣および軍の意向を受けて、西田宅を訪れたのは、国策研究会の矢次一夫と蒙彊《きょう》政権最高顧問の金井章次だった。

西田は、五月十九日、東京の国策研究会に出向き、東條の側近で西田と同じ石川県出身の佐藤陸軍軍務局長や衆議院議員永井柳太郎らと会談する。二十四日、高坂正顕にあてて、西田は「君の中央公論の論文をよんだ　あんな連中相手にせないでよかろう　私は我国のもっと根本的勢力の方からだん〳〵分って来るのでないかとおもう」と書いている。この根本勢力とは軍部や支配層のことで、この権力から下問があったという満足感がうかがわれる。

その後の西田の日記には「五月二十五日　草稿書きはじむ」「二十八日　田辺来り『世界新秩序の原理』原稿渡す」「六月九日　田辺『世界新秩序の原理』二十冊持参」とある。

六月十四日、西田は堀維孝あての手紙に「前便にてお送りしたもの御一覧願います。明日の声明にどれだけ影響するか、果してどれだけ取入れるかが心細いが、若しこれが知れると色々の有象無象から攻撃の種になると思います　私は何とかして日本精神に世界性のある様に解《カイ》したいと思うのですが御教示下され度　……　尊兄の処に西晋一郎君の『世界開闢即肇國』というパンフレットなきか　若しあらば一寸お見せ下され間敷や」と書いている。

同じ日に、和辻哲郎にあてても、「別紙の基は意外の関係にて陸軍の方から頼まれて書いたのですが、これは金井章次、田辺壽利二氏が私の書いたものによって書いたものに過ぎませぬ　これが世に分かれば有象無象が……」と書いている。

東條の演説は、六月十六日に行われた。

東條は、劈頭に「私はここに諸君と共に山本元帥を始め、忠勇なる戦没将兵の偉大なる勲功を偲び哀悼の誠を捧ぐると共に、ひたすら英米撃摧《さい》の一路に邁進し、もって勇士の忠霊に応えんことを誓う次第である」と述べ、日華条約の根本的改定とタイとの協力、フィリピンの独立の承認、インドネシアへの参政権の付与、インド独立への協力など共栄圏建設の意志を明示した。永井が賛成演説を行なった。

新聞（西田は読売報知新聞を読んでいた）は「世界史転換の陣頭に」と報じたが、その内容は西田が期待したようなものではなかった。

翌日（六月十八日）、西田は堀にあてて、「御手紙及パンフレット難有う　……新聞を見て実にいやになった　私の理念は何も理解せられていない　何も入っていない　私は表現はとにかく根本の理念の確立を重んじたのである」と、東條演説に落胆したことを書いている。言葉とは裏腹に、乃木殉死のときとは反対に、言葉に執着しているのだ。

しかし、二十三日の和辻あての手紙では「御手紙難有御座いました　東條の演説には失望いたしました　あれでは私の理念が少しも理解せられていないとおもいます（無理もないことだが）唯珍しくも陸軍が私などの考を求めたことで御座います　何とかだん〳〵にも多少でも分っていってくれればとおもいますが果していかゞ」と次回への期待を表わしている。

そして、七月八日、西谷啓治にあてて、「今三四日間例の新秩序論の修正に没頭したいと思うが　その後立つ前に尚一度お目にかゝり度お願致します　その節君の問題とせらるる箇所も御指摘下され度」と書いている。

また七月十一日には、「『新秩序原理』の方はすみましたから一度御話を聞き度おもいます」と書いている。

矢次一夫は「七月の初め頃だったかも知れぬ。金井君がやって来て、おい出来たよ、といって、私の前にほうり出したのを見ると、『世界新秩序の原理　西田幾多郎』と書かれた文章だ。金井君は、お互いが期待した『大東亜宣言』の案とは少し違うが、然しその案を作る連中の指導精神というか、魂になるものだよ、よろしく頼む、と置いて帰った」と言っている。

これが大東亜共同宣言の草案となる『世界新秩序の原理』なのである。

11　スメラ主義との確執

ちょうどこれと時を同じくして、西田のいう「有象無象」、すなわち原理日本社系の極右が、『読書人』（七月号）で「哲学書批判」と題し、一斉に西田派を攻撃する。

この極右スメラ主義者は、東條内閣が、自分たちではなく、「学界の最高権威を動かし、教えを請う」として、西田に諮問し、その「世界史的立場」と「総力戦の思想」を国策としたことに、ショックとジェラシーを感じていたのである。

目次を見てみると、佐藤通次「見るものから聴くものへ（哲学の根本問題につきて西田博士の教を乞う）」、田中忠雄「文化類型学批判（蛆たかる哲学的頭脳）」、紀平正美「『無』概念の弄び」、三井甲之「『西田哲学』に就いて警戒すべき諸点」など、『善の研究』の出版に尽力した紀平まで入っている。

これ以外にも「『世界史的立場』論」、「世界史的立場と日本」、「総力戦の哲学と史観」から、「非国民教育論の一例（木村素衛著『形成的自覚』）」、「下村寅太郎著『科学史の哲学』」、「西田幾多郎著『日本文化の問題』」、「柳田謙十郎著『歴史的形成の倫理』所見」、「西谷啓治著『世界観と国家観』」など、批判は西田哲学の全分野と全個人に及んでいる。（和辻哲郎だけは除外されている）

彼らは強い調子で、「大和魂に出発せぬ議論理屈で、大和魂なくしては国家理念は解けぬ」「神話を否定する哲学は、もはや儒教をもって代表される東洋の概念でもない。明らかに、西洋の哲学である。『神話』を否定するような哲学ならば、よろしく哲学を撲滅すべきである」と攻撃している。

相当危機感を感じたのであろう。西田は、柳田謙十郎へ、「『読書人』の件昨夜聞く所によれば背景に少し重大なものある様につき一応見て置き度一寸おかし下さいますまいか」と書き送っている。

それは、彼らの批判のなかに「直接経験を取扱い、実人生の体験を扱う精神科学においては、〈純粋経験〉、〈実在〉、概念的認識の論理的形式としての〈科学的〉等々は、国体の史実と理念によって換置せられ、芸術的表現のシキシマノミチに〈天朝の御学風〉を仰ぎ奉り、神勅詔命に神意を畏みまつるべきである。〈西田哲学〉に〈国体〉についての言説を見出さないのは筆者の知識の狭い故ばかりでもないと思うのである」（三井甲之）という恫喝があったからである。

この背景には昭和十六年に出された文部省編『臣民の道』の精神」がある。これでは「『万世一系の天皇、皇祖の神勅を奉じて永遠にしろしめし給ふ』国体と、『臣民は億兆心を一にして忠孝の大道を履み、天業を翼賛し奉る』臣民の道」（久松潜一）と宣せられていた。

西田は三井の文を読んで気が動転したのであろう。翌月、「国家理由の問題（五）」を、『倫理学講座』に発表する。

そのなかで「我国体は肇《ちょう》国の神話をもって始まり、幾多の社会変遷を経ながらも、それを根底として、今日まで発展して来たのである。我国体においては、宗教的なるものが、始であり終であるのである。そこに我国体は真に主体即世界ということができる。歴史的世界創造ということが我国体の本義であろう。この故に内に万民輔翼であり、外に八紘一宇である。か丶る国体を基として、世界形成に乗り出すのが我国民の使命でなければならない」と書いた。

高山たちも『世界史的立場と日本』の序で「我々は日本の世界史における主体性を力説こそすれ、それを軽視し、況んや無視するのでは全然ない。ただ日本の主体性は独善的、独断的たるべからざることを理論的に闡《せん》明せんとしたのである」と弁明した。

しかしこの西田たち「世界史の哲学」派とスメラ主義者たちの違いは、反米日本主義を、外国にも通用するような学術的哲学的言語によって著わすのか、それとも、聖徳太子から万葉集、親鸞、本居宣長らを並べて純和風に著わすのかといった「目糞鼻屎を笑う」の類いのものでしかない。

西田は同じころの『国体』にもこう書いている。

「我国の国体において、皇室が世界の始であり終である。皇室が過去未来を包み、絶対現在の自己限定として、すべて皇室を中心として生々発展するというのが、我国体の精華であるのである。……皇室を中心としての肇国には、天地開闢即肇国として歴史的世界形成の意義がある。故に万世一系、天壌無窮である。神国という信念の起る所以である」と。

京大の後輩上山春平は「ここに至っては、もはや言うべきことばを知らない」と書いているが、この部分は、西晋一郎の『天地開闢即国家建立』（国民精神文化研究所刊）の丸写しである。西田は前出の手紙でこれを『世界開闢即肇国』と誤記している。

この国民精神文化研究所というのは、下村への手紙（七月六日）で「噂によれば末綱君の話は中々質問やら何やらが御座いました由、どういう方面の人からどういう性質の質問にや　専門家の方からか　例の精神文化一派からか」と書いて、だいぶ気にしていたグループのことである。

八月二十七日、西田は高坂にベルジャエフの『歴史の意味』を持っていないか尋ねている。ベルジャエフは中世による近代の超克を主張していたので、通じるものを感じていたのであろう。

12　大東亜共同宣言と世界新秩序の原理

さて、その『世界新秩序の原理』だが、どのようなものなのであろうか。ここに、その要旨の全文を掲げる。（このあとに長文の「解説」が続く）

真の世界平和は全人類に及ぶものでなければならない。然るにかかる平和は、世界史的使命を自覚せる諸国家諸民族が、先ず地縁及び伝統に従って一つの特殊的世界すなわち共栄圏を形成し、さらに各共栄圏が相協力して真の世界すなわち世界的世界を実現することによってしか到達されない。而してかかる共栄圏の確立、及び各共栄圏の協力による世界的世界の実現こそは、現代の担っている世界史的課題である。（A）

大東亜戦争は、東亜諸民族がかかる世界史的使命を遂行せんとする聖戦である。（B）歴史が炳《へい》として示す如く、飽くなき米英の帝国主義は、東亜諸民族を永く足下に蹂躙してその繁栄を阻止し来った。この米英帝国主義の桎梏を脱し、東亜を東亜諸国民の手に回復するの途は、東亜諸民族自らが、共通の敵米英帝国主義の撃滅、根絶を期して結束する以外にない。すなわち、大東亜戦争を完遂して東亜を保全し、東亜共栄圏を確立して共栄の楽を偕にすることが、現代東亜諸民族の第一の歴史的課題である。（C）

今や志を同じうする独・伊・その他の諸国は、欧洲の天地に新秩序を建設すべく勇敢に戦っている。(D)亜欧両洲に於けるこの二大事業の完成する秋、真の世界平和を招来すべき世界的世界は実現するであろう。東亜共栄圏を通じて世界的世界の実現すること、これが東亜諸民族の第二の歴史的課題である。(E)(AからEの記号は筆者が便宜上付けたものである)

これに対して、十一月五日六日の両日、日本、中国、タイ、フィリピン、ビルマ、そしてインドネシアの代表を一堂に会して、帝国議事堂で開催された大東亜会議で採択された「大東亜共同宣言」にはこう書かれていた。

抑々世界各国が各其の得相倚《よ》り相扶《たす》けて萬邦共栄の楽を偕にするは世界平和確立の根本要義なり。

然るに米英は自国の繁栄の為には他国家他民族を抑圧し特に大東亜に対しては飽くなき侵略搾取を行ひ大東亜隷属化の野望を逞うし遂には大東亜の安定を根底より覆さんとせり大東亜戦争の原因茲に存す。

大東亜各国は相提携して大東亜戦争を完遂し大東亜を米英の桎梏より解放して其の自存自衛を全うし左の綱領に基き大東亜を建設し以て世界平和の確立に寄与せんことを期す。

一、大東亜各国は協同して大東亜の安定を確保し道義に基く共存共栄の秩序を建設す

一、大東亜各国は相互に自主独立を尊重し互助敦睦の実を挙げ大東亜の親和を確立す
一、大東亜各国は相互に其の伝統を尊重し各民族の創造性を伸暢し大東亜の文化を昂揚す
一、大東亜各国は互恵の下緊密に提携し其の経済発展を図り大東亜の繁栄を増進す
一、大東亜各国は万邦との交誼を篤うし人種的差別を撤廃し普く文化を交流し進んで資源を解放し以て世界の進運に貢献す

この冒頭の「抑々世界各国が」から「ことを期す」までの宣言の部分は、「共栄の楽を偕にする」や「東亜を米英の桎梏より解放」などの文言にみられるように、西田の『世界新秩序の原理』の「C」の内容とほとんど変わらない。

そして五日の会議の冒頭、東條英機首相は「大東亜の建設に関する帝国政府の基本的見解」としてこう述べた。この演説はその日の夕刊に掲載された。

抑々世界各国がその所を得、相扶けて、万邦共栄の楽を偕に致しまするは、世界平和確立の根本要義であると信ずるのであります。而して特に関係深き諸国が互いに相扶けて各自の国礎に培い、共存共栄の紐帯を結成すると共に、他の地域の諸国家との間に協和偕楽の関係を設定致しまするとは、世界平和確立の最も有効にして且実際的方途であると申さねばならぬと存ずるのであります。

大東亜の各国が有らゆる点において離れ難き緊密なる関係を有しますることは、否定し得ざる事実でありまして、かかる関係に立って、大東亜の各国が協同して大東亜の安定を確保し、共存共栄の秩序を建設致しますることは、各国共同の使命であると確信するのであります。

この部分には「C」の文言も入っているが基本的には「A」と同じである。そして、東條はこの演説をこう結んだ。

翻って欧州の情勢を見まするに、盟邦独逸は愈々国民的結束を鞏固にし、必勝の信念をもって米英撃滅と欧州建設とに邁進しつつありまして、洵に力強き限りであります。大東亜戦争は実に破邪顕正の聖戦でありまして、大義名分炳乎として我に在り、正義の向う所敵無く、究極の勝利の我に帰すべきことは我等の信じて疑わざる所であります。

茲に大東亜諸国が、衷心より大東亜戦争に協力せられつつあることに対しまして、深甚なる謝意を表しまするると共に、今後益々苛烈の度を加えんとする戦局に対処し、帝国は大東亜諸国と共に欧州盟邦との提携を愈々固め、必勝の確信の下、不抜の闘志をもって、如何なる困難もこれを克服し、我ら等の共同使命とするこの大東亜戦争を完遂し、大東亜建設を完成致しまして、真の世界平和の確立に貢献せんことを固く期する次第であります。

この三節も西田の（D）（B）（E）とまったく同じである。

このことから分かるのは、西田の『世界新秩序の原理』は、田辺が「総理大臣と議会が、西田先生の教えを受けてそしてその通りやりましょうとやったんですから、結局政府も議会も西田先生に負けた形になる訳ですね」と言ったように、国策になっていたのである。この十一月、隈本有尚、西晋一郎が死去する。

そしてこの世界新秩序建設のため、十二月一日、全国の徴兵適齢学生は入営し、「海ゆかむ山また空をゆかむとの　若人のかどでをしくもあるか」（出陣学徒壮行歌）に送られ、戦場へと発っていった。

だからこそ西田は、大東亜会議から一ヶ月が経過した十二月十四日、岩波書店の岩波茂雄にあてて、「けふ田辺壽利君が来て例の私の書いた『世界新体制の原理』（「世界新秩序の原理」のこと）を先ず『思想』に出してもらいたいということでした　私は絶対否定する訳ではないが又有象無象を刺戟して騒がすに了る様なことはつまらぬと思うのです（今少し静まったこと故）田辺君は大に希望を有って居られる様ではあるが直接金井章次などとも可否よく御相談下さいますまいか金井氏なども進んで希望せらるゝにや　私のこんな気分を『思想』編輯部の人々にも伝えて置いて下さいませぬか」と、掲載依頼をしたのである。

同じ日、『思想』の編集に携わっていた谷川徹三にも、「けふ田辺壽利君が来て例の私の『世界新体制の原理』を先ず『思想』に出してもらいたいという　いかゞなものでせうか　又有象無象……」と書いている。

田辺は（自分が仲介した）西田の『世界新秩序の原理』が大東亜共同宣言と東條演説に反映されたのを誇らしく思い、それを誇示したかったのだろう。そして西田もまた、それにはまんざらではなかったのだ。このころ京都学派は岩波哲学と呼ばれていた。

しかし、西田のこの希望は入れられず『思想』に掲載されることはなかった。岩波茂雄は、これ以上スメラ主義者を刺激したくなかったのであろう。

そして、この大東亜共同宣言への西田の関与が明らかになったのは、戦後かなり経ってから、矢次一夫が回想録のなかに「西田幾多郎博士との交渉」（『新政』昭和二十九年一月五日、十五日号）を書いたことによってであった。矢次は『世界新秩序の原理』の要旨と解説を合わせた全文をこれに掲載した。だがこれは特殊な雑誌だったため、一般には知られることはなかった。

13　戦後の西田幾多郎

戦後間もなく、羽仁五郎は「第一に、純粋に論理的に考えること、そのために、最も根本的な、なにものにも支配されない立場から物を見、なにものにもとらわれない立場から物を考えること、これがために日本の半封建的帝国主義の支配的の影響とたたかうこと、そこに西田幾多郎の出発点があった。そして、第二に、この純粋に論理的な、最も根本的な立場から、具体的論理は歴史生命の成立において、求めらるべきことを明らかにしたこと、そこに西田幾多郎の哲学の到達がある。しかも、この歴史的生命の立場に、日本の半封建的帝国主義の支配的影響が入って来るのをふせぐには、それは、近代的市民的立場なかんずく近代無産勤労市民的立場によらねばならなかったのである」(「市民哲学者・三木清」)として、西田哲学を《市民哲学》に押し上げた。

しかし、これはまったくのピント外れであって、西田は、法政大学教授だった和辻哲郎を京都帝大に招聘するための手紙に、「民間において一旗あげる御考であっても、一度はアカデミックな圏内に入って見られるのがよいではないかと思います。私は貴兄を広き意味の Kultur〔文化〕の研究者として哲学科に属する人として迎えたい」と書いている。これは官学の思想そのものであり、生涯変わらなかった。

昭和二十一年元旦、天皇は自らの神格を否定し、人間宣言をする。一月三十日、三井甲之らとともに激しい西田派攻撃をしていた原理日本社の蓑田胸喜が自決する。

そして、羽仁によって「西田幾多郎をうらぎり、三木清のボイコットしたギアナリズムにおける日本帝国主義の侵略戦争政策の支配に奉仕し、戦争の合理化に奉仕した」と弾劾された京都学派右派は、羽仁に便乗し、西谷啓治「無私の世界性に立つ道理」、務台理作「日本今後の哲学」、下村寅太郎「知性改善論」、高坂正顕「政治概念の検討」、高山岩男「文化国家の理念」、柳田謙十郎「文化国家への道」、鈴木成高「危機のヒューマニズム」などを発表し、戦争協力などどこ吹く風と、西田と自らの復権(居座り)を謀った。

こうしたことが功を奏し、西田は心の支えを失っていた若者たちの救世主に祭り上げられ、まだ連合軍の当治下であったにもかかわらず、昭和二十二年の七月に岩波書店から西田幾多郎全集が刊行され、徹夜の行列ができるほどのブームを現出した。極東国際軍事裁判が終結したのは翌年のことだった。

しかし、この全集には「政治的制約に対する考慮」(全集別巻六あとがき)がなされ、「国家理由の問題」「国体」「日本文化の問題」など不都合なものは収録されなかった。これが全集の別巻に補遺として入るのは、サンフランシスコ平和条約が発効して、日本が独立を回復してからの、昭和二十八年になってからのことだった。

だが『世界新秩序の原理』はこれにも収録されなかった。

矢次の公表の動機もこの辺にあったのだろう。矢次は「ある人の話によると、本稿(世界新秩序の原理)は『西田全集』には加えないことになっていると聞いたが、事実とすればおかしなことだと思う、本稿が世に出ることは、故博士の為にマイナスになるとでも、これ等の人々は思っているのであろうか。さりとて小胆なことである。西田博士が今日におけるような軍事的手段を忌避する平和論者だったとは、私は理解していない」と言っている。

そして、この問題が世間を騒がすようになるのは、この矢次の文を下敷きに大宅壮一が書いた「西田幾多郎の敗北」(『文藝春秋』昭和二十九年六月臨時号)によってであった。

これにショックを受けた長与善郎は、『毎日新聞』(昭和二十九年六月十日、十一日付)に、「西田幾多郎博士の悲劇」を寄せた。長与は学習院時代、西田にドイツ語を習ったことがあった。いる。長与は「最近の文芸春秋臨時増刊号に『西田幾多郎の敗北』(大宅壮一)という記事が載っていまた例のいたずら半分の与太かと思ったが、この見出しは僕には一寸そういって看過できないものがあり、読んでみた。そして少なからずおどろき、しばらくはただ暗然として、いろいろ思いにふけった。早速筆者の思うツボにはまったようなわけかもしれないが、似たショックをうけた読者は相当多かろうと思う」と言い、次のように書いた。

「たしかに博士の書いたものに違いないと認めざるを得ない原文」「この大宅氏の文については、いずれ本当の門下であった人がくわしく答えることと思う」「それにしてもここに記された事柄は、親しく接してしばしば聴いた博士の平素の言葉とはおよそ裏ハラなものである」「日本の敗戦を最も早くはっきり予知して断言していた博士が、あの『大東亜宣言』なるものの草案を書くことを諾した。即ち敗戦色が濃くなってからの東條政府の苦肉の策であった」「『あくなき米・英』とか『聖戦完遂』とかいう文字まで使った」と。

矢次はこのあとすぐ、この回想録を『昭和人物秘録』として刊行するが、そのあとがきにこう書いている。「これ(大宅の文)は本書所収の西田博士の分から取材したものである。しかし大宅君の評論は相当事実を歪曲したもので、故人に対しても気の毒であり、私としても迷惑であるが、大宅君と喧嘩をしても仕方がないので、そのままにした。ところがその後になって、六月十日、長与善郎氏が毎日新聞紙上にこれを取り上げ、西田博士のために駁論を発表するという事態が生じた。これは大宅君の書いたものを全部真相と早合点したことによるもので、長与氏の軽率といわざるを得ないが、当時本書はすでに印刷校正中であり、これを読んで貰えば事情はわかることだと思ったので、一応かまわぬことにした」と。

そして大宅（西田が「魂を売って肉体の保証を求めた」ということ）には、弟子の高坂正顕が『中央公論』で反論した。

「昭和十八年十一月五日、東京で『大東亜会議』なるものが開かれ、汪精衛初め日本軍部の支配下にあった東亜の国々を率いていた人々が参集し、東條英機が『大東亜宣言』を読み上げるという派手な一幕があった。これは誰もが知っていることである。ところが、ここに殆ど誰も知っていない大きな秘密がある。それは西田博士がこの『大東亜宣言』の草案を書いているという意外な事実である」「当時の事情は、私も大体西田先生から直接伺っており、大宅氏の文中に出てくる重要人物、例えば金井章次氏とは先生からすすめられて直接色々な話をしたこともある」。矢次も「西田博士は、本稿執筆後一部の門下生には見せたということだし、呼ばれて相談を受けた人もあるそうである」と書いている。

高坂は続ける。「多くの知識人は悲劇なしにあの戦争を過ごしてきたのではなかったのか。私は長与さんと共に西田先生の悲劇を認める。しかし、その意味は長与さんが云われるのと少し違う」「魂を売ったということにはなるまい。それは大宅氏が省略された草案の後の部分を見れば直ちに明らかになる。第二、大宅氏も認めていられるように、先生の草案は、いわゆる『大東亜宣言』とは全く別のものである。してみれば東條の『大東亜宣言』を西田先生が基礎づけたのではないことは云うを俟つまい」と。

しかし、大宅が大東亜共同宣言には「西田哲学の影響らしいものはほとんど認められない」と書いたのは、神格化された西田を（「そんな大物じゃない」と）貶《おとし》めたかったからである。

深田祐介の「戦後、『大東亜共同宣言』の草案は哲学者の西田幾多郎によって起草されたという説がなされたが、これは事実ではない」（『黎明の世紀』）という発言も、同じ心理からのものである。

そして、この「草案を書いたのは事実だが、『大東亜宣言』と別のもの」という高坂の抗弁は、金井も『信濃毎日新聞』（六月四日夕刊「大東亜宣言の真相」）で同じ趣旨を述べているが、すでに明らかにしてきた事実に照らしてみれば、まったく空しい。

大宅が省略したのは解説であって、それと『大東亜共同宣言』を比べてもしかたがない。

また高坂は、同じ月の『心』には次のように書いている。「先生は威嚇されてあの一篇を書いたのでは全然ない。むしろ先生は国策研究会の人々を分らせ、多少とも我国の根本勢力の誤を正そうとされたのである」「大宅氏は先生のこの一文が新聞に堂々と発表されなかったことも、先生が魂を売った証拠であるかの筆を弄しているが、しかし先生はこの『世界新体制の原理』をどこまでも秘密にしておくつもりでもなかったらしい。（前出谷川、岩波あての手紙を引用）この間の詳しい事情は知らないが、『世界新体制の原理』は結局『思想』には載らなかった。しかし先生が決してこれを秘してのみおくつもりでなかったことは明瞭であろう」と。

14　歴史偽造

この騒動から八年後の昭和三十七年十一月、「晩年の西田幾多郎と日本の運命」という四八ページの小冊子が西田幾多郎先生頌徳記念会から出される。巻頭には『世界新秩序の原理』が西田幾多郎の著作として収録されている。

このなかには田辺の『世界新秩序の原理』執筆の経緯についての講演も収録されているが、まったくでたらめきわまりない内容である。田辺は、高坂も認めている大東亜共同宣言や矢次については一言も触れず、『世界新秩序の原理』は六月の東條演説だけのものだったかのように語っている。

田辺はこの講演のさいに、『世界新秩序の原理』を持参したという。冊子の出版者の橋本芳契は、最初この田辺の持っていたものを収録するつもりでいたという。しかし「田辺先生が宇ノ気へ持参された謄本の写しが印刷にかかるまでに地元ではどうしても入手できず、やむなく鎌倉市極楽寺五四七西田琴さまにお願いして、お手元のものを借覧し、印刷の都合にどうやら間に合えることになった」と付記に書いている。

なぜ田辺は、自分と金井が手を入れたという最初の『世界新秩序の原理』を橋本に渡さなかったのだろう。それは、これが公表されれば、『世界新秩序の原理』が二つあったことが分かり、矢次の証言の正しさを認めることになったからであろう。田辺は、講演と冊子刊行の間に亡くなっている。墓場に持っていたのだ。

しかしこの「晩年の……」は三百部しか印刷されず、しかも一部の関係者にしか配布されなかったため、目にしたものはほとんどいない。国会図書館にも納本されていない。私の手元にある橋本芳契が徳島市の協力者に出した葉書には、「何卒他聞おはばかり……」とある。

こうした事情を十分に考慮した上でのことなのであろう。十一月七日、『朝日新聞』は「戦争の広がりを心配」の大見出しの下、「故西田博士の論文　二十年ぶりに出版」と、大宅・長与騒動などなかったかのように報じた。

どうして、こんな戦前の大本営発表と同じようなことができたのか。それは、『朝日新聞』の党派主義もさることながら、昭和三十五年（一九六〇）の日米安保条約改定反対運動の国民的高揚があったからであろう。

ちょうどこの年、左翼政党・メディア、進歩的文化人たちによって、「地上の楽園」北朝鮮への帰還運動が喧伝され、在日朝鮮人（日本人妻を含む）約十万人が悲劇の海を渡った。

朝日と岩波、西田信奉者たちはこの反米親共感情の夜陰に乗じて、この歴史偽造を行なったのである。

『朝日』はしゃしゃあと書いている。「西田博士の『世界新秩序の原理』は昭和十八年三月ごろ、東條内閣から博士と親交のあった元蒙古政府最高顧問金井章次医博を通じて『八紘一宇の理念と日本の進路』について西田博士の教えを求めてきたのに対し、十一ページのガリバン刷りで答えたもの」「『真の世界平和は全人類に及ぶものでなければならない』という書出しで『全世界的共栄圏の実現が世界史的課題である』という要旨。この論文は戦争の広がりを憂えた博士の真情を述べたものだが、軍部からは顧みられず、未発表のまま埋もれていた」と。

『朝日』は、この『世界新秩序の原理』の執筆の経緯についての田辺の嘘話をそのまま書いている。『文藝春秋』はもちろんのこと、『中央公論』や『毎日新聞』の記事も完全に無視している。これでは政治党派の機関紙と何ら変わらない。

それゆえ、この記事のどこにも「大東亜共栄圏の確立」や「大東亜戦争は、……聖戦である」という西田の文言は見られない。これが「西田と軍部をめぐる真相」、すなわち「西田は戦争協力者ではなく、平和主義者だった」というのである。

上山春平は、『朝日』記事の翌年に出版された桑原武夫編『近代日本の思想家』(講談社)のなかの「西田幾多郎」でこの事実に触れている。

そして、こうした歴然たる事実があるにもかかわらず、この『世界新秩序の原理』は未だに西田幾多郎全集に収録されていない。

その代わりなのであろうか、第二版の第十二巻(昭和四十一年)には『世界新秩序の原理』の草稿なるものが載っている。矢次は「西田博士の嗣子外彦氏の語るところによると、このときの下書原稿も残っているそうだが」と書いているから、これかも知れない。

しかし編集者の一人下村寅太郎（高坂もそう）は「この草稿の由来については編輯者自身は審《つまびらか》にしない」とまで書いている。なぜ由来を明らかにできないのだろうか？　しかもこの草稿なるものは「今日残っていない」というのである。

それは「原文を見せろ」といわれたら、不都合だからであろう。

なぜならば、この草稿なるものは「解説」部分のみで、肝心な「要旨」は載っていないからである。このことは、高坂の『中央公論』での抗弁と関係があるのだろう。下村は「『晩年の……』の巻頭に載せられている『世界新秩序の原理』はこの田辺壽利が〈解り易くした〉文章であろう。しかし先生の草稿と比較すると、明らかに単に〈解り易く書いた〉だけの相違以上がある」と、西田のものでないと決めつけている。

15　終局

そして話は終戦間際の時代に戻る。昭和二十年（一九四五）一月二十七日、帝都中心部への爆撃が始まる。B29の編体七十数機が飛来、銀座、丸の内地区に焼夷弾、爆撃弾を投下する。被害は甚大だった。そして三月十日の東京大空襲に始まる無差別日本大空襲によって、五十万人が死に、百数万人が負傷した。

三月二十八日、三木清が、警視庁を脱走した高倉テルを匿った容疑（治安維持法違反）で逮捕される。

四月には、沖縄に米軍が上陸する。この沖縄戦の悲劇のさなか、昭和二十年六月七日、西田幾多郎が死去する。

そしてこのころ、高山岩男は「道義と戦意」（『週刊朝日』昭和二十年六月十七日号）などと称して、まだ突撃ラッパを吹き続けていた。

高山は咆哮する。

わけても特攻精神に至っては日本的道義の極致ともいうべく、現代日本青年の道義的気魄地に墜ちたるどころか、むしろ純忠愛国精神に至っては有史以来現代をもって最も旺《さか》んな精神と断じて誤りなく、文字通り発しては万朶《ばんだ》の桜となる天地正大の気の発現を見たることは、吾が日本民族の歓喜措《お》く能《あた》わざるところである。

高山は『世界史の哲学』に「今日の大転換と大戦争とは避くべからざる当然のものであり、深く世界史の創造の要求から生まれ出ているのである。特殊的世界史から普遍的世界史へ。歴史的世界を超出せる絶対的普遍性とは、限定的に名づくべからざるもの、すなわち絶対無である。世界史こそ絶対・永遠の顕現の場所である。この絶対無の現成が歴史的創造の行為に外ならない。

このような行為の主体として、刹那に永遠を現成する者が、いわゆる歴史的個人に外ならない。昔より英雄とか天才とか称せられて、歴史の創造に参与し来った者は、すなわちこの歴史的個人に外ならぬのである」と書いていたが、特攻隊はまさにこの「英雄」だったのである。

また小林秀雄や河上徹太郎、亀井勝一郎、下村寅太郎ら翼賛文化人を動員した「近代の超克」座談会でも、「現代日本人の可能性」として、次のような会話がなされていた。(『近代の超克』)

(林房雄) 僕は日本の荒鷲教育に非常に驚いている。機械と精神の統一などと改めて申すのもおこがましいほどの教育が実現されている。僕は非常に目を瞠《みは》っているのです。

(西谷啓治) それは僕もそうですがね。たゞ併し、あれはやはり一種の隔離された生活をやって、そこで純粋な一筋の道をぐっと叩き込まれるから出来る。

(林) あの少年航空兵の教育を幸福なもの、清浄なものとして絶対肯定するか、あれは一つの異常なる精神美だとするか、そういう二つの立場がある。この二つの立場が現代日本では闘っているのです。

(西谷) 僕は健康な精神美だと思う。

なにが「健康な精神美」だ。この少年たちは二十歳にも満たない年齢で、総力戦の華として「天皇陛下とお国のために」敵艦に体当たりをして死んでいったのである。

しかし花澤秀文によれば、「五月、高山岩男『日本ノ敗戦処理ト戦後復興』に関する報告書を大東亜省に提出。論文中に、天皇制の存続、昭和天皇の退位、皇室財産の放棄を提唱」とある。(『京都学派の思想』)

高山にとって「天皇は国祖神の神裔として神聖にして犯すべからざる現人神にまします」のではなかったのか。まったくのダブルスタンダードではないか。これでは死んでいった人々が浮かばれない。

そして『週刊朝日』の高山の文章の隣には、産業報国会のメンバーだった松下電器産業社主松下幸之助の「政治の反省」が載っている。

松下は言う。

戦う以上は勝たねばならぬ。大国と戦うには敵を知らねばならぬ。大国と戦うには自ら戦う方途がある。日本の武士道は敵将の首級に対してさえ礼をつくし、なおかつ彼の戦術を研究し、その善戦ぶりに敬意を表することを忘れなかった。

あるときは自己を忘れて、英米に、あるいは独伊に心酔してみたり、また反動的に敵米の物質文明を一がいに排斥して日本の精神文明を盲唱して独り悦に入り敢えて顧みるところがない。物質文明に対する精神文明の崇高さを誇示する以上は敵をしてなるほどと首肯せしめるだけの内容の精神文明が厳存しなければならない。

いわゆる「日本独自の精神文明」は一体何を内包しているのであろうか。果たしていう如くでありとすれば彼我の戦いにその優秀性が実証されねばならない。日本武士道の奥床しさを忘れた形式的、かつ独善頑冥の幣が端的に現れているものが政治の面であろう。一国がたつ以上、よって立つ理念がなければならぬ。真の意味の日本の精神を体得し、それに立脚する謙虚な政治が行われてのみ、救国の大道が拓けることを知るべしである。

従来の政治には国民の生殺は全然顧慮されず、ただ「国家」「道義」の一点にのみ国民の絶大な奉仕が続けられたものであるが、民の歓びを、心を、その心とする政治が日本政治の本質ではあるまいか。

まったくこのとおりであろう。しかし、こうしたことは叶えられるべくもなく、日本は、八月六日、広島、八月九日、長崎に原爆が投下され、十五日の終戦を迎える。

この終戦の一週間前、八月九日、戸坂潤が獄死し、九月二十六日、三木清も獄死する。

16　言葉遊び

戦後、高山岩男は京大教授に昇進するが、すぐに、高坂正顕とともに追放される。続いて西谷啓治が追放され、京都学派は壊滅する。和辻哲郎は追放を免れる。

高山とって、羽仁五郎の「西田哲学の真実の出発および到達を、誰よりも正しく継承したのは、三木清であった」という批判が気になったのであろう、たちまちにして、三木の協同体論と同じ主張をし始め、昭和三十六年ころから、それを《第三の道》として高唱するようになるのである。

この戦後日本の第三の道と称する運動は、西ドイツの政権党社会民主党の第三の道を模したものだが、日清紡績社長桜田武らの『第三の道』（産業再建調査会）や、陽明学者安岡正篤らの新日本協議会（高山はここに属していた）の「日本主義的政治経済制度、一君万民の協同主義社会をめざす」ものや、永井了吉の神道の「むすび」や陰陽を基調にした『調和の哲学』などがあった。

高山は、この永井の本の序文に「W・オイケン、レプケ等、所謂『第三の道』の説に賛同する」と書いているが、昭和五十七年（一九八二）に出した『教育愛と教師の権威』（玉川大学出版部）で、その第三の道について、次のように述べている。

私がここで第三の道と称するものは、二つの世界（自由主義と共産世界の）の中間を歩むとか、自由主義と社会主義の両思想の中立の立場をとるとかいうような、主体性なき消極的なものを意味するのではない。我々は自己固有の立場において、古い型の資本主義と共産主義を乗越え、世界と日本の歩むべき新しき方向、すなわち第三の道を目ざしているのである。

これは大川周明の「日本及日本人の道」や伊東ハンニの「日本国民主義」の主張とそっくりである。

高山はまた、この第三の道の原理についてこう言っている。

経済には経済の理があり、芸術には芸術の理がある。技術には技術の理があり、政治には政治の理がある。芸術の理を以て経済を動かそうとしても経済は動かない。逆に経済の理を以て芸術を創作しようとしても芸術は創作されない。

人生諸般の領域にはそれぞれ固有の道があるわけで、何か一つの道を以て運営しようとしても、人間社会は運営できるものではない。それは合鍵ならどんな重い扉も開くが、鍵が違うなら軽い扉でも断じて開かないようなものである。

これもまたシュタイナーの三層化論とそっくりである。

ハンニが獅子吼していたころ、浮田和民は、このシュタイナーの三層化論を改作し、「人間生活の第一義（経済生活）にあたって自由の原則を適用するならば、生活の標準程度は無限に低下するごとく、その第三義（精神生活）にあたって平等の原則を適用するならば、その結果は人間生活の向上発展を無限に停止すると同じことになる。ゆえに、この場合に適用すべきは平等の原則ではなく、自由の原則でなければならぬ」と講義していた。

さらに高山は第三の道の社会について次のように説明している。

生物有機体にあっては神経中枢が細胞の末端まで統制する。有機体はいわば一種の全体主義的機構をなすものである。ところが人間の社会は生物有機体ではない。なぜか。社会の構成員はそれぞれ自主性をもつ個人だからである。

しからば人間社会は野放図の自由放任で成り立つかといえば、この場合は否応なく無政府的な混沌状態に赴く。人間社会は生物有機体ではないが、一種の精神的有機体であり、道徳的有機体である。またかかる有機体であることが人間社会の理想である。

「精神的有機体」、これもシュタイナーの『社会問題の核心』における定義と同じである。（これ以外にも「そっくりさん」はたくさんあるが、これ以上は挙げない）

しかし高山は、この第三の道の個々の《理》については、戦前は「他から導き出し得ない自律的根源性」と言っていたが、戦後になっても、それが何であるかはまったく明らかにしていない。この理の内容が、それが自由なのか、平等なのか、友愛なのかはっきりしなければ、新しい社会の具体的イメージは沸いてこない。

同じように、戦後間もなく、京都学派最右派と目されていた田辺元までが「とにかく社会民主主義が世界史的課題であるのを反映して、日本の特有なる課題が、現在の国際的位置と国内的情勢とに対応する社会民主主義の建設であることは、疑問の余地がないように思われる。哲学的思索の道として弁証法と呼ばれるものは、現実の歴史的社会的形成の原理として友愛の連帯に外ならない。先進指導者が全体の連帯関係において後進の教化に還相するという兄弟的友愛こそ、自由と平等とを秩序ある平等として統一するものではないか。自由・平等・友愛という標語は、三つの理想を並列するものでなくして、前二者の媒介統一として第三の友愛を立するものと解するとき、それは社会民主主義の弁証法的建設に対する原理を表わすものということが出来る」（「政治哲学の急務」）などとと言い出す。

だが、どうして「前二者（自由と平等）の媒介統一として第三の友愛を立するもの」が「自由と平等とを秩序ある平等として統一する」ことになってしまうのか？　友愛は平等なのか？　このすり替えは立岩と同じではないか。

売文業とはよく言ったものだ。

このように務台や田辺、高山らが、戦前は激しく批判拒絶していた社会民主主義や社会主義（マルクス主義）に媚を売るのも、「場所の論理」（高山は「所を得る」と言っていた）の具体的な顕現なのであろう。つまり、敗戦によって住む環境（場所）が変わったから、「所を得る」ために、冬山の雷鳥よろしく、周囲に合わせて羽の色を変えたのである。

「場所の論理」や「種々の論理」（田辺）に基づいた多神教的文化相対主義は、物理的な戦闘だけではなく、思想の総力戦においても完敗したのである。

また田辺はこの弁証法（？）を「神と国と人、世界と国家と個人、宗教と政治と道徳、というごとき三一的媒介においては、媒介の二重性によって、項の間に不即不離、依立即自立の関係が成立する。政治哲学の核心はこの三一的媒介を正しく捉えることにある」と説明している。

かつて田辺は、西田に「だから先生は弁証法を理解していないのだ」と言った（高山）そうだ。この「三一弁証法」が「絶対矛盾の自己同一」へ闘いを挑んだのである。

しかしこれは、オタク同士のたんなる《言葉遊び》のゲームにすぎない。ゲームなら、明治のアウンハラバの破凡と蝦蟇仙人源七の術競べの方がはるかに面白い。

西田は絶筆になった「私の論理について」の最後に「論理というのは我々の思惟の形式である。論理とは如何なるものかを明にするには我々の思惟の本質からでなければならない」と書いている。

西田がこの思惟（思考）の本質を理解していれば、「東洋の論理」や「日本哲学」の構築といったような《壮大な無》は生じなかったのである。

あとがき

私がルドルフ・シュタイナーの名前を知ったのは、学生運動の敗北の後、自宅で小さな書店を営んでいたときだった。それから三十年の歳月が流れた。

本書は最初、今年が隈本有尚が日本にシュタイナーを輸入してちょうど百年目ということから、私がこれまで紹介してきた日本におけるシュタイナーの受容史を、資料を中心にまとめるつもりでスタートした。

そして原稿もかなり出来上がった昨年の暮れ、いつも昼食後の散歩コースにしている吉祥寺駅近くの古書店よみた屋の百円本コーナーで、高山岩男の『文化類型学』が目に止まった。パラパラめくっていくと「精神科学……」という言葉があり、何となく「シュタイナーに似ているな」という思いがした。

三日ぐらい後、また百円コーナーをのぞくと、同じ高山の『教育愛と教師の権威』があった。これを見ると、「第三の道」とある。よく読むとまったくシュタイナーの『社会問題の核心』の引き写しだった。しかも「教師の権威」まである。この後すぐに、ネットの「日本の古本屋」で高山の著作を何冊か購入する。

そして五六日経って、また百円コーナーを見ると、今度は西田幾多郎の『善の研究』の大正時代の版が並んでいた。『善の研究』はだいぶ前に読んだことがあったが、その時は、あまり関心を引かなかった。

しかし今回は、西田が高山の師であることが分かっていたので、じっくり目を通すと、冒頭の純粋経験の内容がシュタイナーの『ゲーテ的世界観の認識論要綱』とそっくりであることが確認される。

このことから「西田と京都学派はシュタイナーだな」という強い確信を持つ。そして、四五年前に避暑地の古本屋で見つけ書棚にほっておいた雑誌『新日本』の西田の文章に目を通し、図書館に行って西田の全集を調べてみると、何と！　これが載っていなかったのである。

この後、京都学派の文献に幾つか目を通しながら、「ひょっとすると！」という思いから、和辻哲郎の『ニイチェ研究』を見てみると、これもまたシュタイナーだった。

こうして一月中旬から、予定を全面的に変更して、新たな原稿を起こした。この結果、当初のものとはまったく趣を異にしたものになってしまい、京都学派に乗っ取られてしまったのである。

約三ヶ月間の格闘であったが、それなりの出来にはなったものと思う。しかし私は西田や京都学派の専門研究者ではないので、見落とした点や至らないところがあるかも知れない。もちろんそれは私の責任である。

これまで、『坊っちゃん』とシュタイナー』（二〇〇〇）、「シュタイナーと日本」（二〇〇一、

『シュタイナー入門』)、『昭和の天一坊　伊東ハンニ伝』(二〇〇三)と、日本におけるシュタイナーの受容とその展開を紹介してきた。

まだ資料的な面などで幾つかやり残したことはあるが、ずっと気にかけていた、継承者がいなかった隈本有尚の墓も、総持寺が永代供養をすることになった。

また前著を縁に伊東ハンニの家族の方たちとも会えた。私のハンニ像は間違っていなかった。一安心である。

これを機会に、この作業も、今回で一応の終止符を打ちたいと思う。

今回も心よく出版を承諾された論創社社長森下紀夫氏に感謝いたします。

二〇〇四年四月

河西　善治

《参考文献》

まえがき

梅原猛「解説」（一九七四、『近代日本思想体系』25、筑摩書房）

第一章　一元論と観相学

1　ヘッケル

ハインリヒ・シュミット『ヘッケル伝』（一九三二、伊東・浅野訳、畝傍書房）
「E・ヘッケルによる一元論同盟綱領」（一九八六、『生物学研究』四八号）
河西善治編『シュタイナー入門』（二〇〇一、ぱる出版）

2　認識の闘い

ルドルフ・シュタイナー『自由の哲学』（一九八一、本間英世訳、人智学出版社）
河西善治編『シュタイナー入門』（前出書）

3　ニーチェ、同時代との闘争者

ルドルフ・シュタイナー『ニーチェ―同時代との闘争者―』（一九八一、樋口純明訳、人智学出版社）

4　大正政変と純粋経験

和辻哲郎『ニイチェ研究』（一九一三、内田老鶴圃）『和辻哲郎全集』第一巻（岩波書店）
高坂正顕『西田幾多郎と和辻哲郎』（一九六四、新潮社）
阿部次郎『三太郎の日記』（一九六七、『現代日本文学大系』46、筑摩書房）
上山春平『日本の土着思想』（一九六五、弘文堂）

5　和辻哲郎『ニイチェ研究』

戸坂潤「和辻博士・風土・日本」（『戸坂潤全集』第六巻、勁草書房）
西尾幹二『ニーチェ』（一九七七、中央公論社）

唐木順三「和辻哲郎――人と思想」（一九六三、『現代日本思想体系』28、筑摩書房）
高坂『西田幾多郎と和辻哲郎』（前出書）
梅原（前出書）
『和辻哲郎全集』（前出書）
6 『大菩薩峠』と大衆の心理
桑原武夫「大菩薩峠」（『桑原武夫全集』第三巻、朝日新聞社）
7 新世紀への期待
河西善治編『シュタイナー入門』（前出書）
シュタイナー『精神科学と社会問題』（一九八六、伊藤・中村他訳、人智学出版社）
ヘッケル『宇宙之謎』（一九一七、栗原古城訳、玄黄社）
小松醇郎『幕末・明治初期数学者群像（下）』（一九九一、吉岡書店）
『性相』（一九一〇、一月号、一九一五、一月号）
8 日本の一元論
務台理作『思索と観察』（一九六八、勁草書房）
黒岩周六『天人論』（一九〇三）
高橋五郎『最新一元論哲学』（一九〇三、文栄閣）
『破天人論』（一九〇三、日高有隣堂）
戸山銃聲『奇人正人』（一九一二、活人社）
高橋巖『神秘学入門』（二〇〇〇、筑摩書房）
9 観相学
R・オーンスタイン＋R・F・トムソン『脳ってすごい！』（一九九三、水谷弘訳、草思社）
シュタイナー『オカルト生理学』（一九八七、高橋巖訳、イザラ書房）
石龍子『性相学精義』（一九〇二、性相学会）

小西久遠『人生予言　手相学』(一九一七、日東堂)
10　明治のオカルト業界
古屋鐵石『驚神的大魔術』(一九〇八、博士書院)
戸山『奇人正人』(前出書)
11　日本最初の『自由の哲学』
隈本『性相』(一九一一、二月号)
桑木厳翼『明治の哲学界』(一九四三、中央公論社)
丁酉倫理会倫理講演集(一九一二、十一月号)

第二章　西田幾多郎『善の研究』

1　丁酉倫理会
西田幾多郎『善の研究』(一九一一、岩波書店)
山田宗隆『西田幾多郎の哲学』(一九七八、三一書房)
2　『善の研究』成立の謎
西田幾多郎「日記」全集(『西田幾多郎全集』第十七巻、岩波書店)
西田静子・上田弥生『わが父西田幾多郎』(一九四八、アテネ文庫)
木村直司「明治期に紹介された科学者としてのゲーテ」(一九八一、『モルフォロギア』第二号)
3　乃木将軍の殉死
西田幾多郎「初期草稿」(『西田幾多郎全集』第十六巻)
西田幾多郎「動機善なれば自殺も亦可也」(一九一二、『新日本』十一月号、冨山房)
4　日本最初の哲学書?
高橋里美「意識現象の事実と其意味―西田氏著『善の研究』を読む―」(一九一二、『哲学雑誌』五月、六月号、弘道館)

5　倉田百三『愛と認識との出発』と出隆『哲学以前』

倉田百三『愛と認識との出発』（一九二一、岩波書店）
出　隆『哲学以前』（一九八八、講談社学術文庫）
北村透谷「内部生命論」（一九五六、『現代日本文学大系』4、筑摩書房）
高橋巖『ヨーロッパの闇と光』（一九六九、新潮社）
松尾正直『苦学十年』（一九一七、国民書院）

6　純粋経験と禅

三木清「日本哲学の樹立者　西田幾多郎博士」（『三木清全集』第十九巻、岩波書店）
下村寅太郎『若き西田幾多郎先生』（一九四七、人文書林）
竹内良知『西田幾多郎』（一九六六、東京大学出版会）
シュタイナー『シュタイナー自伝Ⅱ』（二〇〇一、伊藤・中村訳、ぱる出版）
西谷啓治「『善の研究』について」（一九六八、『現代日本思想体系』22、筑摩書房）
西田全集「日記」（前出書）
戸塚唯一『現代人にすすめたい坐禅儀の活釈』（一九七〇、鴻盟社）

7　ドイツロマン派

西田幾多郎「ゲーテの背景」（『西田幾多郎全集』第十二巻）
高山岩男『西田哲学とは何か』（一九八八、一燈園　燈影舎）
『ゲーテ研究』（一九三二、岩波書店）
『戸坂潤全集』第六巻（前出書）

8　失われた故郷への回帰

江藤淳『成熟と喪失』（一九六七、河出書房）
長崎浩『叛乱論』（一九六九、合同出版）
谷川雁『原点が存在する』（一九五八、弘文堂）

河西善治『1968ナルチシズム革命』（一九九八、人智学出版社）
9　ゲーテの世界観
ウェルナー・ハイゼンベルク『科学―技術の未来　ゲーテ・自然・宇宙』（一九九八、山崎和夫訳、人文書院）
シュタイナー『ゲーテ的世界観の認識論要綱』（一九九一、浅田豊訳、筑摩書房）
ゲーテ『色彩論』（二〇〇一、木村直司訳、筑摩学芸文庫）
『ゲーテ全集』第二十六巻（一九三五、改造社）
オスヴァルト・シュペングラー『西洋の没落』（一九九六、村松正俊訳、五月書房）
高坂正顕『歴史哲学と政治哲学』（一九三九、弘文堂）
10　対象的思惟と純粋経験
シュタイナー『ゲーテの世界観』（一九九五、溝井高志訳、晃洋書房）
『ゲーテとシルレル』（一九三三、菊地栄一訳、桜井書店）
11　ジェームズの影響？
ヘルマン・ジーベック『ゲーテの世界観』（一九三四、橋本文夫訳、理想社）
高山『西田哲学とは何か』（前出書）
今井仙一『ウィリアム・ジームズの哲学』（一九四八、高坂正顕序文、白日書院）
12　西田式読書術
高山『西田哲学とは何か』（前出書）
下村『若き西田幾多郎先生』（前出書）
13　隠された秘密
下村『若き西田幾多郎先生』（前出書）
西田幾多郎「初期草稿」解説（前出書）

第三章　『善の研究』解体学

1　「そっくりさん」
竹内良知『西田幾多郎』（一九六六、東京大学出版会）
小原國芳『教育とわが生涯』（一九七七、南日本新聞社）
西田全集「初期草稿」（前出書）
ジーベック『ゲーテの世界観』（前出書）
2　「純粋経験」はどこから？
シュタイナー『ゲーテ的世界観の認識論要綱』（前出書）
上山春平「絶対無の探究」（一九七〇、『日本の名著』47、中央公論社）
西田全集「初期草稿」（前出書）
3　純粋経験と直接経験
西田全集「初期草稿」（前出書）
シュタイナー『ゲーテ的世界観の認識論要綱』（前出書）
4　純粋経験と思惟（思考）
シュタイナー『ゲーテ的世界観の認識論要綱』（前出書）
西田全集「初期草稿」（前出書）
シュタイナー『自由の哲学』（前出書）
6　唯一実在と思考
西田『善の研究』（前出書）
シュタイナー『自由の哲学』（前出書）
7　『自覚に於ける直観と反省』
西田幾多郎『自覚に於ける直観と反省』（『西田幾多郎全集』第二巻）
シュタイナー『自由の哲学』（前出書）
上山「絶対無の探究」（前出書）

第四章　ゲーテを超えて

1　ゲーテの限界
シュタイナー『ゲーテの世界観』（前出書）
伊奈信男編『ゲーテ研究』（一九四〇、金鈴社）
高橋『ヨーロッパの闇と光』（前出書）
吹田順助『ゲーテと東洋』（一九四八、郁文堂）
務台理作『社会存在論』（一九三九、弘文堂）
2　ゲーテを超えて
ジーベック『ゲーテの世界観』（前出書）
シュタイナー『自由の哲学』（前出書）
3　ファンタジー
高橋『ヨーロッパの闇と光』（前出書）
ヨーゼフ・ボイス「政治と芸術に関する対話」（一九八六、『第三の道』第五号、人智学出版社）
4　身心一如論を超えて
ケン・ウィルバー『空像としての世界』（一九八三、井上忠他訳、青土社）
森章吾（一九九五、『シュタイナー学校の算数の時間』まえがき、水声社）
石原純『相対性原理』（一九二一、岩波書店）
バグワン・ラジニーシ「シュタイナーは偉大な精神であった」（一九八七、『第三の道』六号、人智学出版社）
大村祐子『わたしの話を聞いてくれますか』（一九九九、ほんの木）
池田昌子『14歳からの哲学』（二〇〇三、トランスビュー）
5　世界の根底へ
J・ボズロー『ホーキングの宇宙』（一九八六、鈴木圭子訳、地人書館）

シュタイナー『自由の哲学』（前出書）

6　人間原理の宇宙論

シュタイナー『シュタイナーの霊的宇宙論』（一九九八、高橋巖訳、春秋社）
ボズロー『ホーキングの宇宙』（前出書）
松長有慶『密教・コスモス・マンダラ』（一九八五、日本放送出版会）
ハイゼンベルク『部分と全体』（一九七四、山崎和夫訳、みすず書房）
ハイゼンベルク『科学―技術の未来』（前出書）
高橋『ヨーロッパの闇と光』（前出書）
河西「シュタイナーと日本」（『シュタイナー入門』、前出書）
湯川秀樹『極微の世界』（一九四二、岩波書店）

第五章　精神科学と社会問題

1　二つの魂

シュタイナー『ゲーテの世界観』（前出書）
シュタイナー『精神科学と社会問題』（前出書）
フランシス・フクヤマ『歴史の終わり』（一九九二、渡辺昇一訳、三笠書房）
シュタイナー『ゲーテ的世界観の認識論要綱』（前出書）
『ローザ・ルクセンブルクの手紙』（一九六二、川口浩＋松井圭子訳、岩波文庫）

2　二重性

コリン・ウィルソン『ルドルフ・シュタイナー　その人物とヴィジョン』（一九八六、中村保男・中村正明訳、河出書房新社）
アルベルト・シュヴァイツァー「ルドルフ・シュタイナーとの出会い」（一九八〇、『人智学研究』第一号、阿部真訳、人智学出版社）

3　仏陀とソクラテス
シュタイナー『マルコ伝』（一九八一、市村温司訳、人智学出版社）
4　精神科学と社会問題
シュタイナー『精神科学と社会問題』（前出書）
シュタイナー『シュタイナー自伝Ｉ』（二〇〇一、伊藤・中村訳、ぱる出版）
5　マルクス主義批判
シュタイナー『精神科学と社会問題』（前出書）
「ハイネ」（一九六四、『世界文学体系』78、筑摩書房）
シュタイナー『社会問題の核心』（一九八一、廣嶋準訓訳、人智学出版社）
ミヒャエル・エンデ＝インタビュー「人智学、自伝、作品を語る」（一九八五、『第三の道』第三号、人智学出版社）
ミヒャエル・エンデ『モモ』（一九七六、大島かおり訳、岩波書店）
6　神秘主義との対決
シュタイナー『シュタイナー自伝Ｉ』（前出書）
7　社会の主法則
シュタイナー『精神科学と社会問題』（前出書）
立岩真也『自由の平等』（二〇〇四、岩波書店）
8　日本で最初のシュタイナー教育紹介
隈本有尚「教育制度は画一ならざるべからず」（一九一三、『性相』二月号）
シュタイナー『精神科学の立場から見た子供の教育』（一九八〇、大西その子訳、人智学出版社）

第六章　社会有機体の三層化と教育

1　時代の要請
シュタイナー『精神科学と社会問題』（前出書）

2　三層化とは何か
シュタイナー『社会問題の核心』（前出書）
3　シュタイナーと政治
W・クグラー『シュタイナー　危機の時代を生きる』（一九八七、久松重光訳、晩成書房）
ヴィルフリート・ハイト、ベルトルト・ハーゼン‐ミュラー『『核心』の核心』（一九八九、石井良訳、未刊行）
4　ヴァルドルフ学校の創設
ゲルハルト・ヴェーア『シュタイナー教育入門』（一九八三、新田義之・新田貴代訳、人智学出版社）
シュヴァイツァー「ルドルフ・シュタイナーとの出会い」前出文
5　歴史的要求としての三層化
ダニエル・ベル『資本主義の文化的矛盾』（一九七六、林勇二郎訳、講談社学術文庫）
6　世界史の謎
シュタイナー『アーカーシャ年代記より』（一九八二、深澤英隆訳、人智学出版社）
茅原華山『世界文明推移史論』（一九〇三、東亞堂）
シュタイナー『民族魂の使命』（一九九二、西川隆範訳、イザラ書房）
『プルードン・バクーニン・クロポトキン』（一九八〇、『世界の名著』53、中央公論社）
7　子供の教育
E・H・カー『歴史とは何か』（一九六二、清水幾太郎訳、岩波新書）
ヴィルヘルム・シュムント『社会有機体三層化のための認識訓練』（一九九六、石井良訳、未刊行）
シュタイナー『現代の教育はどうあるべきか』（一九八五、佐々木正昭訳、人智学出版社）
ラインハルト・ギーゼ編『ルドルフ・シュタイナーの社会変革構想』（一九八六、伊藤勉他訳、人智学出版社）
8　意識の覚醒？
上田紀行『覚醒のネットワーク』（一九八九、かたつむり社）
ヘルベルト・ヴィムバウアー「ニューエイジ、古い革袋に古い酒」（一九八八、伊藤勉訳、未刊行）

9　女性性の問題
桜井邦朋『「考え方」の風土』（一九八九、講談社現代新書）
ノヴァーリス『断片』（一九三一、飯田安訳、第一書房）
大村『私の話を聞いてくれますか』（前出書）
河西善治編『シュタイナー入門』（前出書）
ヨーゼフ・ボイス「芸術＝資本」（一九八四、深澤英隆訳、『第三の道』第二号、人智学出版社）

第七章　東西世界の対立

1　東洋と西洋
夏目漱石「模倣と独立」（『夏目漱石全集』第二十五巻、岩波書店）
中村光夫「『近代』への疑惑」（一九四三、『近代の超克』、創元社）
上松佑二『世界観としての建築――ルドルフ・シュタイナー論』（一九七四、相模書房）
2　宿命と自由
鈴木大拙『東洋の心』（一九六五、春秋社）
「ラッセルの社会改造論」（一九二一、『改造思想』十二講、新潮社）
荘子「胡蝶の夢」（『世界の名著』4、中央公論社）
3　日本人とヨーロッパ人
隈本有尚「日本人と西洋人」（一九〇九、『性相』一月号）
シュタイナー『オカルト生理学』（前出書）
三浦関造『神性の体験と認識　日本より全人類へ』（一九二九、日東書院）
4　右脳と左脳
角田忠信『日本人の脳』（一九七八、大修館書店）
桜井『「考え方」の風土』（前出書）

コリン・ウィルソン『右脳の冒険』(一九八四、中村保男訳、平河出版社)

5 世間と個人

阿部謹也『「世間」とは何か』(一九九五、講談社現代新書)
南博『日本人の心理』(一九五三、岩波新書)
山崎正和『柔らかい個人主義の誕生』(一九八四、中央公論社)
西尾幹二『ヨーロッパの個人主義』(一九六七、講談社現代新書)

6 アレンジの力

三上義夫「日本数学者の性格と国民性」(『心理研究』、一九二二、五月号)
中山忠直『日本人の偉さの研究』(一九三一、先進社)
R・T・エルドリッジ『米国よ日本を知れ』(一九三四、小澤覚輔訳、海軍研究社)
林屋辰三郎＋上田正昭＋山田宗睦『日本の「道」』(一九七二、講談社)

7 サルトルのアメリカ論

ジャン・ポール・サルトル「アメリカの画一主義と個人主義」(一九五三、サルトル全集『アメリカ論』、佐藤朔訳、人文書院)
アンドレ・シークフリード『アメリカとは何ぞや』(一九四六、伊吹武彦訳、世界文学社)
トーマス・マン『ゲーテとトルストイ』(一九四六、高橋義孝訳、山水社)

8 日米必戦論

ホーマー・リー『日米必戦論』(一九一一、望月小太郎訳、英文通信社)
アルビン&ハイディ・トフラー「未来予測　日本は凋落するか」(一九九九、『読売新聞』九月二十日付朝刊)
林房雄『続・大東亜戦争肯定論』(一九六五、番町書房)

9 有色人種の大不平

隈本有尚「東西の国際関係と新喩祇の運動」(一九一二、『丁酉誌』四月号)
渡辺巳之次郎『有色人種の大不平』(一九二一、大阪毎日新聞社)

10　人類の故郷、レムリアとアトランティス
渡辺『有色人種の大不平』（前出書）
竹越與三郎『二千五百年史』（一九七七、講談社学術文庫）
『性相』（一九一七、五月号）
11　日本の役割
渡辺『有色人種の大不平』（前出書）

第八章　理想の社会を求めて

1　大川周明『日本及日本人の道』
大川周明『日本及日本人の道』（一九二六、行地社出版部）
大川周明「儒教の政治観念について」（一九一二、『丁酉誌』六月号）
2　オルタナティブ・佐藤信淵
大川周明『日本精神研究』（一九二七、行地社出版部）
羽仁五郎『佐藤信淵に関する基本的研究』（一九二九、岩波書店）
佐藤信淵『垂統秘録　混同秘策』（一九三七、改造文庫）
『二宮尊徳・佐藤信淵教育説撰集』（一九三八、日本教育文庫）
3　人類の三タイプ
隈本「東西の国際関係と新喩祇の運動」（前出書）
フリッツ・カルシュ・長尾喜一「新形而上学」（一九三六、『哲学講座』、中文館書店）
ヘルマン・ベック『仏陀』（一九四三、渡辺照宏訳、光風館）
4　社会問題の真髄
隈本有尚『社会問題の真髄』（一九一二、『丁酉誌』十一月号）
5　ファシズムの台頭

「西ドイツ連邦議会における三層化演説」（一九八七、『第三の道』六号、人智学出版社）
エルンスト・ブロッホ『この時代の遺産』（一九八二、池田浩士訳、三一書房）
6　尾崎行雄と早稲田の政治学
河西善治『昭和の天一坊　伊東ハンニ伝』（二〇〇三、論創社）
河西「シュタイナーと日本」（前出書）
阿部磯雄『次の時代』（一九三〇、春陽堂）
7　伊東ハンニの新東洋主義論
アルフレート・ローゼンベルク『二十世紀の神話』（一九三八、吹田順助・上村清延訳、中央公論社）
河西『昭和の天一坊　伊東ハンニ伝』（前出書）
伊東ハンニ『思想の音楽』（一九五四年ころ）

第九章　世界史と風土

1　人類進化の謎
隈本有尚「形而上学から観たる『宇宙の謎』」（一九二七、『丁酉誌』八月号）
2　霊的知覚力
隈本有尚「東邦文化と亜歴山大王」（一九二七、『丁酉誌』九月号）
3　人間と自然
隈本「東邦文化と亜歴山大王」（前出書）
4　地表の霊的形成力
隈本有尚「地球面の形成と東西人類の命数」（一九二八、『丁酉誌』八月号）
飯田竹風『地学革命論』（一九一四、東京地学研究会）
吉田敦彦「ギリシア神話と古代遺跡」、金森誠也「大陸移動説とは何か」（一九八四、『歴史読本』四月号「特集失われた大陸の謎」）

「大陸移動　地球の再発見」（一九七三、『別冊サイエンス』四月号）
竹内時男『ウエゲネル大陸浮動論』（一九二五、向学舎出版）
北田宏蔵『大陸漂移説解義』（一九二五、古今書院）
隈本有尚「文明の三大要素」（一九二九、『丁酉誌』八月号）
5　和辻哲郎『風土』
『和辻哲郎全集』別巻一
和辻哲郎『風土』（一九三五、岩波書店）
本多謙三「有機的自然」（一九三二、『哲学講座』、岩波書店）
和辻哲郎『故国の妻へ』（一九六五、角川書店）
シュタイナー『自己認識への道』（一九八一、佐藤俊夫訳、人智学出版社）
戸坂「和辻博士・風土・日本」（前出書）
ヘルダー『人間形成のための歴史哲学異説』（一九七五、『世界の名著』続7、中央公論社）
シュタイナー『ゲーテ的世界観の認識論要綱』（前出書）
6　「三つの類型」
和辻『風土』（前出書）
7　イデエを見る眼
谷川徹三「イデエを見る眼」（一九七五、『風土』解説、前出書）
和辻哲郎「『自然』をよく見ない人」（『和辻哲郎全集』第二十巻）
小林一郎『自然主義作家　田山花袋』（一九八二、新典社）
和辻『故国の妻へ』（前出書）
ブルーノ・ヴァルター「人智学への私の道――ルドルフ・シュタイナーに捧げる一音楽家の賛辞」（一九八一、由井美知子訳、『人智学研究』第二号）

第十章　大東亜共栄圏の思想

1　日本哲学？

西田幾多郎『日本文化の問題』（一九四〇、岩波文庫）
高楠順次郎「仏教と理学のこと」（一九三九、『海外仏教事情』十一月号、国際仏教協会）
鶴見祐輔『現代日本論』（一九二七、大日本雄弁会講談社）
石原『相対性原理』（前出書）

2　三木清の「東亜協同体」の論理

篁實『東亜協同体思想を撃つ』（一九三九、世界創造社）
三木清「新日本の思想の原理」（一九七九、酒井三郎『昭和研究会』資料）
『ドイツの社会思想』（一九六三、『世界思想教養全集』19、河出書房）
室伏高信『新体制講和』（一九四〇、青年書房）
戸坂潤「三木清論」（戸坂潤全集第六巻）

3　協同主義の経済倫理

酒井三郎『昭和研究会』資料（前出書）
シュタイナー『社会問題の核心』（前出書）

4　文化類型学

高山岩男『文化類型学』（一九三九、弘文堂）
高山岩男「文化の類型性と風土的地域性」（一九四〇、『世界精神史講座Ⅵ』「世界精神の諸問題」）

5　民族の神話

アルフレート・ローゼンベルク『二十世紀の神話』（一九三八、中央公論社）
アルフレート・ローゼンベルク『二十世紀の神話』（一九三八、三笠書房）
高山「文化類型性と風土的地域性」（前出書）
吹田順助『独逸精神史』（一九三二、畝傍書房）

6　世界史の哲学
安倍能成『岩波茂雄伝』（一九七八、岩波書店）
高山岩男『世界史の哲学』（一九四二、岩波書店）
大川周明『米英東亜侵略史』（一九四二、第一書房）
高山岩男『日本の課題と世界史』（一九四三、弘文堂）
高山他『世界史的立場と日本』（一九四三、中央公論社）
和辻哲郎全集別巻二
7　身体と歴史
高山『世界史の哲学』（前出書）
8　総力戦の哲学
高山他『世界史的立場と日本』（前出書）
家永三郎『田辺元の思想史的研究』（一九七四、法政大学出版局）
務台理作『社会存在論』（一九三九、弘文堂）
高山『世界史の哲学』（前出書）
9　道義的秩序とは何か
高山『世界史の哲学』（前出書）
10　西田幾多郎と東條英機
西田全集「日記」、「書簡」（前出書）
上山春平『日本の土着思想』（一九六五、弘文堂）
11　スメラ主義との確執
『読書人』（一九四三、七月号）
文部省編「『臣民の道』の精神」（一九四一、朝日新聞社）
西田全集「書簡」（前出書）

西晋一郎『天地開闢即国家建立』（一九三四、国民精神文化研究所）

12　大東亜共同宣言と世界新秩序の原理

矢次一夫「西田幾多郎博士との交渉」（一九五四、『新政』一月五、十五日号）
『大東亜共同宣言』（一九四四、同盟通信社）

13　戦後の西田幾多郎

羽仁五郎「市民哲学者・三木清」（一九四六、『哲学評論』九月号）
大宅壮一「西田幾多郎の敗北」（一九五四、『文藝春秋』六月臨時号）
矢次一夫『昭和人物秘録』（一九五四、新紀元社）
高坂正顕「西田幾多郎が魂を売ったという大宅壮一氏の戯曲について」（一九五四、『中央公論』九月号）
高坂正顕「西田幾多郎博士と『世界新秩序の原理』の由来」（一九五四、『心』九月号、平凡社）
深田祐介『黎明の世紀』（一九九一、文藝春秋社）

14　歴史偽造
「晩年の西田幾多郎と日本の運命」（一九六二、西田幾多郎先生頌徳記念会「第十二回西田先生記念講演集」）
西田全集「書簡」（前出書）
15　終局

高山岩男「道義と戦意」（一九四五、『週刊朝日』六月十七日号）
『近代の超克』（前出書）
松下幸之助「政治の反省」（一九四五、『週刊朝日』六月十七日号）

16　言葉遊び

高山岩男『教育愛と教師の権威』（一九八二、玉川大学出版部）
田辺元「政治哲学の急務」（一九四六、『展望』三月号）
務台理作『現代のヒューマニズム』（一九六一、岩波新書）
西田全集第十二巻（前出書）

著者　**河西善治**（かさい　よしはる）
1946年生まれ。長野県出身。中央大学中退。人智学出版社代表。70年代半ばからドイツの思想家ルドルフ・シュタイナーの翻訳出版活動を始め、80年代には西ドイツ緑の党、ミヒャエル・エンデ、ヨーゼフ・ボイスなどの紹介を行う。90年代前半には「いじめバスターズ」としていじめ問題に取り組み、97年には神戸酒鬼薔薇事件の犯人像をいち早く的中させ事件の解決に貢献する。著・編書：酒鬼薔薇事件と宮崎勤事件を解明した『1968ナルチシズム革命』（人智学出版社）、『「坊っちゃん」とシュタイナー』『シュタイナー入門』（ぱる出版）、『いじめ逆襲マニュアル』（データハウス）、『昭和の天一坊 伊東ハンニ伝』（論創社）。

京都学派の誕生とシュタイナー
――「純粋経験」から大東亜戦争へ

二〇〇四年八月一〇日　初版第一刷印刷
二〇〇四年八月一五日　初版第一刷発行
著　者　河西善治
発行者　森下紀夫
発行所　論創社
東京都千代田区神田神保町二―二三　北井ビル
電　話　〇三（三二六四）五二五四（代）
ＦＡＸ　〇三（三二六四）五二三二
振替口座　〇〇一六〇―一―一五五二六六
装幀／奥定泰之
印刷・製本／中央精版印刷
©KASAI Yoshiharu 2004
ISBN4-8460-0306-X
落丁・乱丁本はお取り替えいたします

論　創　社

哲学・思想翻訳語事典◉石塚正英・柴田隆行監修
幕末から現代まで194の翻訳語を取り上げ，原語の意味を確認し，周辺諸科学を渉猟しながら，西欧語，漢語，翻訳語の流れを徹底解明した画期的な事典．研究者・翻訳家必携の１冊！　本体9500円

マルクスの〈空想的〉社会主義◉牧野紀之
マルクス『経済学批判』，エンゲルス『空想から科学へ』のドイツ語原文からの精緻な読解を通して，社会主義理念の根元的誤謬を証明．「共産党が正しく運営されたとしても社会主義社会到来の必然性はない．」本体2800円

社会思想家としてのラスキンとモリス◉大熊信行
福田徳三の指導のもとに作成した卒業論文「社会思想家としてのカーライル，ラスキンおよびモリス」を再編成し，1927年に刊行された，ラスキン，モリスの先駆的研究論集！　解題・池田元【論創叢書3】　本体4600円

平民社の時代◉山泉進
非戦の源流　1903（明治36）年，日露開戦の気運が高まるなか，非戦論を掲げて孤軍奮闘した幸徳秋水，堺利彦，岩崎革也らの足跡をさぐる．平民社，日本社会党関係資料および詳細な文献ガイドも収録．　本体3000円

丸山思想史学の位相◉池田元
「日本近代」と民衆心性　丸山真男の〈絶対者〉と〈共同体＝中間集団〉の論理に着目し，政治思想と民衆思想史の結合を試行する内在的批判の書．丸山の学問的地平の止揚をめざして書き継がれた渾身の論集．　本体3000円

昭和の天一坊　伊東ハンニ伝◉河西善治
昭和初期，株売買で莫大な金を手中に収めてマスコミ界に彗星の如く現われた風雲児ハンニは，シュタイナーの理想を一途に掲げて川島芳子，大宅壮一，藤山一郎らを“魅惑”する．知られざる大詐欺師の生涯！　本体2500円